Techniek

Een machtige knecht

'Je kunt de mens van alles verwijten, maar dit moet je hem toch nage-
ven: hij is ontegenzeggelijk een vindingrijk zoogdier.'

Michel Houellebecq, *Platform*

Techniek
Een machtige knecht

Henk Tolsma

Uitgeverij Veen Magazines B.V.
Postbus 256
1110 AG Diemen
www.veenmagazines.nl

Titel: Techniek, een machtige knecht
Auteur: Henk Tolsma
Ontwerp en opmaak: Crisja Ran
Druk: Alfabase, Alphen aan den Rijn

© Veen Magazines, Diemen 2005
ISBN: 9076988854
NUR: 942

Inhoud

Techniek

Voorwoord

Technisch journalist, een prachtig vak. Je komt nog eens ergens en je spreekt voortdurend interessante mensen die met nieuwe dingen bezig zijn. Maar het gaat verder dan dat. Techniek fascineert me. Het fascineert me dat er in de techniek sprake is van echte vooruitgang. Het fascineert me dat ingenieurs erin slagen zeer complexe techniek jarenlang probleemloos te laten functioneren.

Niet dat ik ademloos van bewondering de ontwikkelingen volg. Hoe langer ik dit werk doe, des te meer oog ik krijg voor de beperkingen van de technische ontwikkeling en voor de loze beloften die worden gedaan. De Nieuwe Economie, gebaseerd op internet, ligt nog vers in het geheugen. Hoe vaak is niet van een nieuwe techniek geclaimd 'dat het onze manier van leven en werken radicaal zal veranderen'. Of: 'wie niet mee doet, valt onherroepelijk af'. Achteraf viel het in de regel nogal mee.

Ik heb in dit boek willen vastleggen wat ik als journalist heb opgestoken over technische ontwikkelingen. Op de hogere technische school (tegenwoordig de technische hogeschool) ben ik onderwezen in de theorie van onder andere de informatie- en communicatietechniek, elektronica, elektrotechniek en werktuigbouwkunde. Daar heb ik ook praktische basisvaardigheden opgedaan. In de journalistieke praktijk ben ik echter op onderwerpen gestuit die tijdens de studie niet aan bod zijn gekomen, maar die me wel hebben geraakt. Die onderwerpen behandel ik in mijn boek.

Ik hoop allereerst dat dit boek iets kan betekenen voor ingenieurs die over de rand van hun vakgebied willen kijken. Dat zijn er gelukkig steeds meer. Daarnaast hebben misschien ook degenen er iets aan die zonder technische opleiding in een functie aan de rand van de techniek terecht zijn gekomen. Ook dat komt steeds vaker voor.

Van degenen die op mijn verzoek hoofdstukken van dit boek, of delen van hoofdstukken, vóór publicatie hebben gelezen, dank ik met name Hans Achterhuis, Louk Fleischhacker, Harry Lintsen, Frits Prakke, Mark Plekker, Astrid Schutte, Bart Stam en Bram Vermeer. Door hun deskundige commentaar is dit een beter boek geworden. En zonder de aanmoedigingen van Jel, Arjen en Martijn had de productie van dit boek nog langer geduurd.

Henk Tolsma

Inleiding

Misverstanden

Enkele jaren geleden, tijdens een discussie met jongeren, allemaal idolaat van sport en muziek, hield ik ze voor dat techniek behalve saai en moeilijk ook heel leuk kan zijn. Ik probeerde ze te winnen voor een technische studie. 'Het zou toch fantastisch zijn als je de beste elektrische gitaar van de wereld kunt bouwen, of de snelste surfplank.' Ze keken me verwonderd aan: 'Is dat ook techniek'?

In de sport en de muziek leeft nog wel degelijk het besef dat materialen en hulpmiddelen belangrijk zijn voor het behalen van prestaties. Niet voor niets kopen liefhebbers hele dure tennisrackets. In de muziek en de sport is men nog bereid zich te verdiepen in de werking van de hulpmiddelen.

Techniek voor sport, spel, ontspanning en comfort mag zich wel in een grote belangstelling verheugen. Internet, mailen, mobieltjes, en ook auto's, zijn veel besproken onderwerpen op verjaardagspartijtjes. Jammer dat juist deze zaken, behalve de auto, in de opleiding van ingenieurs zo weinig serieus worden genomen.

'Techniek' in de vorm van fabrieken, elektriciteitscentrales, waterzuiveringsinstallaties, dat is iets ver weg. Wat dichtbij is, onder handbereik, zoals CD's, mobieltjes en scooters, dat zijn gebruiksvoorwerpen, gadgets – dat geldt kennelijk niet meer als techniek. Lang niet iedereen realiseert zich dat er mensen nadenken over ontwerp en produceerbaarheid van alledaagse dingen – pen, bril, horloge, bestek, tandenborstel, zeep, toiletpapier. Dat er om die dingen te maken mensen aan een productielijn werken, komt steeds verder van hen af te staan. Vijftig jaar geleden werkte ruim de helft van de werknemers in fabrieken, tegenwoordig is dat minder dan twintig procent. De industrie raakt buiten beeld.

Hoeveel procent van de acht miljoen Nederlandse automobilisten kent het verschil tussen een benzine- en een dieselmotor? Wie weet hoe TV-beelden vanuit de studio in de huiskamer komen? Wie beseft wat er allemaal komt kijken bij de zorg voor schoon, helder water, dat je onbezorgd kunt drinken zonder de kans te lopen ziek te raken? Wie weet hoe het kan dat jouw mobiele telefoon rinkelt als iemand je belt, ongeacht de plek waar je je bevindt, en niet het toestel van degene naast je? Auto, TV, waterkraan en telefoon zijn alledaagse gebruiksvoorwerpen. Slechts een klein deel van alle gebruikers weet hoe die dingen werken, en nog minder bekend is wat er komt kijken bij de werking van de achterliggende systemen. Mensen weten niet meer wat techniek is. Ze zijn ondergedompeld in een zee van technische voorwerpen en infrastructuren, maar ze zien de zee niet meer. Net als een vis, die ook niet weet dat hij in het water zwemt.

Techniek is altijd en overal aanwezig, en is daarmee ook zo vanzelfsprekend geworden dat veel mensen techniek aanvaarden als de natuur om hen heen. Zoals de zon opkomt, komt er stroom uit het stopcontact.

Maar zo is het natuurlijk niet! Betrouwbare energietoevoer, schoon drinkwater, veilig voedsel en comfortabele huisvesting zijn immens knappe prestaties. Men realiseert zich dat pas als er met deze zaken iets niet in orde is en er een reparateur moet komen. Deze alledaagse zaken staan op de eerste treden van de behoeftenpiramide van Maslow en hebben allemaal direct met techniek te maken. Maar veel mensen in het rijke Westen staan al op hogere treden van die ladder en zien niet meer wat er op de onderste sport gebeurt.

Techniek heeft momenteel een status aparte in de maatschappij, meent Remke Bras. Zij doet bij de Stichting Toekomstbeeld der Techniek onderzoek naar de beleving van techniek door jongeren. Daaruit blijkt dat jongeren van mening zijn dat techniek iets heel bijzonders is, 'iets heel anders'. Een buitenbeentje dat ver verwijderd is van de alfa- en gammawereld. Maar vooral een specialistisch buitenbeentje dat nauwelijks iets met de maatschappij van doen heeft.

'Techniek is overal om ons heen. Mensen nemen het daarom aan als iets vanzelfsprekends, zoals lucht en water', zegt Wim A. Wulf, president van de Amerikaanse National Academy of Engineering. Dit is een vereniging van de meest vooraanstaande, vooral Amerikaanse, ingenieurs. 'Maar vraag je maar eens af bij alle dingen die je aanraakt welke daarvan technisch, dus niet van natuurlijke oorsprong zijn. Technici ontwikkelen consumentengoederen en zorgen voor aflevering bij winkels in de buurt, ze bouwen de netwerken van snelwegen, lucht- en railtransport en het internet, ze produceren antibiotica, en gemaksproducten zoals microgolfovens en compact discs. Ingenieurs zorgen dus voor de kwaliteit van het bestaan.'

Er heersen veel misverstanden rond techniek. Hierna volgen enkele opvallende misverstanden van de laatste jaren.

MISVERSTAND 1. 'TECHNIEK = INFORMATIETECHNIEK'

Op de financiële pagina's van dag- en weekbladen heeft technologie weinig meer met technologie te maken. Financiële journalisten en analisten van financiële instellingen bezorgen mij vaak een gevoel van vervreemding. Met opgetrokken wenkbrauwen lees ik dat 'technologie uit de gratie' is, of 'in de ban gedaan', of 'ingeruild voor voeding'.

Om mij heen, in de echte wereld, omringt iedereen zich elke dag weer met (mobiele) telefoons, luxe badkamers en keukens en al die andere verworvenheden van de moderne techniek. Niemand beseft het, maar elke dag van de week behalve zondag worden er in Nederland maar liefst zo'n vijftienhonderd nieuwe auto's verkocht. Wat nou techniek uit de gratie?

Red Herring, het Amerikaanse blad voor de nieuwe economie, schreef onlangs: 'Fondsen voor duurzame energie stijgen, terwijl technologiefondsen juist naar beneden duiken.' Het is het misverstand ten top. Alsof duurzame energie geen technologie is! En een strategisch consultant van Cap Gemini Ernst & Young noemde in *The Financial Analyst* (juli 2001; een Nederlands blad) automobielfabrikant Ford 'een niet-technologisch bedrijf'. Tragisch!

De focus van financiële kringen is gericht op snelgroeiende beursfondsen. Als het daar over technologiefondsen gaat, bedoelen ze bedrijven die de nieuwste technische verworvenheden exploiteren. De laatste jaren betrof dat vrijwel uitsluitend internetbedrijven. Maar in veel van die gevallen ging het over ondernemingen die met een groot marketingbudget een dun technisch ideetje exploiteerden. Onder financiële deskundigen ontstond echter het idee: technologie = internettechnologie. Andere technologie kwam niet op hun netvlies.

Dat er andere bedrijven zijn die hun bestaan aan techniek ontlenen, bijvoorbeeld Stork en HBG, is mogelijk vaag bekend, maar dit zijn geen snelle groeiers en dus niet interessant. Zelfs een 'oud' ICT-bedrijf zoals SAP en een aan ICT gerelateerde onderneming zoals Océ worden in financiële kringen niet algemeen als technologiebedrijven gezien.

Deze oogkleppenwaarneming van technologie heeft een rol gespeeld bij de internethype, die duurde van 1997 tot begin 2001. Het betrof de enorme overwaardering van aandelen van merendeels kleine bedrijfjes die met veel bluf en geleend geld via internet de wereld zouden veranderen. Vrijwel al dat geld is weggegooid, want die droom is niet uitgekomen en kon ook niet uitkomen.

De internetsector heeft veel geld naar zich toe getrokken dat beter besteed had moeten worden. Bedrijven die elke dag weer onze voedselvoor-
ziening verzorgen, die de huizen en kantoren bouwen waar we comfortabel in leven en werken, en die de weinig tot de verbeelding sprekende
maar o zo noodzakelijke machines en apparaten maken waardoor ons
dagelijks leven zich zo genoeglijk kan voltrekken, die bedrijven zijn
daardoor te kort gedaan. Zij hadden in die jaren niets op de effecten-
beurs te zoeken, terwijl er ook in hun sectoren reële groeikansen waren.
Bedrijvigheid in de biotechnologie – bijvoorbeeld voedingsmiddelen, medicijnen - zou eerder van de grond zijn gekomen indien investeerders hun
geld niet op exorbitante wijze aan internetactiviteiten hadden verspild.
Het gebrek aan technische kennis in de financiële wereld heeft dus de
maatschappij tekortgedaan.

MISVERSTAND 2.
'INTERNET VERANDERT DE WETTEN VAN DE ECONOMIE'

Ook op een andere manier is aan te tonen dat de internethype te wijten
is aan een gebrek aan technische kennis. De geschiedenis van telecommunicatie en omroep laat zien dat het aantal netwerken en de mogelijkheden daarvan voortdurend toenemen.

'De twintigste eeuw kende op communicatiegebied een enorme
proliferatie van lijnen, kabels, draaggolfverbindingen en straalzenders.
Nederland raakte letterlijk overdekt met infrastructuren voor de over-
dracht van spraak-, geluid- en beeldsignalen', concludeert het hoofdstuk over communicatie in de zevendelige boekenserie *Techniek in
Nederland in de twintigste eeuw.*

In dat rijkelijk gevulde palet van netwerken en communicatiemo-
gelijkheden diende zich vanaf eind jaren tachtig het internet aan, een
gebruikersvriendelijk multimedianetwerk. Belangrijkste verschil met
voorgaande methoden voor datacommunicatie is de meer open opzet die een grotere beschikbaarheid mogelijk maakt. Door die grotere
openheid verloopt de verspreiding sneller en is de dienstverlening kwalitatief beter dan in het verleden.

Al gauw doken de meest fantastische verhalen op. Internet zou voor
een revolutie zorgen, de wereld zou nooit meer hetzelfde zijn. Er was
een nieuwe economie geboren, inflatie en werkloosheid behoorden tot
de verleden tijd. 'Alles wordt internet', zei zelfs een verstandig man als
Hans Wijers, minister van Economische Zaken in het eerste kabinet
Kok, en nu voorzitter van de Raad van Bestuur van Akzo Nobel.

De president-directeur van het internationale management-adviesbureau Arthur D. Little, Lorenzo Lamadrid, maakte het nog bonter (*NRC Handelsblad, 29/1/2000*). 'Internet gaat een nog veel groter effect krijgen dan de telefoon ooit heeft gehad', aldus deze topconsultant. Maar de telefoon is de basis van internet! Internet is begonnen via telefoon- en inbelverbindingen. Nog steeds loopt het grootste deel van de internetverbindingen via de telefooninfrastructuur. En het begin van internet via de mobiele telefoon – UMTS - is al gemaakt. Nee, de rol van de telefoon bij internet is nog lang niet uitgespeeld.

Alle ondernemingen worden internetbedrijven, schreef *The Economist* in die tijd (doen ze nu ook niet meer) en Lamadrid bevestigt dat, hoewel er zijns inziens wel onderscheid per bedrijf is. 'De interne bedrijfsprocessen en de verbindingen met toeleveranciers gaan straks allemaal via internet.' Daar lijkt het inderdaad op, maar die ontwikkeling was al tien jaar eerder ingezet via computerverbindingen met Electronic Data Interchange, speciale protocollen die over het telefoonnet lopen. Als voorbeeld van de komende veranderingen, noemt Lamadrid dat bijvoorbeeld staalfabrieken internetondernemingen zullen worden. Hij haalt hier echter primaire en secundaire bedrijfsprocessen door elkaar. Hoofdtaak van een staalfabriek blijft het produceren van staal. Door internet zal dat efficiënter kunnen verlopen en zal ook de dienstverlening aan klanten kunnen worden uitgebreid. Maar vrijwel niemand ziet in dat dit moeizame en langdurige processen zijn.

Wat de citaten van Wijers en Lamadrid vooral aantonen is hoezeer uitspraken moeten worden gezien in de context van het tijdsgewricht en ook hoezeer de belangen van de geïnterviewde een rol spelen. Management-consultants zijn, samen met investeringsbankiers en verstrekkers van risicokapitaal, de grootste drijfveren achter internet en de nieuwe economie. Propageren van deze veranderingen bevordert hun omzet.

Er is ruimte voor zelfstandige bedrijvigheid op internet als er geen sprake is van grootschalig goederentransport van één centraal punt naar vele ontvangers. Bij elektronische veilingen zoals eBay, en ook bij marktplaats.nl, wordt het fysieke transport buiten het veilinghuis om afgehandeld door individuele kopers en verkopers. Is er wel grootschalig goederentransport, dan blijft de omvang van de financiële transacties via die site beperkt.

In 2003 werd er van de vijftig miljard euro omzet van de non-food detailhandel in Nederland 1,2 miljard omgezet via het web (*Telegraaf, 3/1/04*). Iets meer dan twee procent, groeiend weliswaar. Dat betreft vooral contactlenzen, vakanties, vliegtickets, boeken en CD's. Zaken waarbij het transport via de post kan worden afgehandeld. Het zou kunnen dat in de toekomst ook het verplichte deel van het winkelen (boodschappen doen) gedeeltelijk via het web wordt afgehandeld.

Het web heeft zich inmiddels een vaste plaats verworven in het leven van particulieren en bedrijven, maar op een andere manier dan de adepten van de 'nieuwe economie' nog maar vijf jaar geleden dachten. Van veel zelfstandige webbedrijvigheid waardoor de economie verandert is nog steeds geen sprake. Wel wordt het web gebruikt om allerlei dagelijkse bezigheden te versnellen en efficiënter uit te voeren. Particulieren chatten en mailen er lustig op los. Het uitwisselen van foto's via het web begint gewoon te worden. Bedrijven gebruiken email voor online communicatie.

Daarnaast is internet op allerlei manieren aanwezig in de bedrijfsvoering. Werknemers zoeken online telefoonnummers op, klantenservice leunt op de helpsectie van de bedrijfswebsite, de inkoopafdeling schaft grondstoffen aan op een internetmarktplaats. Bedrijven boeken zakenreizen online, vertrouwen op internet bij het opzoeken van achtergrondinformatie over potentiële klanten en bij het zoeken naar nieuwe leveranciers en producten.

Technisch gezien is het web een tamelijk gebruikersvriendelijk multimedianetwerk! Een volgende stap in de ontwikkeling van netwerken en telecommunicatie. Zou het mogelijk zijn dat zo'n evolutionaire ontwikkeling, één stap verder dan de bestaande praktijk, tot een revolutie zou leiden? Niet erg waarschijnlijk! Verbeterde gegevensuitwisseling maakt de maatschappij en de economie efficiënter (het verlaagt de transactiekosten), en het verrijkt de dienstverlening. Dat is de belangrijkste bijdrage van het wereldwijde web, maar dat is nog geen revolutie.

MISVERSTAND 3. 'SNELLE AFSCHAFFING KERNENERGIE

De maatschappij weet slecht met techniek om te gaan. Dat bleek weer eens uit de wens tot snelle afschaffing van kernenergie in Duitsland. Bij het aantreden van de eerste regering-Schröder in 1998 hadden de Groenen in de regeringsverklaring laten opnemen dat Duitsland binnen vijf jaar een eind moest maken aan kernenergie. Deze vorm van stroomopwekking is voor hen onaanvaardbaar vanwege de risico's die er kleven aan de centrales en de opslag van kernafval. Wel had bondskanselier Schröder er de beperking aan verbonden dat de *Atom-Ausstieg* niets mocht kosten.

Als zo'n voorstel zou worden gedaan betreffende een ander maatschappelijk domein, bijvoorbeeld de gezondheidszorg of het verkeer, zou voor iedereen meteen duidelijk zijn dat zoiets niet kan. Stel dat een politieke partij zou voorstellen om binnen vijf jaar het aantal huisartsen met een derde te verminderen, omdat we net zo goed alternatieve genezers kunnen raadplegen. Of om in vijf jaar een derde van de snelwegen af te sluiten, omdat het beter is met de trein te gaan. Dergelijke voorstellen zouden niet serieus worden genomen.

De kleine marges van de politiek gelden echter ook voor kernenergie. Wat de rood-groene coalitie in Duitsland met de elektriciteitsvoorziening wilde, komt neer op het zeer snel aanpassen van een technologische infrastructuur. Dat gaat nu eenmaal niet! Het kan technisch niet, het kan economisch niet en het is sociaal onverantwoord.

Duitsland telde ten tijde van het regeringsbesluit van Schröder I negentien kerncentrales (waarvan er inmiddels één buiten werking is gesteld), met een gezamenlijk opwekkingsvermogen van 23.450 megawatt (miljoen watt), anderhalf keer het totale vermogen (gas-, kolen en kerncentrales) dat in Nederland in de openbare elektriciteitsvoorziening staat opgesteld. Met die 23,5 gigawatt (miljard watt) nucleair vermogen is in 1999 een derde van alle elektrische energie opgewekt, de rest kwam vooral uit steenkool- en bruinkoolcentrales. De laatste kerncentrales zijn eind jaren tachtig in gebruik genomen. Die gaan nog zo'n twintig jaar mee. Eerder sluiten van met name de nieuwere centrales betekent kapitaalvernietiging. (De oudere centrales zitten al tegen hun voorgenomen sluiting aan.)

De opbouw van zo'n infrastructuur kost veel tijd en is erg kostbaar. Dat geldt ook voor afbouw. De kerncentrales in Duitsland zijn in 25 à 30 jaar gebouwd en vertegenwoordigen een waarde van 40 à 50 miljard euro. Bovendien is er een toeleverende industrie (mijnbouw, apparatenbouw, productie van brandstofstaven, verwerking van afval) waarin een kleine veertigduizend Duitsers hun brood verdienen.

Economisch en sociaal verantwoorde afbouw van die sector, en vervanging door een nieuwe vorm van stroomopwekking, kost ongeveer evenveel tijd en geld als met opbouw is gemoeid. Het ontwikkelen van een nieuwe energiebron kost 25 jaar en invoering op grote schaal vraagt om nog eens zo'n tijdspanne. Het is nog een geluk bij een ongeluk, althans met het oog op afschaffing van kernenergie, dat er maar liefst vijftig procent overcapaciteit bestaat in de Duitse elektriciteitssector.

De Duitse elektriciteitssector verklaarde zich van meet af aan tegen vervroegde sluiting van kerncentrales, maar men heeft ook steeds het primaat van de politiek erkend. Na lange onderhandelingen is in 1999 met de regering-Schröder een compromis gesloten waarbij kernenergie in dertig jaar wordt 'uitgefaseerd'. Een andere overeenkomst was uit maatschappelijk oogpunt ook niet mogelijk.

Op twee vragen heeft de huidige Duitse regering nooit een duidelijk en realistisch antwoord gegeven. Wat moet er in de plaats komen van die kerncentrales? De lichten moeten wel blijven branden. En hoe denkt de regering Schröder sluiting van nucleair opwekkingsvermogen te combineren met de doelstelling van een kwart minder uitstoot van kooldioxide? Want dat is een onmiskenbaar voordeel van kernenergie: geen emissies van kooldioxide, stikstofoxiden en zwaveldioxide.

Weliswaar heeft de regering besloten tot een ambitieus windenergieprogramma, maar uitvoering verloopt tot nog toe niet volledig volgens plan. Bovendien is windenergie niet geschikt om kernenergie te vervangen. Kerncentrales draaien, behoudens onderhoud en storingen, dag en nacht. Ze verzorgen de 'basislast'. Het aanbod van windenergie is onregelmatig, dus niet geschikt voor de basislast. Voor vervanging van kernenergie komen voor de lange termijn alleen met conventionele brandstoffen gestookte centrales in aanmerking.

November 2003 is in het kader van de *Atomausstieg* de eerste Duitse kerncentrale – die bij Stade – stilgelegd. Er zijn plannen om deze te vervangen door een moderne steenkoolcentrale. De emissies zijn kleiner dan van een oude kolencentrale, maar uiteraard hoger dan bij nucleaire opwekking van elektriciteit.

MISVERSTAND 4. 'HET UMTS DEBACLE'

Voorjaar 2000, ergens tussen de Engelse (maart) en de Nederlandse (mei) veiling van UMTS-frequenties, verscheen minister Zalm op zondagmorgen in het TV-programma Buitenhof. Hij was destijds minister van Financiën in het tweede kabinet Kok. De Engelse veiling had tachtig miljard gulden (36 miljard euro) opgebracht. Zalm meldde dat de Nederlandse veiling dan ook wel twintig, misschien wel dertig miljard gulden (negen à veertien miljard euro) zou kunnen opbrengen. Dat was veel meer dan tot vóór de Engelse veiling was verwacht.

Op dat moment hadden de alarmbellen al moeten rinkelen. De Nederlandse telecommunicatiesector had in 2000 een omzet van 28 miljard gulden (12,8 miljard euro; rapport TNO-STB, januari 2001), waarvan 6,4 miljoen gulden (2,9 miljard euro) voor mobiele diensten en apparatuur. Het is zacht gezegd onverstandig om aan vijf bedrijven (er waren vijf frequenties te vergeven) voor één nieuwe activiteit in één klap in de vorm van een soort belasting zo ongeveer de jaarlijkse omzet van de hele branche te onttrekken.

De Nederlandse veiling bracht gelukkig niet meer op dan zes miljard gulden (2,7 miljard euro), vooral te danken aan de slechte opzet: voor de vijf frequenties waren er in de laatste fase ook maar vijf kandidaten. (Hoewel: was dit alleen maar onhandig, of was het toch een opzetje om de kosten voor de veilingdeelnemers binnen de perken te houden?) Maar de Duitse veiling enkele maanden later bracht maar liefst 110 miljard gulden (vijftig miljard euro) in het overheidslaadje.

Waarom hebben bedrijven zichzelf deze ellende op de hals gehaald? Achteraf luidt de verklaring dat er sprake was van gebrek aan technisch inzicht bij de top van deze bedrijven. Men staarde zich blind op de snelle groei die de GSM-telefonie had meegemaakt, en die in korte tijd tot een goudmijn was uitgegroeid. Nu diende zich een nieuwe generatie mobiele telefonie aan waarmee men bewegende beelden kon verzenden en ontvangen. Er was een gevoel dat men deze derde generatie mobiele telefonie beslist niet mocht missen.

De vraag of aan UMTS net zo'n razende behoefte zou bestaan als aan GSM is nooit goed beantwoord. Er waren zelfs aanwijzingen voor het tegendeel. Videofoon bijvoorbeeld is nooit een succes geworden.

Bovendien waren de gebruiken uit de tijd van de oude gereguleerde telecommarkt nog volop in zwang, terwijl die markt sinds de jaren tachtig en negentig van de vorige eeuw al ruimschoots aan het liberaliseren was. De International Telecommunications Union schreef altijd de introductie van nieuwe technieken voor, na langdurig overleg tussen de aangesloten landen. Zo was het ook met mobiele telefonie gegaan. Rond 1990 was GSM geïntroduceerd, eind jaren negentig GPRS (een verbeterde GSM-techniek), en begin deze eeuw moest UMTS volgen.

Dat op zich oefent een stevige druk uit om dan ook in frequenties te investeren, maar het voorschrijven van technieken past niet in een geliberaliseerde markt. Het is uitgesloten dat een overheid de elektronische industrie voorschrijft wanneer het blauwe lasers moet gaan gebruiken om de opslagdichtheid van de DVD-schijf te verhogen. De auto-industrie krijgt weliswaar technieken voorgeschreven om uitlaatgasemissies te bestrijden, maar daar gaat langdurig overleg aan vooraf en er wordt ook een langjarig tijdschema voor afgesproken, zodat deze fabrikanten de investeringen in onderzoek en ontwikkeling kunnen spreiden.

Inmiddels hebben vrijwel alle telecomoperators die deelnamen aan de UMTS-veilingen in Engeland, Nederland en Duitsland hun investeringen in frequenties afgeschreven. Daarmee is ten koste van één bedrijfssector het onvoorstelbare bedrag van ongeveer honderd miljard euro naar de filistijnen. Ondertussen nemen andere technieken zoals Bluetooth en Wifi op beperkte schaal de plaats in van UMTS, en is er inmiddels ook een bescheiden begin gemaakt met de invoering van UMTS. Bluetooth en Wifi hebben vanwege de iets hogere frequentie een wat beperkter bereik, maar zijn nooit gehinderd door hoge investeringskosten voor frequenties omdat ze in een 'vrije' band van het radiospectrum werken. Deze technische ontwikkeling was ten tijde van de UMTS-veilingen door de topmensen van telecomoperators niet of onvoldoende voorzien.

Minister Zalm heeft het geld uit de UMTS-veiling gebruikt om de staatsschuld te verlagen, maar het ministerie had het aan de telecomsector terug moeten geven. Want dat er iets faliekant mis is gegaan, toonde de deplorabele toestand van de telecomsector na afloop van die veilingen. De sector krabbelt nu pas weer langzaam op.

Uiteindelijk zijn er in deze kwestie alleen maar verliezers, want de overheid heeft ook het deksel op de neus gekregen. De totale beurswaarde van alle KPN-aandelen kelderde van 75 miljard gulden (34 miljard euro) vóór de UMTS-veiling tot vijf miljard (2,3 miljard euro) erna (een andere oorzaak was het uiteenspatten van de internetzeepbel rond dezelfde tijd). Destijds was veertig procent van de KPN-aandelen in handen van de staat. De waarde van dat staatsaandeel verminderde dus van dertig miljard gulden (13,6 miljard euro) naar twee miljard gulden (0,9 miljard euro).

Een te begerig oog voor een grote financiële meevaller bij de overheid en onvoldoende besef van technische ontwikkelingen bij de top van telecombedrijven hebben tot een financiële ramp zonder weerga geleid. Nota bene op vrijwel het enige gebied waarop Europa een technologische voorsprong bezat op zowel Amerika als Japan, is de kans nu groot dat die laatste twee ons alsnog overvleugelen.

MISVERSTAND 5.
'OLIE EN GAS ZIJN BINNEN VEERTIG JAAR OP'

Veel mensen denken dat de wereldvoorraden olie en aardgas en (in mindere mate) steenkool beperkt zijn. Daarom zouden we snel moeten overschakelen op alternatieven zoals zon, wind en biomassa. Kernenergie komt in dat rijtje nooit voor. Het standpunt berust op een verkeerd idee over de wereldvoorraden fossiele brandstoffen, stelt ir. Jan Paul van

Soest, voormalig directeur van het Centrum voor Energiebesparing en Schone Technologie in Delft en tevens oud-lid van de Algemene Energie Raad, een adviesorgaan van de regering. In het blad *Stromen* van 22/10/04 vertelt hij dat aan deze kwestie niet alleen een natuurkundige kant zit – die van de fysieke voorraden – maar ook een technologische die winning en gebruik van fossiele brandstoffen beïnvloedt.

Er zijn nog onmetelijke voorraden fossiele brandstoffen. Van Soest verwijst daarvoor naar de laatste *World Energy Assessment*: met de bewezen reserves gas, olie en kolen kunnen we meer dan honderd jaar toe. Tel de resources (vermoedelijke voorraden) erbij en we komen al op meer dan zevenhonderd jaar. Nog verder weg liggen de *additional resources*. Dat zijn mogelijk ooit uit de diepzee te winnen voorraden gashydraten. De omvang daarvan is voldoende voor meer dan duizend jaar verbruik. In feite sluit Van Soest zich aan bij het adagium 'Zoekt en gij zult vinden' van de Engelse olieprofessor Peter Odell. Ook de *World Energy Outlook 2004* stelt dat er genoeg voorraden fossiele brandstoffen zijn.

Vaak is de tegenwerping bij die voorraadcijfers dat we geen kolen en gas in onze auto's kunnen stoken, en dat dus de voorraden olie, de meest schaarse fossiele bron, wel degelijk een probleem gaan vormen. 'Maar dan verkijkt u zich op de technologische mogelijkheden', schrijft Van Soest. Moderne technologie maakt het mogelijk steeds kleinere olie- en gasvelden in exploitatie te nemen. In de jaren zeventig waren velden kleiner dan dertig miljard kubieke meter niet economisch rendabel leeg te halen, nu ligt die grens bij twee miljard kubieke meter. Geavanceerde winningstechnieken maken het mogelijk olievelden tot zestig à zeventig procent leeg te halen, waar men vroeger moest volstaan met dertig tot veertig procent. Daarnaast kunnen door vergassing en synthese (het omzetten van gasvormige brandstoffen in vloeibare) uit alle soorten koolwaterstoffen - ook uit steenkool - vloeibare brandstoffen worden gemaakt. Vraag niet wat het kost, maar het kan. En het gebeurt zelfs al! De oliemaatschappijen investeren volop in nieuwe projecten en in de winning van niet-conventionele voorraden koolwaterstoffen, zoals teerzanden. Want reken maar dat er bedrijfseconomische en politieke druk is, vooral vanwege de huidige [HT: eind 2004] hoge olieprijs, om alle koolwaterstoffen die ook maar enigszins winbaar zijn ook daadwerkelijk naar boven te halen', aldus Van Soest.

Een hoge olieprijs geeft naar twee kanten de juiste prikkel. Als aardolie duur is, worden voorraden winbaar die dat bij een lage prijs niet zijn. Daardoor nemen de totale economisch winbare voorraden toe. En tegelijk zullen consumenten hun verbruik matigen, waardoor de voorraden langer mee gaan.

Fysieke schaarste aan fossiele brandstoffen speelt dus geen rol, maar de emissie van koolstof stelt wel beperkingen aan het gebruik. Sinds de Industriële Revolutie is bijna driehonderd gigaton koolstof verstookt, terwijl er aan reserves en resources nog zo'n 6500 Gton onder de grond zit. Meer dan twintig keer zoveel als wat tot nu toe in de atmosfeer is geblazen, terwijl de effecten daarvan toch al flink zorgen beginnen te baren.

Van Soest: 'Tegen de achtergrond van het klimaatbeleid is het daarom onvermijdelijk dat "schoon fossiel" – het zonder emissies (koolstof, stikstofoxiden en zwavel) verbranden van steenkool, olie en gas – een cruciale rol moet vervullen. Het uit elkaar pulken van fossiele koolwaterstoffen, in combinatie met opslag van kooldioxide (de vermoedelijke veroorzaker van het broeikaseffect), levert dus een belangrijke, in de komende decennia zelfs de allerbelangrijkste bijdrage aan een klimaatneutrale energiehuishouding.'

Hij spreekt er vervolgens zijn verbazing over uit dat schoon fossiel in het Nederlandse energiebeleid zo weinig aandacht krijgt. Er wordt weliswaar aandacht besteed aan het bijstoken van afval in steenkoolcentrales, het benutten van vrijkomende warmte uit vuilverbranding en aan warmtekrachtkoppeling (het opwekken van elektriciteit en warmte in één installatie), maar dat is nog te weinig. Van Soest: 'Schoon fossiel zou een speerpunt van beleid moeten zijn, in plaats van een tot nu toe ondergeschoven kindje.'

In 2004 zijn de bewezen olievoorraden in de wereld met één procent toegenomen ten opzichte van het jaar daarvoor, aldus de Duitse energienieuwsdienst EID (*Financieele Dagblad, 18/1/05*). Met name in Afrika zijn veelbelovende nieuwe reserves ontdekt.

MISVERSTAND 6. 'DE BESCHAVING GAAT TEN ONDER DOOR HET MILLENNIUMPROBLEEM'

Soms begrijpen ingenieurs zelf de techniek niet. In de laatste jaren voor de jongste millenniumwisseling, de overgang van het jaar 1999 naar 2000, waarschuwden informatica-experts voor het 'millenniumprobleem'. In computers waren jaartallen in het geheugen vastgelegd in twee cijfers: 1999 werd weergegeven als '99'. Op de overgang van 1999 naar 2000 zou het jaartal worden weergegeven als '00'. Computers zouden bij berekeningen waarin dit jaartal voorkomt met deze nul gaan optellen, aftrekken, vermenigvuldigen en delen. Delen door nul levert in de wiskunde het antwoord 'onbepaald' op. Computers kunnen daar niet mee omgaan.

In testen - niet alleen die van Microsoft - heeft het probleem zich ook voorgedaan: computers die van slag raakten en vreemde antwoorden gaven. In dienstregelingen sprong de datumaanduiding terug naar het moment waarop het onderliggende computersysteem in bedrijf was gesteld.

De westerse maatschappij staat grotendeels onder computerbesturing. Informatici in vooral westerse landen waarschuwden daarom hun overheden: in de millenniumnacht kunnen er rare dingen gebeuren. De elektriciteits- en watervoorziening zouden kunnen uitvallen, ziekenhuizen zouden geen operaties meer kunnen uitvoeren. In Rusland en de vs zouden intercontinentale kernraketten per ongeluk gelanceerd kunnen worden. In de meest zwarte scenario's zou de beschaving ten onder gaan.

Slechts een handvol landen, waaronder de Verenigde Staten, Engeland en Nederland, hebben het millenniumprobleem serieus aangepakt. Verdachte soft- en hardware is op grote schaal vervangen. Er is geforceerd overgegaan op nieuwe computersystemen. Alleen al in ons land is daarvoor twintig miljard gulden (negen miljard euro) geïnvesteerd, in de Verenigde Staten zelfs honderd miljard dollar (ruim tachtig miljard euro).

De grote meerderheid van vooral niet-westerse landen heeft er echter vrijwel geen aandacht aan besteed en er al helemaal geen kosten voor gemaakt. Ze zijn ook minder afhankelijk van computers, maar het hele idee van een millenniumprobleem lag heel ver van hun bed.

Het millenniumprobleem is met een sisser afgelopen. Kort na het verstrijken van de millenniumwisseling hebben zich overal ter wereld kleine incidenten voorgedaan. Dat bewijst dat het een reëel probleem betrof. Maar opvallend is dat die incidenten zich zowel hebben voorgedaan in landen die goed waren voorbereid op het millenniumprobleem, als in landen die dat niet waren, bijvoorbeeld India en China.

Dat werpt vragen op die tot nu toe niet zijn beantwoord. Hoe groot was het probleem nu echt? Wat weten we wel en niet van computers en automatisering? Zou er in Nederland meer zijn mis gegaan als we ons niet op het y2k-probleem hadden voorbereid? Waarom is er nergens een evaluatie gemaakt van het gevoerde beleid en de getroffen maatregelen?

Het Millennium Platform, ingesteld door de Nederlandse regering, is begin 2000 zonder evaluatie opgeheven. Datzelfde gold de *Special Committee on the Year 2000 Technology Problem*, een commissie van de Amerikaanse senaat. Sindsdien is er niets meer van het millennium-probleem vernomen. *'The full extent of* Y2K *problems will probably never be known'*, schrijft de speciale commissie van de Amerikaanse Senaat in haar eindverslag.

EN ANDERE GANGBARE MISVERSTANDEN

Er zijn veel meer kwesties waarbij misverstanden over technische ont-wikkelingen, zoals in de Nederlandse *soap* rond rekening rijden, de maatschappij parten spelen. Hieronder een paar gangbare.

Misverstand 7. Vaak wordt gezegd: 'Met deze techniek kunnen we nog tien jaar verder, dan is het op. Dan zullen we moeten overstappen op iets nieuws.' Dat geldt bijvoorbeeld al tien, twintig jaar voor de chip-technologie. Maar dit is onjuist. Als we over tien jaar bij de aangekon-digde grens zijn, kunnen we weer meer dan nu. Het zal blijken dat die grens dan nog steeds op tien jaar ligt.

Misverstand 8. Nog steeds schaffen bedrijven en overheidsinstanties nieuwe machines en computers aan, zonder dat ze eerst hun organisatie aanpassen. Dat gebeurt uit onwetendheid over de invloed van nieuwe technische systemen op organisaties. Eerst apparatuur aanschaffen en vervolgens de organisatie aanpassen is de verkeerde weg. Het moet an-dersom: eerst zet men voor een bepaald doel een effectieve organisa-tie op poten, en daar kiest men vervolgens de technische middelen bij. Organiseren is belangrijker dan techniek.

Misverstand 9. Algemeen wordt gedacht dat nieuwe technische vin-dingen bestaande apparaten overbodig maken. Soms is dat zo, het vlieg-tuig heeft inderdaad het luchtschip zo goed als verdrongen, ondanks recente pogingen tot revival. Maar vaker is dat niet het geval. Door de technische ontwikkeling nemen de keuzemogelijkheden toe. Alles krijgt zijn plaats in de markt. De compact disc heeft de vinyl plaat vrijwel doen verdwijnen, maar nog steeds perst het Haarlemse bedrijf Record Industry voor de liefhebbers zo'n zes miljoen vinyl langspeelplaten per jaar.

Nu denkt men dat de waterstofauto in de toekomst het benzinevoer-tuig zal verdrijven, maar dat is weinig waarschijnlijk. Elektrische ma-chines hebben de stoomketel teruggedrongen, maar niet compleet ver-vangen. Kunststoffen hebben metalen niet verdrongen, elke kunststof en elk metaal hebben weer net iets andere eigenschappen die het tot een favoriet voor een bepaalde toepassing maken. De TV heeft de radio niet weggevaagd. Oude technieken verdwijnen nooit helemaal, en maken onder druk van een nieuwe concurrent vaak een revival door.

ONBEGRIP

Er heersen in de maatschappij veel misverstanden en er is veel onbegrip over techniek en technische ontwikkelingen. Er komen geen technische doorbraken die een eind maken aan schaarste en werkloosheid. Het is niet mogelijk, tenzij tegen hele hoge maatschappelijke kosten, omvangrijke technische infrastructuren binnen enkele jaren aan de kant te zetten. Nieuwe technische systemen met een ingrijpende invloed op de maatschappij zijn niet in enkele jaren van de grond af aan in te voeren. Ik hoop dat er na lezing van dit boek wat meer begrip is voor de mogelijkheden en onmogelijkheden van de techniek, de tijdschaal van technische ontwikkelingen, de grenzen waarbinnen techniek functioneert, de plaats van de techniek in economie en maatschappij, de problemen waar ontwerpers en constructeurs zich mee geconfronteerd zien, hoe de complexiteit van de geavanceerde techniek in de hand wordt gehouden, en hoe de toekomst van de techniek er uit ziet.

Intermezzo

Een machtige knecht

Techniek is een middel. Het heeft een dienende taak. Niemand koopt een auto om deze alleen als pronkstuk voor de deur te zetten, of om er alleen voor de show mee te toeren. Auto's dienen toch vooral als transportmiddel, om mensen, dieren of vracht te vervoeren. Een televisietoestel schaffen we niet aan voor het kastje op zich. Het dient om beelden te tonen van de gevolgen van de tsunami in het oosten van de Indische Oceaan, van het wereldkampioenschap voetbal of van de verkiezing van de grootste Nederlander aller tijden.

Een PC heb je niet alleen om op je bureau te zetten. Deze dient om te communiceren (e-mailen, chatten), informatie op te zoeken en te raadplegen (de website van sc Heerenveen, of de *Encyclopaedia Britannica*), vliegreizen te boeken of CD's te kopen, of om je gedachten aan de harde schijf toe te vertrouwen.

De Oosterscheldedam is niet alleen maar een wereldwonder, hij dient om de Zeeuwse bevolking te beschermen tegen aanstormend water van de Noordzee. De Erasmusbrug is er niet alleen om mooi te zijn, maar zorgt er vooral ook voor dat verkeer van de ene oever naar de andere kan.

De invloed van auto's, TV's en PC's reikt veel verder dan alleen hun gebruikswaarde. De auto is een vervoermiddel dat mens, maatschappij en natuur heeft veranderd. Familieleden zijn ver uit elkaar gaan wonen, want met de auto zijn ze nog net zo dichtbij als vroeger te voet of op de fiets. Het is gewoon om in Amsterdam te wonen en in Rotterdam te werken. Het land is overdekt met wegen en benzinestations. Dat heeft zijn invloed gehad op natuur en milieu.

De TV heeft het gezinsleven veranderd. Spelletjesavonden die vijftig jaar geleden gewoon waren, zijn praktisch verdwenen. Met zijn allen naar een hoorspel op de radio luisteren – naar de destijds legendarische Paul Vlaanderen – gebeurt niet meer. Met het hele gezin naar een familieprogramma kijken is er nauwelijks meer bij. Kinderen hebben TV op hun eigen kamer. De samenleving individualiseert. Mens-erger-je-niet wordt alleen nog gespeeld als oma en opa langs komen.

Techniek is een middel om doelen te realiseren. In die zin heeft het de taak van een knecht. De meester bepaalt de doelen; de knecht voert het werk uit, zorgt dat de doeleinden wordt bereikt.

Maar techniek is veel meer dan dat. Het doet ook iets met die doelen, zonder dat de meester dat heeft beoogd. Techniek is een machtige knecht.

De Duitse filosoof Georg Wilhelm Friedrich Hegel (1770–1831) heeft beschreven hoe de relatie tussen meester en knecht zich ontwikkelt. Hij behandelt deze kwestie uitgebreid in een hoofdstuk van zijn boek *Phänomelogie des Geistes*. In het eerste deel van dit boek gaat Hegel in op het bewustzijn, om in het tweede deel bij het zelfbewustzijn uit te komen. De enige manier waarop het zelfbewustzijn zich kan ontwikkelen ('objectiviteit kan krijgen') is door een ander zelfbewustzijn te ontmoeten. 'Wij denken dat Hegel daarmee een ander mens bedoelt', zegt Hegel-kenner Louk

Fleischhacker, 'maar helemaal duidelijk is dat niet. Het zou ook kunnen zijn dat Hegel daarmee een engel of God bedoelt.'

Bij Hegel draait deze ontmoeting uit op een 'strijd op leven en dood'. Het ene zelfbewustzijn wil het andere overwinnen, overtuigen ('tot zijn eigen objectiviteit maken'), maar het andere wil dat uiteraard ook.

Dit doet Fleischhacker denken aan het gevaarlijke spel van Amerikaanse jongeren in de jaren vijftig: ze rijden elkaar met een auto tegemoet, met het linker voorwiel op de middenstreep. Wie het eerst uitwijkt heeft verloren. Bij Hegel is dit ook zo: wie de strijd ontwijkt is de knecht, de ander de heer.

De knecht moet vervolgens werken voor de heer. Hij houdt zichzelf en ook de heer in leven. Daardoor is hij het die zich verder ontwikkelt in interactie met zijn omgeving ('de natuur, de uiterlijke natuur, maar ook zijn innerlijke natuur'), terwijl de heer, die formeel de baas is, in de toestand van het abstracte autonome bewustzijn blijft. De knecht weet wat er in de wereld aan de hand is en hij kan daar gebruik van maken, terwijl de heer zich in zijn ivoren toren van de wereld vervreemdt, aldus Fleischhacker.

Hegel heeft het thema van de meester en de knecht wel op de arbeid, maar niet op de techniek betrokken. De rechtsgeleerde en voormalig minister van Justitie Ernst Hirsch Ballin, tegenwoordig lid van de Raad van State, heeft dat wel gedaan. Hij heeft in toespraken de techniek enkele malen 'een machtige knecht' genoemd, maar hij deed dat in waarschuwende zin.

In een toespraak van 8 november 1994 voor de Katholieke Schoolraad Twente zei hij, in zijn hoedanigheid van CDA-Tweede Kamerlid: '... De school moet voorbereiden op een samenleving waarin techniek en informatie een sleutelrol spelen. Maar er is meer tussen hemel en aarde dan wat men kan tellen en meten. Wie techniek en informatie goed kan hanteren, zorgt ervoor dat hij of zij ze de baas is. Het zijn middelen, geen doel in zichzelf. Inzicht in de eigen cultuur en geschiedenis – Europees, Nederlands, Twents – is minstens zo belangrijk om de techniek de baas te blijven als vakkennis. ... Aandacht voor techniek en informatie moet gericht zijn op beheersing ervan, niet een erdoor op sleeptouw worden genomen. Anders wordt de techniek een *machtige knecht*, om het nog eens met Hegel te zeggen.'

De knecht mag de heer niet overvleugelen, techniek moet aan mensen ondergeschikt blijven, is de boodschap van Hirsch Ballin.

Hoofdstuk 1

Wat is technologie

'Techniek behelst de middelen die mensen gebruiken om de doelen die we stellen steeds sneller, beter en overvloediger te bereiken', stelt techniek-filosoof Hans Achterhuis *(Ingenieurskrant, 23/1/92)*. De lichamelijke functies die mensen vroeger gebruikten om hun doeleinden te realiseren worden steeds meer door technische artefacten overgenomen.

De vooraanstaande Duitse filosoof Jürgen Habermas formuleert het aldus: 'Eerst zijn de functies van het bewegingsapparaat (handen en voeten) vervangen en versterkt, daarna de energievoortbrenging (van het menselijk lichaam), vervolgens de functies van de zintuigen (ogen, oren en tast) en ten slotte de functies van het sturingscentrum (de hersenen).'

Volgens deze visie is er maar één ontwikkelingsgang van de techniek mogelijk. Het gaat om het vinden van *the one best way* waarin de lichamelijke functies zo goed mogelijk worden overgenomen en versterkt. Ingenieurs zullen zich hierin herkennen. Vaak zullen zij hun werk beleven als het zoeken naar de meest efficiënte oplossing voor een gegeven probleem.

Neil Armstrong, de inmiddels 74-jarige ingenieur en astronaut die in 1969 als eerste mens op de maan stond, wijst tijdens een bijeenkomst begin 2000 van de Amerikaanse *National Academy of Engineering (NAE)* op wat in zijn visie de kern van ingenieurswerk is. 'De Griekse letter eta (η) duikt vaak op in technische documenten. Ingenieurs wijden een groot deel van hun inspanningen aan het verbeteren van deze factor eta, het symbool voor efficiency – hetzelfde doen als voorheen, of zelfs beter doen dan voorheen, met minder materiaal, minder energie, in minder tijd, met minder kosten. Het hele bestaan van ingenieurs staat in het teken van dingen beter en efficiënter doen.'

'Deze visie is zeker niet onjuist', aldus Achterhuis, 'maar ze is wel onvolledig. Ze perkt het terrein van de techniek veel te sterk in.' De moderne techniek is veel meer dan een middel om vastliggende doelen te bereiken. Techniek verandert de doeleinden zelf, ze creëert totaal nieuwe en onverwachte realiteiten, verandert onherroepelijk mens, maatschappij en natuur. Onze verlangens, behoeften en belevingen liggen niet eens en voor altijd vast, ze krijgen mede vorm door technische mogelijkheden.

MANIPULEREN

Techniek is ook te definiëren als het manipuleren met dode en levende materie. Maar het is een gevaarlijk brede definitie, want thee zetten is dan ook een technische handeling. En waarom ook niet?

Het manipuleren met dode materie, in een wat strikter technische betekenis waar thee zetten buiten valt, is het klassieke domein van 'technische' ingenieurs en andere technici. Een loodgieter gaat met kunststof leidingen aan de slag (vroeger loden pijpen) om een drinkwaterinstallatie aan te sluiten, een waterbouwkundig ingenieur laat grond en basaltstenen verplaatsen voor het bouwen van een rivierdijk.

Anderen manipuleren met levende materie. Dat gebeurt in de agrarische sector (door boeren en 'groene' ingenieurs), en biologen doen dat ook. Vaak doen ze dat met behulp van apparaten en machines afkomstig uit het domein van de dode materie. Dit geldt voor een bakker die brood bakt en een voedingsmiddeleningenieur die een fermentatieproces ontwerpt.

Chemici en natuurkundigen manipuleren met zowel dode als levende materie (een deel van hen heeft ook de ingenieurstitel).

De Amerikaanse *National Academy of Engineering (NAE)* geeft de volgende definitie: technologie is het proces waarbij mensen ingrijpen in de natuur om deze aan te passen aan hun behoeften en wensen. Technologie omvat meer dan alleen maar 'producten', zoals computers, software, vliegtuigen, pesticiden, waterzuiveringsinstallaties, anticonceptiepil en microgolfovens. De NAE: 'Het omvat ook de hele infrastructuur voor het ontwerpen, produceren, bedrijven en repareren van technische artefacten, van concernhoofdkantoren en technische universiteiten, tot productiebedrijven en onderhoudswerkplaatsen. De kennis en de processen die worden gebruikt om deze technische artefacten op te zetten en in bedrijf te houden – kennis van engineering, productie-expertise en verschillende technische vaardigheden – zijn alle van even groot belang'.

De NAE telt ongeveer 2300, op voordracht gekozen, leden. Het betreft voornamelijk Amerikaanse ingenieurs, maar er zijn ook leden uit andere landen. Ook drie Nederlandse ingenieurs zijn lid van de NAE.

Er zijn in de Verenigde Staten naar schatting ruim twee miljoen ingenieurs.

Ingenieur en astronaut Neil Armstrong legde bij eerder genoemde gelegenheid ook uit volgens welke methoden ingenieurs te werk gaan bij het oplossen van technische vraagstukken. 'Deze methoden kunnen worden gerangschikt aan de hand van hun effectiviteit, van degene die de meeste zekerheid biedt tot de minst zekere. Bovenaan, op niveau één, staat meten. Maar zelfs bij excellente metingen worden hele kleine fouten gemaakt. Niveau twee is oorzaak en gevolg. Dat betreft het trekken van conclusies op basis van de wetten van de natuur: behoud van massa, energie en momentum; Newtoniaanse mechanica; de wet van Ohm; en al dat soort relaties. Deze technieken voor het oplossen van problemen zijn niet foutvrij, maar ze leveren wel betrouwbare en herhaalbare resultaten op.'

Op het derde niveau plaatst Armstrong de correlatiestudies. Die zeggen iets over het verband tussen onafhankelijke verschijnselen of variabelen. 'Dit zijn statistische technieken die het trekken van algemene, redelijke conclusies mogelijk maken, maar het zijn wel onnauwkeurige conclusies. Dat betreft zoiets als: 62 procent van de mensen die vaker dan twintig keer per week een ijsje eten, worden zwaarder.'

Op het vierde niveau staat volgens Armstrong het verzamelen van opinies. 'Conclusies hieruit kunnen bruikbaar zijn, maar zijn onderhevig aan stemmingen en de tijdgeest, en ze zijn niet herhaalbaar. De niveaus vijf, zes, zeven en acht omvatten een hele variëteit aan technieken, van focusgroepen via intuïtie en droomanalyse tot gewoon gissen. De onzekerheid neemt toe met het aantal onafhankelijke variabelen. Ingenieurs maken dus zoveel mogelijk gebruik van meten en van het vaststellen van oorzaak-gevolgrelaties voor het oplossen van problemen, en gebruiken alleen correlatiestudies als het aantal onafhankelijke variabelen te groot is voor het trekken van heldere conclusies.'

TECHNIEK ALS TOEGEPASTE WETENSCHAP

Omdat wetenschap zo'n centrale rol speelt bij de ontwikkeling van nieuwe technologieën en de verbetering van bestaande, menen veel mensen dat technologie toegepaste wetenschap is. Er is echter veel meer nodig dan toegepaste wetenschap om techniek te verbeteren of te vernieuwen. Technologie is een product en een proces waarvoor zowel wetenschap als de kennis en ervaring van ingenieurs – *engineering* – nodig zijn, aldus de Amerikaanse ingenieursvereniging. William A. Wulf, president van de NAE, zegt: 'Wetenschap gaat over hoe de wereld in elkaar zit, en technologie gaat over hoe de wereld kan zijn.'

Maar in het dagelijkse spraakgebruik worden innovaties en gebeurtenissen met een belangrijke technologische component vaak als wetenschappelijk beschouwd. Neem bijvoorbeeld de bouw en lancering van de Hubble ruimtetelescoop. Het doel hiervan is wetenschappelijk – verzamelen van gegevens over de ruimte en het ontstaan van het heelal – maar de telescoop zelf is het product van zowel wetenschap als van technische kennis en ervaring.

Het is overigens niet verrassend dat veel mensen technologische vooruitgang vooral als een wetenschappelijk proces zien. Wetenschap en technologie zijn nauw met elkaar verbonden. Maar de verwarring is belangrijk omdat het aangeeft dat veel mensen zich niet realiseren dat de vooruitgang in het leven voortkomt uit een combinatie van wetenschap en techniek.

Enig besef van deze complementaire relatie is van belang bij het nemen van sommige politieke beslissingen, bijvoorbeeld bij het toewijzen van overheidsgeld voor onderzoek. Er is geld nodig voor fundamenteel onderzoek; voor het ontrafelen van de natuur. Maar er is ook geld nodig om de resultaten daarvan om te zetten in commercieel succesvolle producten. Deze 'democratisering van onderzoeksresultaten' is van belang om iedereen te laten profiteren van het fundamentele onderzoek. Hier is ook toegepast onderzoek noodzakelijk. Er moeten prototypes worden gebouwd en proefseries zijn onvermijdelijk. Ook daarvoor is geld nodig.

DETERMINISME

Er zijn mensen die menen dat de technologische ontwikkeling zich geheel of gedeeltelijk onttrekt aan de menselijke invloed. Technologie lijkt zich *out of the blue* te ontwikkelen, met weinig of geen invloed van de gebruikers waarvoor ze is bedoeld. Technologie heeft in deze visie een grote, directe en onomkeerbare invloed op ons leven. Met andere woorden, technologie beïnvloedt de samenleving, maar de samenleving beïnvloedt de technologie niet. Dit idee van technologisch determinisme (de leer die meent dat de menselijke wil niet vrij is) suggereert dat technologie haar eigen weg kiest onafhankelijk van wat mensen willen.

Technologisch determinisme is echter gebaseerd op een misvatting van de centrale rol die mensen spelen bij ontwerp en gebruik van technologie, aldus de National Academy of Engineering. Parlementsleden, directeuren van bedrijven en de wetenschappers en ingenieurs die voor hen werken, evenals consumenten, bepalen allemaal een klein beetje, de één wat meer dan de ander, wat technologie zou moeten doen, waartoe het in staat is, en wat het ook echt in de praktijk doet. Zo langzamerhand is dit een algemeen geaccepteerde visie.

Technologie reflecteert daarmee onze waarden, evenals onze tekortkomingen. Neem het Franse Minitel en het Amerikaanse internet. Minitel is een getrouwe afspiegeling van het centraal bestuurde Frankrijk, internet staat voor de vrijheid die in de Verenigde Staten zo hoog wordt gewaardeerd.

Sommige technieken worden gebruikt op een manier die bepaalde groeperingen niet acceptabel vinden. Of ze hebben onbedoelde en soms onverwachte consequenties. Vrijwel altijd dient technologie bepaalde doelen wel en andere niet. Techniek heeft daarmee meer voordelen voor de ene groep mensen, dieren of planten dan voor de andere. Doorgaans volgt het meer de wensen van rijken dan van armen, en meer die van mannen dan van vrouwen.

Voorafgaand aan de ontwikkeling van een nieuwe techniek is minutieuze afweging van de voor- en nadelen uiterst belangrijk. De NAE: 'Tegelijkertijd moeten we ons realiseren dat verstandig gebruik van een technologie soms toch ongewenste consequenties kan hebben, en dat deze zich pas na tientallen jaren of nog langer kunnen voordoen. We kunnen daarom besluiten niet iedere technisch mogelijke ontwikkeling, zoals klonen van mensen, ook daadwerkelijk uit te voeren. Omgekeerd kan het nodig zijn een bepaalde technologie toch tot ontwikkeling te brengen, ook al is een kleine groepering daar tegen.' In alle gevallen, zo stelt de National Academy of Engineering, is de beslissing aan ons!

Zie www.nae.edu

Intermezzo

Verstand van techniek

Wanneer heeft iemand 'verstand van techniek', wanneer is hij of zij 'technologisch geletterd'? Dat ben je als je iets weet van aard en geschiedenis van de techniek, beschikt over basisvaardigheden in het gebruik van technologie, en als je een kritische manier van denken en communiceren over technische ontwikkelingen hebt ontwikkeld, stelt de Amerikaanse National Academy of Engineering (NAE).

Elk individu beschikt over een unieke combinatie van de drie dimensies kennis, vaardigheid en communicatie, een combinatie die in de loop der jaren door kennis en ervaring verandert. Dat loopt van aan de ene kant de gepromoveerde doctor in de technische wetenschappen, tot aan de andere kant van het spectrum de handige klusjesman die vele problemen op het gebied van bouw, gas, water en elektrisch oplost. Beide moeten daarover kunnen communiceren, want kennis die je alleen voor jezelf houdt heeft weinig waarde. Dat geldt overigens meer voor de 'theoretisch technicus' dan voor de man met de gouden handjes.

Kennis zonder vaardigheid kwam in het verleden in de techniek weinig voor. Ingenieurs worden toch ook gezien als mensen met twee rechterhanden. Toch lijkt het erop dat er in de dienstenmaatschappij steeds meer ingenieurs zijn die niet meer solderen en sleutelen en de techniek voornamelijk nog als concept kennen.

Iemand met verstand van techniek heeft op een redelijk niveau begrip van het technologische concept van *trade-offs*, van constraints (= beperkingen, restricties), en van het technische begrip *systemen*, aldus de NAE. Technisch geletterde personen begrijpen dat alle technieken voordelen en kosten met zich meebrengen, die tegen elkaar moeten worden afgewogen. Zij begrijpen ook het daarmee verbonden begrip van *trade-offs*, dat tegenover voordelen ook nadelen staan, of iets subtieler: dat realisatie van het ene voordeel vaak ten koste gaat van een ander. (In de woorden van Johan Cruijff: 'elk voordeel heb zijn nadeel'). Een nieuw raffinageproces produceert mogelijk minder afval, maar is waarschijnlijk duurder dan het oude. Een nieuw softwareprogramma heeft mogelijk meer features, maar zal misschien eerder falen en vereist vaak het aanleren van nieuwe commando's.

Iemand met verstand van techniek dient ook iets te weten van technisch ontwerpen. Het doel van technisch ontwerpen is om aan bepaalde uitgangspunten te voldoen binnen zekere beperkingen (*constraints*), zoals deadlines, beschikbaarheid van geld, of de noodzaak om emissies binnen de perken te houden.

Technologisch geletterde personen zien in dat er niet zoiets als een perfect ontwerp bestaat. Alle levensvatbare ontwerpen bevatten onvermijdelijk compromissen. Daarin lijkt het werk van ingenieurs ook sterk op dat van politici: ze streven naar het best haalbare compromis.

Zelfs als een ontwerp voldoet aan de vereiste criteria, is er geen garantie dat de resulterende technologie de gewenste prestatie zal leveren, omdat zich naast verwachte ook onverwachte, vaak ongewenste, effecten voordoen. Dat betreft vaak hele banale dingen. Na het zoveelste per ongeluk geactiveerde auto- of diefstalalarm wordt de volgende waarschuwing niet meer serieus genomen.

Als ingenieurs het over een 'systeem' hebben, bedoelen ze dat componenten in een groter geheel samenwerken om een bepaald doel te bereiken. Systemen zijn er op elk gebied van de techniek, van een simpel systeem zoals de half dozijn componenten in een balpen, tot complexe systemen met miljoenen componenten, onderverdeeld in honderden subsystemen, zoals vliegtuigen en straaljagers. Systemen kunnen ook geografisch verspreid zijn, zoals de transportinfrastructuur die bestaat uit wegen, bruggen, tunnels, verkeerssignalering, benzinestations, en apparaten en machines voor onderhoud en ondersteuning van die infrastructuur.

Een technologisch geletterd individu kan omgaan met alledaagse technieken en producten. Thuis en op het werk heeft het voordelen als men een eenvoudige diagnose kan stellen of zelfs simpele reparaties kan uitvoeren, zoals het resetten van een doorgeslagen aardlekschakelaar, een batterij in een rookalarm vervangen, of een probleem met een keukenapparaat oplossen. Dit is niet bijzonder moeilijk, maar ze vereisen een zekere basiskennis en – in sommige gevallen – een beetje handigheid in het hanteren van eenvoudig gereedschap.

Een technologisch geletterd mens ziet ook in dat technische ontwikkelingen vaak aan de basis hebben gestaan van maatschappelijke veranderingen. Historische tijdperken zijn genoemd naar de op dat moment dominante technologie: het stenen, ijzeren, bronzen en industriële tijdperk, en nu de informatiesamenleving. Vooral de afgelopen eeuw hebben zich veel technologiegedreven veranderingen voorgedaan. Auto's hebben een meer mobiele maatschappij met zich meegebracht, waarin veel mensen buiten hun oorspronkelijke regio zijn gaan wonen. Vliegtuigen en telecommunicatie hebben tot een 'kleine wereld' geleid, maar ook tot globalisering. Verbeterde sanitaire voorzieningen, landbouw en gezondheidszorg hebben de levensverwachting verhoogd.

Iemand met verstand van techniek realiseert zich andersom ook dat de maatschappij vorm geeft aan de technologische ontwikkeling. Er is niets onvermijdelijks aan de veranderingen die worden geïnduceerd door technologie – zij zijn het resultaat van menselijke beslissingen en niet van onpersoonlijke krachten. Nieuwe technieken moeten voldoen aan de eisen van consumenten, zakenmensen, bankiers, rechters, milieudeskundigen, politici en overheidsdienaren. Een elektrische auto die niemand aanschaft had beter niet ontwikkeld kunnen worden.

Technologisch geletterde personen beseffen dat het gebruik van techniek risico's met zich mee brengt. Sommige van die risico's liggen voor de hand en zijn ook goed gedocumenteerd, zoals de iets meer dan duizend dodelijke slachtoffers die het autoverkeer jaarlijks in Nederland eist. Andere zijn meer verraderlijk en moeilijker te voorspellen, zoals de groei van algen in oppervlaktewater, veroorzaakt door het uitspoelen van kunstmest.

Mensen met verstand van techniek realiseren zich ook dat er risico's zijn verbonden aan het niet-gebruiken van techniek. Denk bijvoorbeeld aan de inzet van de pesticide DDT, een chemische stof voor bestrijding van plantenziekten. Vanwege de effectiviteit waarmee DDT beschermt tegen muskieten, is het een sterk wapen tegen verspreiding van malaria. Rond 1970 werd het gebruik van DDT in de meeste westerse landen, waar geen malaria voorkomt, verboden, vanwege bezorgdheid over milieueffecten. Boeren en tuinders gebruiken sindsdien andere chemische stoffen waarvan de milieueffecten minder gevaarlijk zijn.

Maar een zelfde verbod in India, Sri Lanka en Madagaskar, landen waar malaria wel degelijk voorkomt, heeft dramatische consequenties gehad. In Madagaskar werd DDT in 1986 verboden, na een jarenlange succesvolle strijd tegen malaria. In 1988 kwam de ziekte al weer veel meer voor, resulterend in honderdduizend doden. Toen het sproeien met DDT weer werd toegestaan, liep het aantal ziektegevallen in twee jaar met negentig procent terug. Soortgelijke ontwikkelingen hebben zich voorgedaan in India en Sri Lanka (*NRC Handelsblad, 9/10/02*). In 2001 hebben de Verenigde Naties de waarde van DDT als ziektebestrijder erkend.

---

www.nae.edu

Hoofdstuk 2

Waarom de moderne techniek zich in het Westen heeft ontwikkeld

In de Oudheid zijn overal ter wereld aanzetten gegeven tot technische ontwikkeling. Alle oude culturen hebben hulpmiddelen ontwikkeld om het dagelijks leven te verlichten of om de strijd tegen aanvallers met meer kans uit te vechten. Duizend jaar geleden was de islamitische wereld Europa wetenschappelijk en technisch vooruit. Toen ook stond China op de toppen van haar macht en technologisch kunnen. China verkeerde destijds in een ideale positie om haar invloed over de wereld te verbreiden. Waarom is dat niet gebeurd?

Na de val van het Romeinse Rijk (in 476 na Christus) verkeerde Europa eeuwenlang in duisternis. Maar na het jaar 1000 begint het herstel. 'De technologische ontwikkeling begint dan in Europa te versnellen. Dat culmineert rond 1800 na de uitvinding van de stoommachine zelfs in een immense versnelling van de ontwikkelingen', zegt dr. Peer Vries. Hij is universitair docent economische geschiedenis aan de Universiteit Leiden, en doet daar onderzoek naar de voorwaarden waaronder welvaart tot stand komt. Het is niet eens zozeer een kwestie van stagnatie of terugval in technisch/wetenschappelijke ontwikkeling elders, zegt hij, het Westen is gewoon harder gegaan.

Vries ziet twee hoofdredenen voor die versnelling. 'De kern van die versnelling is de omgang met energie. Het Westen heeft zich sterk gefocust op verbetering van het energiegebruik. Dat begon met eerst het gebruik van menselijke spierkracht in de landbouw, en later de inzet van dieren. Daarna kwam de vervanging door niet-humane en niet-dierlijke energie. Eerst het gebruik van wind- en waterkracht en veel later de stoommachine. Het gebruik van dergelijke krachtbronnen is economisch relevant, want met alleen spieren red je het niet. Die omschakeling naar niet-bezielde krachtbronnen zie je in het Westen meer dan elders. In China en India is er een enorme inzet van spierkracht, met deels fantastische resultaten, maar het is uiteindelijk een doodlopende weg.'

De tweede hoofdreden is de verwevenheid van wetenschap, techniek en ondernemen. Vries: 'Die stonden in Europa veel dichter bij elkaar dan in China en de Arabische wereld. Daar hadden wetenschappers en ondernemers niet of nauwelijks contact met elkaar. Als je daarentegen ziet hoe in Engeland de uitvinder James Watt optrok met de ondernemer Matthew Boulton, dat is van een heel andere orde.'

Boulton (1728–1809) en Watt (1736–1819) werden in 1775 partners in de ontwikkeling van de stoommachine. Boulton had een metaalfabriekje in de buurt van Birmingham. Op zoek naar een krachtbron voor zijn fabriek stuitte hij op de stoommachine waar Watt mee experimenteerde. Hij financierde diens onderzoek en zat Watt achter de broek aan.

James Watt leverde een essentiële bijdrage aan de ontwikkeling van de stoommachine

Samen legden ze de basis voor de stoommachine-industrie. In 1800 hadden ze in Groot-Brittannië al vijfhonderd stoommachines geïnstalleerd.

Vries: 'In die tijd was er ook elders in Europa al een voortdurende competitie om kennis te gelde te maken. De geografische versnippering gaf prima mogelijkheden om te gaan shoppen met kennis, want honderd kilometer verder zat je al in een andere land. Er waren kortom vele mogelijkheden om te gaan leuren met technologie en ideeën.'

WELVAART

De Amerikaanse historicus David Landes gaat in zijn monumentale boek *Arm en Rijk; waarom sommige landen erg rijk zijn en andere erg arm* (1998) ook in op de oorzaken van de westerse technologische suprematie. Landes leidt de lezer van de eerste aanzetten van de huidige Europese beschaving na het jaar 1000 naar de Industriële Revolutie rond 1800, waarmee het Westen haar economische heerschappij over de wereld vestigde.

Landes plaatst de technische ontwikkeling in het juiste perspectief: dat van de welvaartsontwikkeling. De technische ontwikkeling is geen doel op zich, maar moet bijdragen aan de welvaart van zoveel mogelijk mensen, in zo breed mogelijke zin. Het gaat niet alleen om meer inkomen en meer voedsel, maar ook om veiligheid, bescherming tegen natuur- en ander geweld, en een dak boven het hoofd. Het grote doel van de technische ontwikkeling is de vooruitgang van de maatschappij.

Er zijn vele factoren die aan de gestage toename van de welvaart in de westerse wereld hebben bijgedragen. Maar om het simpel te houden komt het volgens Landes in de kern neer op hard werken en nieuwsgierig zijn (*NRC Handelsblad, 6/11/98*). Welvaart, zegt Landes, krijg je als je mensen hun gang laat gaan, als je ze de kans geeft om risico's te nemen en als je ze zelf profijt laat hebben van hun inspanningen.

In zijn boek gaat hij dieper en uitgebreider in op de belangrijkste factoren die ons die enorme technische voorsprong op anderen en die grote welvaart hebben opgeleverd. Die factoren zijn volgens hem: klimaat, democratie, kapitalisme, en christendom, en dan met name het calvinisme. Of om precies te zijn: een gematigd klimaat, politieke en zakelijke vrijheid met respect voor de wet, het toestaan van particuliere eigendom, het kapitalistische concurrentiebeginsel en het christelijke adagium: 'Gij zult werken in het zweets uws aanschijns'.

Landes, een aanhanger van de joods-christelijke traditie, onderschrijft het belang dat Vries hecht aan de factor energie. 'Economische (industriële) revoluties draaien altijd om vermeerdering van de beschikbare energie, omdat heel de menselijke bedrijvigheid erdoor gevoed en beïnvloed wordt. In de Middeleeuwen werd op grote schaal naar uitbreiding van het landbouwareaal gestreefd, door bos te kappen of door land aan te winnen door bedijking en drooglegging. Dat vergde enorm veel energie en kapitaal. En het succes ervan getuigt niet alleen van particulier en collectief initiatief, maar ook van het vernuft van een samenleving die leerde dierlijke en menselijke energie te vervangen door machines. Met name de trouwe, onvermoeibare windmolen was een probaat middel om moerasland en polders droog te malen. Zo hebben windmolens Nederland gemaakt tot wat het is.'

Politieke en zakelijke vrijheid met respect voor de wet zijn ook cruciaal, daar zijn beiden het over eens. Vries: 'Wetten zijn belangrijk. De overheid moet bescherming bieden tegen geweld, er moet respect zijn voor eigendom. In totale rechteloosheid is geen duurzame economische groei mogelijk'.

Maar het belang dat Landes aan democratie hecht om tot technische en economische ontwikkeling te komen, lijkt Vries overdreven. 'De industriële revolutie heeft plaatsgevonden in een wereld die absoluut niet democratisch was. Slechts vijf procent van de bevolking mocht meepraten. Engeland en Duitsland waren ten tijde van de industriële revolutie totaal niet democratisch, en ook in Japan, toch een technische en industriële grootmacht, is geen sprake van een democratie naar westers model.'

Ook in andere opzichten zijn Landes en Vries het niet of minder met elkaar eens, of nuanceert Vries de stellingnames van Landes. De laatste hecht grote waarde aan ijver en hard werken. Gestoeld op diezelfde joods-christelijke en dan met name de protestantse traditie werd de Europese mens aangespoord tot harder werken dan elders het geval was. Vries ziet dat niet: 'Overal ter wereld wordt hard gewerkt. Chinese boeren werken ook hard. Er zijn arme mensen in arme landen die heel hard werken maar die er bijna niets mee verdienen.' Ook het belang van de factor klimaat moeten we niet overdrijven, aldus Vries. Alleen voor Afrika geldt dat dit continent daardoor sterk in het nadeel is.

Aan het succes van het Westen zitten uiteraard schaduwzijden. Het heeft elders armoede veroorzaakt. Het westerse imperialisme heeft onderdrukte volkeren vrijwel zonder uitzondering materieel en psychologisch leed berokkend. Koloniserende landen hebben zich verrijkt ten koste van hun koloniën. Anderzijds hebben ze er ook hun bestuursmodel en infrastructuur achtergelaten. Daar zijn veel ontwikkelingslanden niet slechter van geworden. En al dan niet bedoeld leidde het ook tot directe en indirecte materiële vooruitgang, onder andere door het openen van de markt.

Voor sommige volken, zoals Indianen en Tasmaniërs, was het succes van de westerse maatschappij een 'apocalyptisch, van buitenaf opgelegd, vreselijk lot'. Landes beschrijft in zijn boek hoe met name de Spanjaarden in de Nieuwe Wereld hebben huisgehouden onder de Indianen. Het doet denken aan het lot van de joden in de Tweede Wereldoorlog.

ACHTERGEBLEVEN

Rond het jaar 1000 was Europa een achtergebleven gebied. China en delen van de Arabische wereld waren toen technisch en wetenschappelijk verder ontwikkeld. Deze twee culturen hebben ook de beste kansen gehad de heerschappij van het Westen tegen te gaan. Ze zijn in dat opzicht ook onze leermeesters geweest. Maar het Westen is ze zoals gezegd voorbijgestreefd.

Rond 1500, toen de ontsluiting van de wereld begon, waren de kansen al gekeerd, meent Landes. Maar Vries zet daar vraagtekens bij. 'Europeanen die in de achttiende eeuw China bezochten, waren onder de indruk van het niveau van de landbouw. Die liepen beslist niet achter. De echte kloof in termen van techniek en welvaart is pas geslagen met de industrialisatie. Toen de industriële revolutie zich eenmaal aandiende, werd er een gat geslagen. Stoom in treinen en schepen betekenen een enorm verschil. Met stoom aangedreven spinmachines draaiden honderd keer sneller dan hun voorgangers.'

Het middeleeuwse Europa was een van de meest vindingrijke samenlevingen uit de geschiedenis, aldus Landes. 'Vanwaar die typische Europese *joie de trouver,* die hang naar het nieuwe en betere, die cultivering van het uitvinden – wat wel de "uitvinding van het uitvinden" is genoemd? De geleerden hebben diverse mogelijke oorzaken genoemd, steevast samenhangend met religieuze waarden.'

Landes wijst op de joods-christelijke eerbied voor handwerk, zoals te vinden in een aantal bijbelse geboden, op de joods-christelijke onderwerping van de natuur aan de mens, en op het joods-christelijke lineaire tijdsbesef. Andere samenlevingen vatten de tijd als cyclisch op, steeds weer terugkerend naar vroeger om dan weer opnieuw te beginnen. Lineaire tijd is progressief of regressief, groeiend naar een betere wereld of teruglopend naar een vroeger, gelukkiger stadium. In de onderhavige periode heerste in Europa de progressieve opvatting.

Uiteindelijk is volgens Landes de markt echter doorslaggevend. In Europa bestond vrij ondernemerschap. Innovatie werkte en was lonend, en de heersers en hun gevestigde belangen hadden maar beperkte mogelijkheden om die tegen te gaan of tegen te werken.

Van de technische vindingen uit de tijd tussen 1000 en 1500 noemt Landes in *Arm en Rijk* naast het waterrad (al bekend bij de Romeinen), het buskruit en de boekdrukkunst (beide overgenomen van de Chinezen) met name de bril en de klok. De Engelse filosoof Roger Bacon beschrijft in zijn boek *Opus Maius* uit 1267 dat hij door het slijpen van de doorzichtige steensoort beril (onze woord bril komt hiervandaan) beter kon kijken. De brillenindustrie nam met name in Italië een hoge vlucht. Landes: 'Halverwege de vijftiende eeuw werden in Italië, vooral in Florence en Venetië, de brillen al bij duizenden gemaakt, zowel met holle als met bolle glazen. Met een bril kon precisiewerk worden gedaan. Brillen zijn ogenschijnlijk iets banaals, zo gewoon dat het triviaal lijkt. Niettemin werd door de uitvinding van de bril het werkzame leven van geschoolde handwerkslieden meer dan verdubbeld, zeker als ze nauwkeurig werk moesten doen, zoals klerken, kopiisten en correctoren (van groot belang vóór de uitvinding van de boekdrukkunst), instrumenten- en werktuigmakers, fijnwevers en metaalbewerkers.' Precisiewerk was tot dan toe met name een kwestie van ambachtelijke ervaring en vaardigheid geweest. Door gebrek aan kijkgereedschap, was men aangewezen op vaardige handen. Die handen konden qua precisie en snelheid niet op tegen serie- en massaproductie die in het Westen op gang kwam. De bril maakte de ontwikkeling van meet- en slijpgerei mogelijk die nodig was om massaproductie mogelijk te maken. Met allerlei kijkgereedschappen konden apparaten in micrometers worden afgesteld. Opmerkelijk is dat de telescoop en de microscoop, bedacht door Antonie van Leeuwenhoek (1632–1723) pas omstreeks 1600 zijn uitgevonden. En dat terwijl deze baanbrekende vondsten direct voortbouwden op de bril.

Eén van de oudste uurwerken in Groot-Brittannië (±1300), bewaard in Salesbury Cathedral.

Het mechanische uurwerk is bijna net zo banaal als de bril, zo gewoon dat we het niet weg kunnen denken. Maar Lewis Mumford (Amerikaans cultuurfilosoof, 1895 – 1990) noemt in zijn boek *Technics and Civilization* (1934) 'de klok, en niet de stoommachine, de sleutel om het moderne technologische tijdperk te begrijpen'. Landes is het met hem eens, want de klok dient niet alleen om de tijd te meten, maar ook om menselijke activiteiten te synchroniseren.

Landes in *Arm en Rijk*: 'Waar en door wie het mechanisch uurwerk is uitgevonden is niet bekend. Het schijnt in de laatste decennia van de dertiende eeuw in Italië en Engeland te zijn verschenen, waar het misschien wel gelijktijdig is uitgevonden. Het vond een snelle verbreiding en verdrong de waterklok, maar niet de zonnewijzer, die nodig was voor ijking aan de ultieme tijdsaanduider. ... Het uurwerk was de grootste prestatie van middeleeuws mechanisch vernuft. Met zijn revolutionaire ontwerp betekende het een ingrijpender vernieuwing dan de makers zelf hadden kunnen voorspellen. Het was het eerste voorbeeld van een discreet proces: het registreerde een regelmatige, steeds herhaalde opeenvolging van afzonderlijke bewegingen (de slingerbeweging van een regulateur) in plaats van een continue regelmatige beweging, zoals de verschuivende schaduw van een zonnewijzer of het uitstromen van water. Zo'n frequente discrete beweging kan veel preciezer verlopen dan continue verschijnselen.'

INDUSTRIËLE REVOLUTIE

Het einde van de achttiende eeuw was tevens het begin van een nieuw tijdperk. Het scharnier van die metamorfose was de Industriële Revolutie. De industriële revolutie begon in de achttiende eeuw in

Engeland en verbreidde zich van daaruit over de wereld (deze begon rond 1870 in Nederland).

De ontelbare, verscheidene innovaties die tot een geheel nieuwe productiewijze hebben geleid, het fabriekssysteem, zijn moeilijk onder één noemer te vatten, maar berusten steeds op drie principes, aldus Landes. Ten eerste de vervanging van menselijke vaardigheid en bedrijvigheid door machines. De laatste zijn snel, regelmatig, nauwkeurig en onvermoeibaar. De innovatie berustte ten tweede op de vervanging van bezielde energiebronnen (dieren), door onbezielde. Toestellen die warmte in arbeid omzetten, maakten een bijna onbeperkte energietoevoer mogelijk. Ten derde noemt Landes het aanwenden van nieuwe, overvloedig aanwezige grondstoffen. Hij doelt dan met name op de vervanging van dierlijke en plantaardige stoffen door minerale en later ook synthetische stoffen. 'De vervanging maakte de Industriële Revolutie tot wat het was. Ze zorgde voor een snelle stijging van de productiviteit en daarmee ook van het hoofdelijk inkomen. Die groei was bovendien zelfvoorzienend. In vroeger tijd werd een hogere levensstandaard altijd gevolgd door een bevolkingsaanwas die de meeropbrengsten uiteindelijk weer opslokte. Nu groeiden voor het eerst in de geschiedenis de economie en de kennis snel genoeg om voor een aanhoudende stroom van verbeteringen te zorgen.'

Peer Vries haalt de woorden van de Amerikaanse econoom W.W. Rostow aan: 'Toen vond er een *take-off into selfsustained growth* plaats.' De nieuw verworven welvaart kwam overigens in eerste instantie alleen bij een toplaag van de bevolking en de opkomende middenstand terecht. De armen gingen de fabrieken, hoogovens en mijnen in. Ze waren weinig beter af dan de vroegere arbeiders op het platteland. Voor hen kwam de welvaart pas veel later.

Landes maakt duidelijk dat de Industriële Revolutie zich niet in korte tijd voltrokken heeft. 'De buitengewone technologische ontwikkelingen van eind achttiende eeuw zijn niet van de ene op de andere dag gerealiseerd. Weinig uitvindingen komen volgroeid ter wereld. Integendeel, er zijn doorgaans vele kleine en grote verbeteringen nodig om een idee in een techniek om te zetten.'

De Industriële Revolutie draaide om de stoommachine. Overigens een oude techniek, de Grieken hielden zich al bezig met stoom. Maar het eerste toestel waarin stoom gebruikt werd om een vacuüm te creëren en zo een pomp te laten werken, werd in 1698 in Engeland door Thomas Savory geoctrooieerd. De eerste echte stoommachine met

De stoommachine van James Watt

zuiger in 1705 door Thomas Newcomen. Newcomens machine werkte bij normale atmosferische druk maar was enorm energieverspillend, omdat de cilinder afkoelde en bij elke slag weer verhit moest worden. De machine bewees daarom vooral dienst bij het pompen van water uit kolenmijnen, waar de brandstof voor het oprapen lag.

Pas zestig jaar later (in 1768) ontwierp James Watt, die zich verbaasde over deze energieverspilling, een machine met een aparte condensor. Deze was zuinig genoeg qua brandstofverbruik om stoomkracht buiten de mijnen rendabel te maken. Deze werd vooral toegepast in de nieuwe industriesteden.

Het duurde nog eens een kwart eeuw voordat er machines met overdruk (hoger dan de atmosferische druk) waren, die compacter gebouwd waren en gebruikt konden worden om voer- en vaartuigen aan te drijven. De oplossing school in *compoundmachines*. Deze gebruikten stoom onder hoge druk om achtereenvolgens twee of meer zuigers aan te drijven; de afgewerkte stoom van een hogedrukcilinder expandeerde daarbij verder in een grotere cilinder met lagere druk. De compoundtechniek kwam pas na 1850 tot zijn recht toen de techniek in scheepsmachines werd toegepast en de oceaanvaart een enorme stimulans gaf.

Het vermogen van stoommachines bleef nog beperkt door de traagheid van de zuigers. De heen- en weergaande beweging vereiste een enorme energie voor het omkeren van de richting. De oplossing werd gevonden door Charles A. Parsons in 1884. Hij verving de heen- en weergaande beweging door een roterende beweging waarbij de zuiger door een stoomturbine werd vervangen. Dit principe is aan het eind van de negentiende eeuw veel toegepast in energiecentrales. Ook voor de aandrijving van schepen bleek de uitvinding handig.

In de tweede helft van de negentiende eeuw is de stoommachine aanzienlijk verbeterd door de ontwikkeling van de thermodynamica, aldus Landes. Eerst had de technologie de wetenschap op sleeptouw genomen, nu nam de wetenschap het voortouw en gaf de stoommachine een nieuwe impuls. Al met al heeft de ontwikkeling van de stoommachine twee eeuwen geduurd en besloeg de Britse industriële revolutie ongeveer een eeuw, van ca. 1770 tot ca. 1870. Landes: 'Dat lijkt een hele tijd voor iets dat men een revolutie noemt, maar in de economie verloopt de tijd trager dan in de politiek. De grote economische revoluties uit het verre verleden hebben veel meer tijd in beslag genomen.'

Begin 21ᵉ eeuw lijkt de stoommachine alweer een relikwie uit het verleden, maar hij is dat zeker niet. Ruim tweehonderd jaar na James Watt is de stoommachine nog steeds in gebruik om zwaar werk te verzetten. Hij doet onder andere elektrische centrales draaien en zorgt voor scheepsvoortstuwing.

MECHANISERING

Al die verbeteringen, alsook de ontwikkeling van machines om machines te bouwen, kwamen samen in de laatste decennia van de achttiende eeuw – een periode waarin de nieuwigheden aanstekelijk op elkaar inwerkten. Was die stortvloed van innovaties nu een toevallige rijke oogst?

Nee, zegt Lewis Mumford in *Technics and Civilization* (1934): 'Het idee dat een handjevol Britse uitvinders in de achttiende eeuw plotseling de zaak in beweging zette, is te grof om het zelfs als sprookje aan kinderen te vertellen.' Mumford wijst er in dit geschrift op dat er aan de ontwikkelingen vele eeuwen van beslissende voorbereidingen waren voorafgegaan. De belangrijkste boodschap van Mumford in zijn beide grote werken over techniek (het andere is het vanwege de atoombom veel pessimistischer getoonzette *The myth of the machine*, 1967) is dat technische vindingen steeds worden voorafgegaan en begeleid door culturele veranderingen. Voordat massaal machines werden ingevoerd, waren de menselijke relaties al mechanisch en machinematig. Alleen vanuit dergelijke gestage historische veranderingen is de Industriële Revolutie te verklaren.

Economisch-historicus Peer Vries komt tot een eensluidend oordeel: 'De stoommachine, het kernstuk van de Industriële Revolutie, had alleen in Europa kunnen worden uitgevonden.' Ook in *Technics and Civilization* zien we al de westerse 'mythe van de machine', de nieuwe religie van het mechanische. 'De machine' staat hier voor het hele technologische complex van kennis, houdingen, vaardigheden, machines, apparaten. Alleen een langzaam opkomend geloof in 'de machine' kan volgens Mumford de Industriële Revolutie inzichtelijk maken. Hij verwijst hiervoor naar één van de grootste raadsels van de techniekgeschiedenis, namelijk dat de invoering van bepaalde technieken en machines onmogelijk vanuit een toenemende efficiëntie kan worden verklaard. Integendeel, in veel gevallen kan worden aangetoond dat deze technieken tot verlies van productiviteit leiden, dat men er eerder op achteruit dan op vooruit ging. Alleen vanuit het quasi-religieuze geloof in de machine, in de mechanisering en technisering van de wereld, kan de Industriële Revolutie begrepen worden.

RIJK

Met de Industriële Revolutie bevestigde het Westen zijn heerschappij over de wereld. Landes: 'De Industriële Revolutie maakte sommige landen rijker en andere (relatief) armer, of preciezer gezegd: sommige landen maakten een industriële revolutie door en werden rijk, andere niet en bleven arm.' Waren het tot de twintigste eeuw de Europese landen die de boventoon voerden, in de afgelopen honderd jaar is die rol nog versterkt door de opkomst van de Verenigde Staten als wereldmacht. Die al twee eeuwen durende economische en technologische heerschappij is pas de afgelopen decennia serieus uitgedaagd. Eerst door Japan, en momenteel gebeurt dat ook door China en India.

Zullen Japan, China en India erin slagen de westerse hegemonie te bedreigen? Niet op korte termijn. Er moet nog heel wat water door de Rijn voor de toonaangevende positie van het Westen stevig is aangetast. Wel komen er concurrenten bij die het westerse bedrijven heel lastig zullen maken. Economen wijzen er echter ook op dat het Westen op den duur beter af is bij toenemende welvaart in deze landen. Het zal ongetwijfeld leiden tot vergroting van het handelsverkeer. Op de lange duur zijn ook wij beter af als het iedereen goed gaat.

Directeur Henk Don van het Centraal Planbureau (*NRC Handelsblad, 15/1/05*): 'Er is geen reden om te verwachten dat alle werkgelegenheid uit Nederland of Europa wegtrekt. Integendeel, de opkomst van China kan bijdragen aan welvaartsgroei, zowel daar als hier. Dat is de kracht van internationale handel: zij kunnen spullen leveren, wij kunnen het daar goedkoop kopen, en zij kunnen spullen kopen die wij hier maken. Dat is voor alle partijen gunstig.'

JAPAN

Japan heeft de afgelopen eeuw een industrieel complex opgebouwd dat met het westerse kan wedijveren. Beperkte zich dat tot de jaren zestig tot productie van goedkope imitaties van westerse goederen, in de jaren tachtig waren de Japanners zover gevorderd dat ze de westerse elektronica- en auto-industrie onder de voet dreigden te lopen. Men had het er al over dat Japan rond het jaar 2000 de VS voorbij zou streven als economische wereldmacht.

Dat is niet gebeurd. De Japanse maatschappij kon een dergelijke groei niet dragen. De opkomst van de Japanse exportindustrie is gesmoord in binnenlandse politieke en financiële crises waarvan het land slechts langzaam herstelt.

Alleen de top van de Japanse maatschappij kan zich meten met die in westerse landen. De exporterende industrie is van internationaal niveau – Toyota wordt binnenkort de grootste autoproducent ter wereld – maar daaronder zitten toeleverende bedrijfstakken waar nog middeleeuwse toestanden heersen.

Niettemin toont Peer Vries zich opvallend positief over Japan. 'Het gaat er beter dan bij ons. Het inkomen per hoofd van de bevolking is ruim 35.000 dollar per jaar, in Nederland bijna 25.000 dollar. Japan is economisch gezonder dan Duitsland. De werkloosheid is er lager, evenals de criminaliteit, het financieringstekort en het aantal echtscheidingen. Ze kennen een hoge levensverwachting en er is een overschot op de betalingsbalans. Als dat een crisis is, geef mij dan die crisis maar. Echter: 120 miljoen Japanners kunnen de wereld niet veranderen, en ze willen dat ook helemaal niet.' Japan is een concurrent, geen bedreiging. Het sluit zich steeds meer bij het Westen aan, en staat er steeds minder tegenover.

CHINA

Het moderne China lijkt te hebben afgerekend met het Mao-tijdperk. Bijna 25 jaar geleden zette het communistische regime zijn economische liberaliseringsbeleid in. Nieuwe hoogbouw in Chinese steden (vooral langs de oostkust), een Chinese astronaut in de ruimte en een Formule 1-circuit in Peking zijn daar de zichtbare kenmerken van. Het aantal particuliere bedrijven in China is tussen 1980 en 2000 verdubbeld van drie naar zes miljoen. Het aantal vestigingen van buitenlandse bedrijven is toegenomen van 516 in 1985 naar 62.300 in 1999. Chinese arbeiders zijn bereid hard en lang te werken.

De kracht van China ligt in de grote aantallen, aldus Eddy Szirmai, hoogleraar technologie en ontwikkeling aan de TU Eindhoven. Hij doelt op de gigantische potentiële markt van 1,3 miljard mensen en het onafzienbare leger van spotgoedkope arbeidskrachten. Er groeit nu een middenklasse van een kleine 300 miljoen Chinezen die zo'n 7500 dollar per jaar verdienen. Onlangs is in China het 100 miljoenste mobieltje verkocht.

China kan het best worden gekarakteriseerd als een verlichte dictatuur. De volledig uit ingenieurs bestaande regering zet in op economische expansie, maar wel onder de strakke leiding van de communistische partij. Er is angst voor creativiteit en er zijn geen effectieve *checks and balances*, zo meldt een studie van de Amerikaanse Rand Corporation waarin een sterkte/zwakte-analyse van het Chinese groeiwonder wordt gemaakt (*de Volkskrant, 2/10/04*).

China is inmiddels het *manufacturing powerhouse* van de wereld. De toegevoegde waarde per werknemer (de arbeidsproductiviteit) bedraagt echter nog slechts vijf à tien procent van het Amerikaanse niveau. Vestigingen van buitenlandse bedrijven in China zijn twee keer productiever dan bedrijven in Chinese handen, maar dus veel minder productief dan fabrieken van dezelfde eigenaren in westerse landen. Chinese bedrijven zijn actief op alle industriële fronten, maar ze verrichten doorgaans laagwaardig werk dat in het Westen niet meer lonend is.

Hoewel het land tientallen miljoenen ingenieurs telt, komt er nog geen toonaangevende technologie uit China. Het land is sterk in het goedkoop produceren van westerse goederen. China kampt ook nog met een communicatieprobleem: er komen weliswaar elk jaar 300 tot 400 duizend nieuwe ingenieurs bij, maar een deel van hen (hoeveel is onduidelijk) spreekt geen Engels.

De Chinese economie loopt dan wel als een trein, maar dat geldt niet voor de wetenschap, stelt de Chinees/Amerikaanse topneuroloog Mu-ming Poo in *Nature* (geciteerd in *De Ingenieur, 14/1/05*): 'Onderzoeksprogramma's in China volgen vaak erg sterk bestaande onderzoekslijnen in het Westen, Chinees onderzoek gebruikt dezelfde paradigma's. Als je als eerste met nieuwe resultaten wilt komen, is dit een nadeel.' Deskundigen schatten dat het nog een jaar of tien duurt voor China zich qua wetenschap en technologie met het Westen kan meten.

Achter de façade van hoogbouw en moderne fabrieken voltrekt zich een grote volksverhuizing: de trek van arme Chinese boeren naar de grote steden. Op het platteland heerst diepe armoede, wat het regime in Peking overigens ook erkent. De welvaart beperkt zich tot de oostkust, hoewel de spreiding naar het binnenland inmiddels is ingezet, aldus *The Economist (19/11/04)*. Szirmai waarschuwt voor een snel toenemende ongelijkheid in het land, een mogelijke bedreiging voor de politieke stabiliteit.

De cijfers van het Chinese groeiwonder zijn niettemin indrukwekkend: al vele jaren een groei van rond de negen procent. Een stijgende welvaart die vooral bij de nieuwe middenklasse – tussen de vijf en tien procent van de bijna 1,3 miljard Chinezen – terechtkomt. Volgens de staatsstatistieken is de eerste mijlpaal onlangs bereikt, het gemiddelde jaarinkomen is in 2003 gestegen tot duizend dollar per Chinees (India 460 dollar, Nederland 24.330 dollar per inwoner (2001); cijfers *Fischer Weltalmanach 2004*).

Maar het maakt ook zonneklaar dat China en India nog steeds arme landen zijn. Het bruto nationaal product van China, de zesde economie ter wereld, is net zo groot als dat van Frankrijk; dat houdt in dat 1,3 miljard Chinezen net zoveel produceren als zestig miljoen Fransen! Daarentegen, als slechts tien procent van de Chinese en Indiase bevolking op westers niveau komt, betreft dat meteen meer dan honderd miljoen mensen in elk van beide landen.

INDIA

India kent voordelen ten opzichte van China: het is democratischer en Engels is er geen vreemde taal. De Indiase software-industrie heeft al internationale faam verworven. Het land trekt met name in die bedrijfstak buitenlandse investeerders aan. De Duitse softwaregigant SAP heeft overigens haar ontwikkelingsafdeling alweer uit India teruggetrokken, naar verluidt vanwege taalproblemen.

Op andere gebieden ligt India nog verder achter dan China. Het inkomen per hoofd van de bevolking is iets minder dan de helft van dat van China. Het analfabetisme bedraagt 24 procent onder de mannen en 46 procent onder de vrouwen (China: mannen 7 procent, vrouwen 21 procent).

De Indiër Lakshmi Mittal, 's werelds grootste en rijkste staalmagnaat, begrijpt dat westerse bedrijven staan te popelen om in zijn vaderland aan de slag te gaan (*Elsevier, 18/12/04*). Alleen al de omvang van de markt, met ruim een miljard inwoners, is fenomenaal. Mittal: 'De brug tussen India en de westerse wereld is de taal. Iedereen spreekt Engels. De mensen zijn ondernemend, werken hard en leren snel. En ze weten met andere culturen om te gaan. In het land zelf zijn er al tweehonderd verschillende culturen. India heeft nog wat tijd nodig; het land verkeert nu in het stadium waarin China twintig jaar terug zat. Bedrijven moeten zich er nu gaan vestigen. De consumptie is laag, maar groeit al wel. De komende tien, vijftien jaar zal die consumptie veel sneller gaan groeien. De mensen krijgen steeds meer inkomen.'

LANGE WEG

Maar China en India hebben nog een lange weg te gaan. De geschiedenis wijst uit dat er pas sprake kan zijn van technologische en maatschappelijke vooruitgang als aan bepaalde voorwaarden is voldaan. Er moet een zekere mate van vrijheid zijn, een functionerend rechtssysteem, enige vorm van welvaart (beschikbaarheid van kapitaal), een arbeidzame mentaliteit, voldoende scholing.

Japan ligt wat dit betreft vrijwel op westers niveau, het zwakke punt is echter de binnenlandse politieke structuur. Japan is bovendien te klein om het Westen te overvleugelen. Dat ligt anders op het niveau van het bedrijfsleven. Individuele Japanse bedrijven, zoals Toyota en Sony, zijn wel degelijk een bedreiging voor westerse concurrenten.

China en India liggen nog ver achter bij westerse landen. Ze beschikken niet over de sociale en culturele structuur om een langdurige expansie te ondersteunen. Als de nieuwe rijken in China – ondernemers en geschoolde werknemers – meer invloed eisen zullen de apparatsjiks ingrijpen. Het Chinese groeiwonder kan dan ook vroeg of laat vastlopen, net zoals in Japan is gebeurd.

Het hoofdstuk *History of technology* uit de *Encyclopaedia Britannica* legt nog eens ten overvloede uit waarom de Industriële Revolutie als eerste in Engeland plaatsvond. Het zegt tevens iets over de landen die nu in opkomst zijn en de positie van het westen aantasten: 'Deels door geluk en deels door bewuste krachtsinspanning ontstond in Groot-Brittannië begin achttiende eeuw de combinatie van (sociale) factoren die commercieel succesvolle innovaties mogelijk maakte. Er kwam een sociaal systeem dat in staat was het proces van snelle technische verandering vast te houden en te institutionaliseren toen dat eenmaal in gang was gezet.'

Twee andere titels over deze materie: A. Pacey, *Technology in world civilization*, MIT Press, 1991; J. Mokyr, *The lever of richess, technological creation and economic progress*, Oxford en New York, 1999).

Intermezzo

De belangrijkste uitvindingen van het afgelopen millennium

Het technologietijdschrift *De Ingenieur* heeft enkele jaren een personaliarubriek gehad, waarin de redactie elke keer een lezer onder andere de vraag stelde wat de grootste uitvinding aller tijden is geweest. Opvallend is dat vrijwel iedereen een tamelijk recente ontdekking kiest, iets van de laatste honderd jaar. Met name chip en computer zijn favoriet.

Maar er valt ook iets voor te zeggen dat de eerste uitvindingen van de mensheid de belangrijkste waren. Kennelijk had men die werktuigen of artefacten het eerst en het hardst nodig. Uitvindingen uit de Oudheid hebben al enkele millennia hun invloed uitgeoefend. Ze zijn dus van groot maatschappelijk belang geweest, vooral als ze nog steeds in gebruik zijn.

Het wiel, het schrift (bijvoorbeeld hiëroglyfen), het schip en het zeil zijn hele oude uitvindingen. Het wiel duikt voor het eerst op in rotstekeningen die dateren van 3500–3000 voor Christus. Het wiel speelt dus al ruim vijfduizend jaar een rol in de geschiedenis van de mensheid.

Wiel en computer zijn allebei onmisbaar in de huidige samenleving, maar het is goed vol te houden dat onze levensstijl meer terugvalt als het wiel zou verdwijnen dan wanneer chips of computers er niet meer zouden zijn. Het wiel is de belangrijkste uitvinding aller tijden.

Ruim honderd wetenschappers en ingenieurs noemen de huns inziens belangrijkste uitvinding van de afgelopen tweeduizend jaar in het in 2001 verschenen Amerikaanse boek *The greatest inventions of the past 2000 year.* Het is een bont geheel van speelse en serieuze, technische en niet-technische uitvindingen. Sommigen hebben de uitnodiging van redacteur John Brockman nogal speels opgevat en noemen het symfonieorkest en de thermosfles. Anderen zijn serieuzer: de quantumtheorie, het Indisch-Arabische getallensysteem, de anticonceptiepil. Ook veranderingen van sociale en maatschappelijke aard, zoals de democratie, komen aan bod.

'De belangrijkste uitvinding van de laatste 2000 jaar is de bril. Deze heeft het actieve leven verdubbeld van iedereen die leest of fijn werk doet – en heeft ook voorkomen dat de wereld geregeerd wordt door mensen jonger dan veertig', schrijft Nicolas Humphrey, hoogleraar aan de London School of Economics.

Er worden overigens maar weinig 'uitvindingen' uit het eerste millennium aangehaald. Wel genoemd worden: christendom en islam. John Horgan (inderdaad: schrijver van *Het einde van de wetenschap*) noemt 'de vrije wil'. Enkelen vinden ook de 'domesticatie van het paard' en 'hooi' (Freeman Dyson, hoogleraar natuurkunde aan Princeton, een van de weinige in Nederland bekende deskundigen in dit boek) belangrijke uitvindingen uit het eerste millennium na Christus. Zonder hooi overleven paarden de winter niet, en destijds was er zonder paarden geen beschaving.

De meeste wetenschappers en ingenieurs kiezen echter, net als de geïnterviewden in *De Ingenieur*, vooral uitvindingen van de laatste honderd jaar: telecommunicatie, tv, vliegtuig, groene revolutie, elektriciteit. Maar er zijn ook enkele verrassingen. Iemand noemt 'het gummetje, evenals de delete-toets, correctievloeistof en alle andere middelen waarmee we onze fouten uit het verleden kunnen uitwissen en herstellen'.

Op de vraag naar de beste vinding antwoordde kunstenaar en componist Henry Warwick: 'niets'. 'Elke uitvinding heeft geleid tot misère of op zijn best tot iets dat weinig verschil maakt. Ik zie het menselijk ras zich niet ontwikkelen. Ik zie alleen maar aanpassing aan andere tijden en omstandigheden. We zijn nu niet beter dan vroeger, we zijn alleen anders.'

De jongste millenniumwisseling was voor het Amerikaanse blad *Life* in de herfst van 1997 aanleiding een overzicht te publiceren van de honderd belangrijkste gebeurtenissen (waaronder ook uitvindingen) van de afgelopen duizend jaar. Het Duitse wetenschapsmagazine *Bild der Wissenschaft* deed dat ook in mei 1999, maar uitsluitend betreffende de vijftig belangrijkste uitvindingen. Beide redacties legden hun vragen voor aan honderden wetenschappers, ingenieurs, managers van researchinstituten en deskundige journalisten. Daaruit kwam in beide gevallen de boekdrukkunst (Gutenberg, 1455) als meest invloedrijke gebeurtenis/uitvinding van het afgelopen millennium naar voren.

Verder verschilden beide ranglijsten uiteraard aanzienlijk, gezien de gevarieerde uitgangspunten. Bij *Bild der Wissenschaft* eindigden, na de boekdruk, op de tweede tot en met vijfde plaats: computer, stoommachine, transistor en auto. Bij *Life* waren de plaatsen twee tot en met vijf voor: ontdekking van Amerika door Columbus, Luther die in 1517 zijn stellingen aan de domkerk van Wittenberg spijkert, stoommachine, en Galileï met zijn strijd voor het Copernicaanse wereldbeeld.

Er zijn andere keuzes mogelijk. De Amerikaanse historicus David Landes en de eveneens Amerikaanse techniekfilosoof Lewis Mumford noemen de klok, een uitvinding van eind twaalfde eeuw, het 'sleuteltoestel' van het jongste millennium. De opkomst van de westerse beschaving valt alleen te begrijpen, aldus Landes en Mumford, als men de klok de rol geeft die hem toekomt. Het is nog steeds het meest verbreide en aanwezige toestel. De klok geeft niet alleen de tijd aan, maar synchroniseert ook menselijke activiteiten. De klok komt in de overzichten van *Life* en *Bild der Wissenschaft* pas op de 52ᵉ (de penduleklok van Christiaan Huygens) respectievelijk de 23ᵉ plaats (het uurwerk).

De Top 50 lijst van *Bild der Wissenschaft* bevat enkele opvallende keuzes. Pas op plaats zestien komt internet. Dat is niettemin verdedigbaar, want het betreft een nog piepjonge uitvinding. De brandstofcel staat op plaats 37, nog voor de lopende band en de kopieermachine. Die laatste twee hebben hun invloed al laten gelden, terwijl de brandstofcel nog niet eens commercieel beschikbaar is. Eigenlijk hoort de brandstofcel niet in deze lijst thuis. Merkwaardig is ook: op plek vier de transistor en op plaats 46 de chip, evenals generator (13) en dynamo (28). Leuk daarentegen is de fiets op 50.

Hoofdstuk 3

De onbekende ingenieur

Tijdens één van onze laatste vakanties in de Ardèche bezochten mijn vrouw en ik het – inmiddels naar elders verplaatste - zijde-museum in Montboucher-sur-Jabron bij Montélimar. In de negentiende eeuw was de zijdeteelt een omvangrijke activiteit in die streek, maar onder andere vanwege enkele verwoestende plantenziekten is er al geruime tijd vrijwel niets meer van over. In dit museum staan onder andere enkele ingenieuze weefgetouwen van de Franse wever en uitvinder Joseph Marie Jacquard (1752–1834).

De jacquardmachine is een technische klassieker. In de negentiende eeuw is hij wereldwijd verbreid en ook nu nog steeds – maar dan elektronisch bestuurd – in gebruik in textielweverijen. De machine brengt de sprongvorming op een weefgetouw tot stand (de scheiding van alle draden in twee delen, waar de weefspoel doorheen schiet) en maakt de individuele besturing van honderden kettingdraden mogelijk, waardoor elk gewenst patroon kan worden geweven.

De vele tientallen houten palletjes en radertjes van de honderd jaar oude machines in het zijdemuseum grijpen ook nu nog tijdens een korte demonstratie feilloos in elkaar. 'Het zijn knappe koppen die zoiets hebben uitgedacht', zei onze Nederlandse gids.

De term 'knappe koppen' verwijst naar mensen die denken en handelen combineren, die concepten vertalen in concrete producten en diensten. 'Knappe koppen' is een term die ook goed bij ingenieurs past. Een ingenieur is een professionele probleemoplosser. Zijn of haar opleiding is gericht op het ontwerpen van praktische oplossingen voor concrete problemen, op basis van een theorie. Behalve om het bedenken van een oplossing – wat is het probleem en hoe lossen we dat op? – gaat het ook om het uitvoeren van die oplossing, of het leiding geven aan uitvoering.

'Scheppend denken, schouwend doen' was tot het jaar 2000 het motto van het Koninklijk Instituut van Ingenieurs, de vereniging van universitair opgeleide Nederlandse, technische ingenieurs. Die klassie-

ke leus is in dat jaar – helaas - vervangen door 'van techniek naar toekomst', een vrijwel betekenisloze uitdrukking.

ONS SOORT MENSEN

Het beeld dat de gemiddelde Nederlander van ingenieurs heeft – er zijn
er ongeveer 300.000 in Nederland - bestaat aan de ene kant uit waardering voor het vermogen van deze 'knappe koppen' om voor allerlei
problemen een technische oplossing te bedenken en te realiseren. 'Daar
vinden ze wel wat op', luidt de volkswijsheid.

Tijdens hun opleiding leren ingenieurs-in-spe zich te beperken tot de
meetbare feiten: 'meten is weten'. Dat leidt er toe dat zij zich van alfa's
en gamma's onderscheiden door hun nauwkeurige manier van werken.
Wordt er in andere disciplines wel eens slag naar geslagen, in de techniek kan dat niet. Wie een constructie ontwerpt waar de veiligheid van
anderen van afhangt, of waar het goed functioneren van derden mee is
gemoeid, of wie een sterkteberekening van een damwand maakt, kan
zich daar niet met een Jantje van Leiden van af maken. Dat moet nauwkeurig en verantwoord gebeuren. De ingenieur is een Pietje Precies, en
dat is maar goed

*Neil Armstrong: 'Wij
worden gewantrouwd'*

Ingenieurs zijn toegewijd aan het oplossen
van problemen en het creëren van nieuwe,
bruikbare en efficiënte dingen. Zou de wereld
ze daarom niet moeten bewonderen en res-
pecteren, vraagt de inmiddels 74-jarige astronaut en ingenieur Neil Armstrong, in 1969 de
eerste mens op de maan, zich af (tijdens een
bijeenkomst begin 2000 van de Amerikaanse
National Academy of Engineering)? Dat gebeurt alleen incidenteel, stelt Armstrong vast.
'Veel burgers staan wantrouwig tegenover lo-
gica en zijn kritisch over technocraten. Vaak niet zonder reden. Bruggen
storten in, vliegtuigen vallen uit de lucht, opslagtanks lekken, straling
ontsnapt, en auto's worden terug naar de garage geroepen. Deze zaken
gaan gepaard met veel publiciteit en er wordt een schuldige gezocht.
Maar je stuit dan op een aantal problemen. Ingenieurs zijn niet de beste
communicators. Wij worden gewantrouwd omdat we worden gezien als
verslaafd aan techniek, als technocraten die niets om het milieu geven,
of zich niet bekommeren om de menselijke veiligheid. Ik verwerp die

kritiek. Ik weet dat ingenieurs geen slechte mensen zijn. Iets te veel gefocused op techniek, voor sommigen misschien te intens gefocused, maar ze zijn net zo zorgzaam en bezorgd als anderen. Het feit dat hun falen zo uitgebreid wordt beschreven is ook een teken dat die ongevallen relatief zelden voorkomen.'

Armstrong roert de soms beperkte communicatieve eigenschappen van ingenieurs aan. Het beeld in de populaire media van bèta's, waaronder ook ingenieurs, is soms toch dat van een wereldvreemde hark in een witte jas, of een acryl trui. Maatschappelijk naïef, noemt de Amerikaanse schrijver, filosoof en bouwkundig ingenieur Samuel Florman hen in zijn boek *The existential pleasures of engineering* (1976).

'Nerds', 'vakidioten' zijn kwalificaties die regelmatig vallen. Over hun vermeende wereldvreemdheid zijn uiteraard grappen gemaakt. Na een revolutie in een Derde Wereldland besluit het nieuwe bewind alle managers van buitenlandse bedrijven te onthoofden, waarbij geldt dat het slachtoffer vrij is als de guillotine weigert. Aldus geschiedt. Een general manager koopt echter de beul om en zegt dat hij hem, zijn financiële directeur en zijn technisch directeur moet sparen. Dat gebeurt: bij de algemene en de financiële directeur weigert de valbijl. Maar als de ingenieur zijn hoofd er onder legt en omhoog kijkt, zegt hij tegen de beul: 'Wacht, ik zie waarom hij het niet doet.' (Uit: *Harry Beckers over innovatie*, 1998).

Zangeres Shania Twain zet in één van haar songs ingenieurs ook op hun plaats. Aan een versierder stelt ze de retorische vraag: 'So, you are a rocket scientist?' En haar eigen antwoord luidt: 'That don't impress me much!' Ze betwijfelt of zo iemand haar voldoende warmte kan schenken tijdens koude en eenzame nachten.

BEPAALD TYPE MENS

Techniek-historicus Harry Lintsen schrijft in zijn boek *Ingenieur van beroep* (1985) dat het inderdaad een bepaald type mens is dat voor techniek kiest. 'Ingenieurs zijn sterk georiënteerd op techniek en op geld verdienen. Ze zijn goed in wis- en natuurkunde, maar hebben vergeleken met andere studenten minder belangstelling voor literatuur, talen, geschiedenis, filosofie en sociale wetenschappen, en besteden minder tijd aan sociale en politieke activiteiten. Ook zouden ze minder gericht zijn op mensen en introverter, emotioneel geremder en verbaal minder ontwikkeld zijn. Ingenieurs zijn primair geboeid door materie en machines, kosten en baten, productie en organisatie. Daarna volgt hun interesse in mensen en maatschappelijke verhoudingen, normen en waarden, zingeving en bestaan. In de ogen van ingenieurs wordt de ontwikkeling van de techniek gekenmerkt door rationaliteit, maximalisatie van het geldelijk nut, constante vernieuwing, en toenemende beheersing van mens en natuur. Zij zien dat als in zichzelf goed. Deze vooruitgang is voor de maatschappij een grote verworvenheid en verlost haar van veel problemen.'

De ontwikkeling van techniek wordt echter ook door macht en politiek bepaald. Ingenieurs worden daar in hun opleiding onvoldoende op gewezen. Daarom zorgt dit aspect vaak voor een schok als ze het bedrijfsleven binnenstappen.

Dit zijn algemene kenmerken van ingenieurs, en ze komen in alle gradaties voor. Uiteraard zijn er extraverte ingenieurs die verbaal goed ontwikkeld zijn en die niet primair geboeid worden door materie en machines. Maar zij bepalen niet het beeld van de ingenieur. Ingenieurs die techniek minder interessant vinden, of er minder goed in zijn dan collega's, gaan dan ook eerder werken in de periferie van de techniek, of ze worden manager, aldus onderzoek van arbeids- en organisatiepsycholoog Pim Paffen in *Management Development*.

Het is niet verwonderlijk dat ingenieurs juist vanwege deze algemene eigenschappen en hun voorkeur voor materie boven mensen het omgaan met en het leiding geven aan personeel de moeilijkste aspecten van hun functie vinden. Hetzelfde geldt voor communicatieve vaardigheden als schrijven en rapporteren.

Ook in *Management Development* beschrijft Pim Paffen de gebrekkige leiderschapskwaliteiten van ingenieurs. Zij missen communicatieve vaardigheden en mentale flexibiliteit, schrijft hij. Paffen is gepromoveerd op '*Careers of engineers in general management*.'

Ingenieurs vormen vergeleken met andere beroepscategorieën bovendien een weinig kunstzinnig volkje, hoewel bouwkundigen en researchers gunstig afsteken ten opzichte van collega's werkzaam in productie en commercie.

Ingenieurs zijn doeners, geen lezers. Ze houden zeker hun vakliteratuur bij, maar het zijn geen lezers van paginagrote achtergrondartikelen. Sommige ingenieurs lezen nooit een boek. Een kennis die bij de Rijksdienst voor het Wegverkeer werkt neemt per vakantie één boek mee (een licht romannetje of een detective), leest het half uit, waarna het een jaar lang thuis op het nachtkastje ligt en in de volgende vakantie wordt uitgelezen. Ook in hun vrije tijd willen ze bezig zijn.

Hun focus op materie en hun neiging de menselijke factor in de technologie te onderschatten, maakt dat ingenieurs hun werk moeilijk in een groter verband kunnen plaatsen. Vraag ze naar de maatschappelijke betekenis van hun werk, en alleen na veel gepeins zijn ze in staat daar een summiere schets van te geven. Ze zijn slecht in het integreren van de techniek in de maatschappij. Ze accepteren niet gemakkelijk de maatschappelijke verantwoordelijkheid voor hun werk. De ingenieur reikt mogelijkheden aan, maar de gebruiker is verantwoordelijk, is hun stelling. Met het klimmen der jaren denken ze echter meer na over deze aspecten van hun werk.

Er zijn ook uitzonderingen. Gordon Hill, halverwege de jaren tachtig leider van het ontwerpteam voor een nieuwe generatie microprocessors bij de Amerikaanse chipsproducent Intel, was zich wel duidelijk bewust van zijn maatschappelijke verantwoordelijkheid. In die tijd was de concurrentiestrijd op de wereldmarkt voor chips nog scherper dan nu. Japanse bedrijven dreigden op alle gebieden hun Amerikaanse concurrenten te overvleugelen. Hill: 'Ik ben mij er van bewust dat als wij ons werk slecht doen er arbeidsplaatsen van de Verenigde Staten naar Japan worden geëxporteerd' (*Intermediair*, 7/6/1985). Nu is Intel de onbetwiste wereldmarktleider in chips.

Het gaat natuurlijk niet aan om ingenieurs neer te zetten als gemankeerde alfa's. Als andersom iemand zou stellen dat al die babbelende alfa's gemankeerde bèta's zijn, zou half Nederland over hem of haar heen vallen.

Het is onder alfa's mode om in discussies, als een moeilijk technisch onderwerp aan de orde komt, de schouders op te halen en met een superieur afwerend gebaar uit te roepen: o, daar heb ik helemaal geen verstand van. Men beroept zich graag op onwetendheid. Als een ingenieur in alfagezelschap echter moet toegeven dat hij Vondel niet heeft gelezen, wordt hij meewarig aangekeken. Volkomen ten onrechte: ingenieurs mogen in het algemeen een weinig kunstzinnig volkje zijn, ze hebben niettemin meer belangstelling voor cultuur dan alfa's voor techniek. Wereldvreemdheid komt onder ingenieurs voor, maar niet alleen bij hen.

De maatschappij heeft mensen nodig die zich behalve met andere mensen ook met materie bezig houden. Daardoor, en door eigenschappen die ze bij hun geboorte hebben meegekregen, leveren ingenieurs en bèta's ten opzichte van alfa's in op communicatieve en leidinggevende eigenschappen. Het zijn niet zozeer praters, als wel denkers en doeners.

Helaas waardeert de maatschappij het eerste meer dan het laatste. Uitvoerend werk scoort slechter dan management, vakmanschap krijgt niet de waardering die het verdient, praten betaalt beter dan werken. Maar het tij keert. Persoonlijk waardeer ik mensen die – vrij naar Pim Fortuyn – zeggen wat ze doen en – vooral – doen wat ze zeggen. Die op rustige, bescheiden wijze met een helder doel voor ogen een concrete bijdrage aan de samenleving geven. Babbelaars zijn er al meer dan genoeg.

VOORUITSTREVENDE INGENIEURS

Niet altijd hebben ingenieurs gekozen voor een positie uit de wind van het maatschappelijk debat. Begin twintigste eeuw is er gedurende één à twee decennia in Nederland een belangrijke stroming geweest van meer politiek bewuste, vooruitstrevende liberale ingenieurs, aldus techniekhistoricus Harry Lintsen in 'Ingenieur van beroep'. Minister en ontwerper van de Zuiderzeewerken Cornelis Lely was één van hen. Lintsen: 'Zij leefden in het volledige besef van de tegenstelling tussen kapitaal en arbeid, maar ze werkten vanuit een harmonisch maatschappijmodel. De kapitalistische productiewijze moest in hun ogen gehandhaafd blijven, maar de spanningen die dat opleverde moesten worden vermeden. Zij zagen daarin onder andere een taak voor de overheid, maar er was ook een speciale rol voor de ingenieur. Hij zou de schakel moeten zijn tussen kapitaal en arbeid.'

'De ingenieur is de man die voortdurend met deze elementen van de maatschappij in aanraking komt. Door geboorte en ontwikkeling behoort hij in de regel (vooral vroeger, nu veel minder; HT) tot de klasse van de ondernemers, en bovendien: hij staat bij hen op de loonlijst. Maar in de dagelijkse praktijk komt hij in aanraking met arbeiders, leert hun noden en behoeften kennen en leert ze waarderen als onmisbare schakels in de verwezenlijking van zijn plannen.'

STILLE KRACHTEN

Mede door hun gerichtheid op techniek en hun neiging zich niet te veel in maatschappelijke discussies te mengen, behoren ingenieurs tot de stille krachten van Nederland. Vele aspecten ván en ín onze omgeving, variërend van de weg waarover we dagelijks naar ons werk rijden, tot de samenstelling van margarine, mogen ontworpen en vormgegeven zijn door ingenieurs, wie deze mensen zijn is vaak onbekend.

Het grote publiek weet niet wie de ontwerpers zijn van in het oog springende civiele werken, of van succesvolle exportproducten waarmee we op de wereldmarkten onze welvaart verdienen. Wie is de geestelijk vader van het Deltaplan, wie de bouwer van de Oosterscheldedam, wie de ontwerper van de Fokker 100, van de waferstepper van ASM Lithography (zie hoofdstuk 7), en van de hoogrendement cv-ketel die in ruim twee miljoen Nederlandse woningen staat? Het zijn respectievelijk ir. Johan van Veen, ir. Frank Spaargaren, ing. Rudi den Hertog, ir. Steef Wittekoek, en ing. Pierre Bartholomeus. Voor de massa zijn zij onzichtbaar, terwijl het de helden van deze tijd zouden moeten zijn.

Hoezeer we ook aan hun onzichtbaarheid gewend zijn, logisch is dit allerminst. Zo is de helft van alle wereldwijde patenten op de CD- en DVD-speler in handen van Nederlandse onderzoekers van Philips NatLab, maar niemand kent ze. Een van hen is ir. Kees Schouhamer Immink, in 2003 onderscheiden met een Amerikaanse Emmy Award. Deze onderscheiding is normaal gesproken bestemd voor sterren bekend van de beeldbuis, maar een enkele maal wordt deze ook toegekend aan een technicus die het medium TV heeft verbeterd. Zijn onbekendheid steekt schril af tegen die van bijvoorbeeld André van Duin, die zijn faam aan hetzelfde medium dankt.

Uiteraard ligt het ook aan de ingenieurs zelf dat ze onzichtbaar zijn. Het zijn grijze muizen, geen mensen die snel de aandacht trekken. Ze hebben weinig 'babbels', zijn weinig extravert. Ze gaan netjes van negen tot vijf naar hun werk, ze kennen manieren, zorgen goed voor vrouw en kinderen, maar daarmee word je geen nationale bekendheid.

Alleen de meer creatieven onttrekken zich aan dat beeld. Architecten, industrieel ontwerpers, uitvinders, jonge ondernemers vormen een heel ander gezelschap dan werktuigbouwers en elektrotechnici. Architect Carel Weeber is nooit bang voor boude uitspraken waarmee hij de aandacht op zichzelf vestigt. Ook voormalig KPN-topman Wim Dik wil wel eens uit zijn slof schieten.

UNIEKE KENNIS

Dat ingenieurs onbekend zijn betekent niet dat het om onzekere nagelbijters gaat die twijfelen aan hun kennis. Ingenieurs weten dat ze over een uniek soort kennis en vaardigheden beschikken, die iemand zich alleen in zijn jonge jaren door langdurige studie en training kan eigen maken. De eerste alfa die zich op latere leeftijd tot ingenieur omschoolt, moet nog worden geboren. Veel ingenieurs daarentegen kiezen er op latere leeftijd voor zich te verbreden tot econoom of bedrijfskundige.

Ingenieurs zijn zich bewust van hun kennis en zijn daar ook trots op. Ze denken: 'Wij zijn de vormgevers van Nederland, ook al krijgen we daarvoor niet de eer die we verdienen.'

'Ingenieurs hebben kennis en vaardigheden die geen equivalent hebben in andere domeinen', zei Anthonie Meijers, bijzonder hoogleraar filosofie van techniek en cultuur aan de TU Delft, in zijn intreerede 'Wat maakt een ingenieur' (6/3/98). 'Zet maar een econoom, verkeerskundige, jurist, fysicus en chemicus bij elkaar met de opdracht een brug te ontwerpen en te bouwen en ik garandeer u dat daar geen brug uit komt.'

Dat is nog maar de vraag. Ingenieurs moeten de afstand die er bestaat tussen techniek en maatschappij, tussen ingenieurs en de rest van de bevolking, niet groter maken dan die toch al is. Persoonlijk verbaas ik me wel eens over de handigheid van sommige niet-technisch geschoolde buren en kennissen bij reparaties aan auto's en verbouwingen van het eigen huis.

Want wat voor brug bedoelt Meijers? En hoe lang mogen ze er over doen? Zo'n gemengd gezelschap academici zal geen Erasmus-brug of Nijhoff-brug (in de A2 bij Zaltbommel), een brug op het randje van de kennis en ervaring van doorgewinterde bruggenbouwers, kunnen ontwerpen en bouwen. Maar een kleine, eenvoudige, niet-beweegbare brug, dat lukt wel. Niet van dezelfde kwaliteit en niet in dezelfde tijd als waterbouwkundige ingenieurs die zouden bouwen, maar een brug komt er. De benodigde spullen zijn bij wijze van spreken bij de Gamma te koop! En als ze enige tijd mogen studeren en proberen, komen ze nog verder.

Voor functies op het gebied van technisch onderzoek, ontwerp en constructie zijn inderdaad ingenieurs nodig. Het is ondoenlijk om op latere leeftijd de enorme hoeveelheid kennis op te doen die jonge ingenieurs zich op school en universiteit eigen maken.

Er zijn echter talloze functies in de techniek waarvoor technische kennis een pré, maar niet per se noodzakelijk is, bijvoorbeeld in het technisch management, in de beleidsvorming of in de personeelswerving. Een standaard brug kan prima worden ontworpen en gebouwd onder leiding van een niet-technisch geschoolde projectmanager. En de leiding van een fabriek kan bij een MBA (*master of business administration*) in prima handen zijn. Het stelt wat andere eisen aan de manager, hij zal zich qua technische kennis meer moeten verlaten op de deskundigen in zijn team, en niet zozeer zelf beslissen als wel het besluitvormingsproces organiseren.

Tweederde van alle ingenieurs stroomt uiteindelijk door naar een managementfunctie, maar dat is onvoldoende om te voorzien in de behoefte aan leidinggevenden in een technische omgeving. Daarom komen er veel mensen met een niet-technische achtergrond als manager in een min-of-meer technische omgeving terecht. Het is en blijft de *second best*-oplossing, want een technicus die goed kan leiding geven is beter op zijn plaats. Maar een niet-technicus met prima managementcapaciteiten zal het weer beter doen dan een ingenieur die niet over deze vaardigheden beschikt.

TE WEINIG INGENIEURS

Jaar in, jaar uit verschijnen er rapporten en artikelen die concluderen dat er in de toekomst een tekort aan ingenieurs dreigt. Als het eenmaal zover is blijkt dat tekort zich echter niet te manifesteren. Vacatures worden in veel gevallen toch wel vervuld, zeker als het om functies aan de rand van de techniek gaat. Kandidaten met aanpalende kwalificaties – een studie planologie, scheikunde of natuurkunde – nemen die plaatsen in. De vacature is vervuld, hoewel dat gepaard kan gaan met kwaliteitsverlies door minder kennis van en inzicht in de techniek.

Voor functies zoals ic-ontwerper, of ontwerper van een waferstepper, blijven ingenieurs nodig (of een team van ingenieurs). Soms is het moeilijk zulke vacatures te vervullen. De redding komt vaak uit het buitenland. In de Nederlandse elektronica-industrie werken vele buitenlandse ingenieurs. Die komen graag, want ze verdienen hier vaak meer dan in eigen land. Maar ook in die gevallen blijft het onduidelijk hoe groot de tekorten werkelijk zijn.

In Nederland studeren jaarlijks vijftien lasingenieurs af. Dat lijkt inderdaad weinig, maar hoe groot is het tekort precies? 'Het tekort is zo groot dat er niet meer voor wordt geadverteerd', zegt een woordvoerder van het Nederlands Instituut voor Lastechniek. Daar schieten we dus niets mee op.

Maar goed, we nemen aan dat het tekort reëel is, en voor specialistische functies is dat ook zeker het geval. Er is de afgelopen tien, twintig jaar heel wat afgestudeerd op de oorzaak, vele commissies zijn er mee aan de slag geweest, het antwoord was altijd weinig bevredigend.

Het is een probleem dat in alle westerse landen in meerdere of mindere mate speelt. Ook in Duitsland klaagt men steen en been over het tekort aan ingenieurs. Maar uit onderzoek van de Duitse ingenieursvereniging blijkt ook dat de helft van alle Duitse ingenieurs ouder dan vijftig werkloos is. Er is dus niet zozeer een algemeen tekort aan ingenieurs, als wel een tekort aan jonge, goedkope ingenieurs. Of, en dat zou meer te denken geven: een tekort aan ingenieurs die goed op de hoogte zijn van de jongste stand van de techniek in hun vakgebied.

Een analyse van het tekort draait om een complex van oorzaken, dat te maken heeft met het imago van de techniek, de maatschappelijke en universitaire cultuur, de samenstelling van de bevolking, de welvaart, het belonings- en carrièreperspectief, leraren op de middelbare school die wel of niet techniek-minded zijn, het ontwikkelingsstadium waarin een land zich bevindt, en het heeft te maken met jongens en meisjes.

In landen die hoog op de ontwikkelingsladder zijn gestegen kiezen minder jongeren een technische studie dan in landen die aan het begin van hun welvaartsontwikkeling staan. In de VS, Duitsland en Nederland is onder jongeren de animo voor technische en bètastudies beduidend lager dan in Turkije, Zuid-Korea, Japan, Taiwan, Singapore en India. In China studeren jaarlijks maar liefst 300.000 ingenieurs af.

Wat voor ontwikkelde en minder ontwikkelde landen geldt, gaat ook op voor mensen. Kinderen van hoogopgeleide ouders kiezen minder vaak voor techniek dan het nageslacht van laagopgeleiden. Het lijkt er op dat die minder ontwikkelde landen, en kinderen van die lager opgeleide ouders, beseffen dat er nog werk aan de winkel is voordat ze zich bezig kunnen houden met leuke dingen. Het gaat ook om het zich thuis voelen in de babbelcultuur van de upper middle class, die de toon bepaalt bij alfaopleidingen. In het algemeen geldt: hoe nuttiger een opleiding, hoe minder aantrekkingskracht deze uitoefent op – kinderen van – hoger opgeleiden. Of zoals de Amerikaanse president John Quincy Adams (1767–1848) zei: 'Ik heb hard moeten werken, mijn kinderen konden ingenieur worden, en mijn kleinkinderen kunnen nu kunstgeschiedenis studeren.'

Ingenieurs blijken steeds meer terecht te komen in niet-technische beroepen, waarvan het carrière- en beloningsperspectief beter is dan dat van technische beroepen. Of in beroepen die gewoon leuker lijken of een beter imago hebben dan werken in de industrie. De opkomst van de dienstensector speelt hier ook een rol.

Volgens ROA-onderzoek kwam in 1991 zeven procent van de pas afgestudeerde technische HBO-ers in niet-technische beroepen; in 1995 was dat al opgelopen tot 22 procent. Koplopers daarin zijn HBO-ers technische bedrijfskunde; in 1991 koos 22 procent voor een functie buiten de techniek, in 1995 al 33 procent. Op zich logisch, want technische bedrijfskunde is een nog vrij jonge studie. Er begonnen banen te ontstaan waarvoor een mix van technische en bedrijfskundige kennis nodig was. Daarvoor zijn opleidingen gecreëerd.

Werktuigbouwers daarentegen blijven de techniek het meest trouw: in 1991 koos zeven procent van de pas afgestudeerden voor een niettechnische functie, in 1995 tien procent. Die trend heeft zich sindsdien voort-gezet.

SOCIALE STRATIFICATIE

Volgens Jan Veldhuis, tot eind 2003 bestuurder van de Universiteit Utrecht, is de klassengekleurde opleidingskeus van studenten het resultaat van de sociale stratificatie in Nederland (*Maatschappijbelangen*, juni/juli 97). De Nederlandse samenleving kent een voor buitenstaanders moeilijk herkenbare, maar daarom niet minder aanwezige sociale gelaagdheid. Oppervlakkig gezien heerst er in Nederland een sterk ontwikkelde gelijkheidscultuur, maar het establishment zorgt er voor dat zijzelf en haar kinderen via soms geniepige sociale codes en conventies de boventoon voeren. De maatschappelijke elite redeneert over technische en bètastudies: 'De samenleving heeft die afgestudeerden nodig, maar onze eigen kinderen kunnen beter rechten, economie of bedrijfskunde studeren. Daar komen ze straks verder mee.'

Met name bedrijven en overheidsinstanties klagen vaak over de teruglopende studentenaantallen bij technische studies. Die kleinere aantallen hebben echter ook demografische achtergronden. Het totale aantal studenten loopt over de gehele linie terug, simpel omdat er nu een derde minder achttienjarigen is dan tien jaar geleden. De afgelopen tientallen jaren echter is het aantal technische studenten op en neer gegaan met de totale studentenpopulatie (*Elsevier*, 28/6/97).

Verder zijn vooral vrouwen opvallend afwezig in de collegezalen van de TU's, de bètafaculteiten van de andere universiteiten, en in het technisch HBO. Het tekort aan ingenieurs zou in één klap verdwenen zijn als evenveel meisjes als jongens besluiten techniek te gaan studeren. Meisjes, die op de middelbare school toch al minder dan jongens voor schei- en natuurkunde kiezen, voelen zich volgens de voormalige Utrechtse bestuurder Veldhuis weinig aangetrokken tot het soort jongens (in hun ogen: de *nerds*) dat voor bèta- en techniek kiest. Het is de bestaande studentenpopulatie die technische studies in zijn ogen voor meisjes onaantrekkelijk maakt.

Het percentage vrouwen in technische academische studies ligt inmiddels rond de twintig procent. Er zijn bovendien uitschieters: bij de faculteiten Bouwkunde en Industriële Vormgeving in Delft nadert het aandeel vrouwen onder de studenten inmiddels de helft.

Behalve dat de techniek meer vrouwen moet werven, heeft Veldhuis zijn hoop gevestigd op allochtonen. Op hen is van toepassing wat ook voor minder ontwikkelde/welvarende landen en mensen geldt: ze zitten in Nederland, in elk vreemd land, in een positie waarin ze op zichzelf zijn aangewezen en eigenhandig hun toekomst moeten opbouwen. TU's en technische hogescholen zouden hun inspanningen voor het winnen van nieuwe studenten meer op deze groep moeten richten. In de VS bestaat al ruim een kwart van de studentenpopulatie bèta en techniek uit buitenlanders, met name afkomstig uit Zuidoost-Azië.

Naast sociologische factoren speelt het slechte imago van bètawetenschappen en techniek een rol. Techniek is saai en moeilijk, aldus het beeld onder een groot deel van de middelbare scholieren. Wis- en natuurkunde zijn veel te abstract, het begrip 'techniek' is dat ook. Je kunt nergens 'techniek' studeren, wel elektrotechniek, werktuigbouwkunde, weg- en waterbouwkunde, bouwkunde. Technische studies met een heel concrete naam, luchtvaart en ruimtevaart bijvoorbeeld, kennen een concreet doel en kunnen ieder jaar rekenen op voldoende toeloop van studenten.

Het staat buiten kijf dat technische opleidingen nog veel aan hun werving kunnen verbeteren. Waarom zou je bijvoorbeeld geen jongeren kunnen lokken onder het motto: bij ons leer je de beste gitaar van de wereld bouwen, de beste surfplank, of de beste cross-motor?

IMAGO

Het saaie imago van techniek heeft in Nederland wellicht ook te maken met het feit dat de opleiding van ingenieurs fysiek gescheiden is van die van alfa's en gamma's. Aan de Technische Universiteit Delft, de Technische Universiteit Eindhoven en de Universiteit Twente is het alleen mogelijk technische studies te volgen (in Twente, de meest algemene van de drie technische universiteiten, ook bestuurskunde).

Er zijn historische en praktische redenen waarom dat zo is. Toen techniek zich in de achttiende eeuw aandiende als academische discipline, werd het door de gevestigde universiteiten afgewezen met het argument dat techniek geen zuivere wetenschap is. Er bleef niets anders over dan een aparte technische hogeschool - die in Delft - op te zetten.

De praktische reden is dat het onderwijs in de techniek om grote investeringen in machines, apparaten, instrumenten en software vraagt, veel meer dan bijvoorbeeld een studie rechten. Dergelijke investeringen vragen om concentratie, versnippering zou tot verspilling leiden.

Voor de plaats van techniek in de samenleving en voor de persoonlijke ontwikkeling van techniek-studenten is de constructie van aparte technische universiteiten buitengewoon ongelukkig, zo zei ook Anthonie Meijers in zijn intreerede aan de TU Delft.

Het is ook niet overal zo. In het Engelse Cambridge en het Amerikaanse Stanford maken technische faculteiten deel uit van algemene universiteiten. Studenten komen hierdoor vanzelf, ook buiten hun studie, in contact met andere disciplines. Dit vergroot hun vermogen 'om te spreken in meerdere talen', aldus Meijers. Bovendien, als technische faculteiten deel uitmaken van algemene universiteiten, kiezen meisjes waarschijnlijk gemakkelijker dan nu voor techniek.

Wat dit betreft heeft het HBO een voorsprong op het academisch technisch onderwijs. De afgelopen tien jaar heeft er een concentratie plaats gevonden van diverse hogere beroepsopleidingen in hogescholen. In zo'n twintig Nederlandse steden zitten meerdere disciplines nu onder één – organisatorisch – dak. En hoewel faculteiten vaak eilanden zullen blijven, is de situatie principieel beter dan wanneer techniek geïsoleerd staat.

PIKORDE ONDER INGENIEURS

Niet alleen is er statusverschil tussen alfa, bèta en gamma, ook onder ingenieurs zijn er – langzaam afnemende – verschillen tussen wetenschappelijk en praktisch geschoolden. Het hoger beroepsonderwijs heeft nu eenmaal minder status dan de universiteit. Het onderwijs is er praktischer, schoolser en klassikaal. De universiteit is theoretischer, studievrijheid en zelfstandigheid van de studenten is er groter. Bovendien betrekt de universiteit, ook de technische, haar studenten in het algemeen uit hogere lagen van de bevolking dan het HBO. De toenmalige directeur van de HTS in Leeuwarden, ir. C. Klomp, stelde in de tijd dat ik er studeerde (rond 1970), dat zijn school vooral werd bezocht door 'goed lerende arbeidersjongens'. Dat geldt waarschijnlijk nog steeds. Aan de universiteit zijn arbeiderskinderen echter ook nu nog in de minderheid. Het algemene beeld is dat de TU meer dan het technisch HBO selecteert en stimuleert met betrekking tot persoonlijke eigenschappen zoals sociaal functioneren, leiding geven en zelfstandigheid.

Uiteraard heeft dat maatschappelijke gevolgen. De ir. (de ingenieur met een academische opleiding, daarvan zijn er zo'n 75.000 in ons land) heeft van meet af aan betere kansen dan de ing. (de ingenieur met een HBO-opleiding; ongeveer 225.000) om hoge posities bij de overheid en in het bedrijfsleven te bereiken. De ir. maakt deel uit van het docentenkorps aan de technische hogeschool, de ir. is vaak de chef van de ing. en heeft dus grote invloed op diens loopbaan, aldus opnieuw Harry Lintsen in 'Ingenieur van beroep'.

Opvallend is overigens dat het verschil in technisch functioneren in het bedrijfsleven, met uitzondering van researchfuncties, gering is. Veel ir-functies in ontwikkeling, constructie, advisering, productie, uitvoering en commercie kunnen evengoed door ing's worden verricht. Ir's constateren dat geringe verschil in functioneren ook. Uit een onderzoek halverwege de jaren tachtig in hoofdzakelijk grote ondernemingen bleek veertig procent van de werktuigbouwkundige ir's van mening dat hun functie evengoed door een niet-academicus kon worden verricht. Bij chemici was dat percentage 36 procent.

In de pikorde van ingenieurs staan degenen die fundamenteel onderzoek doen nog steeds hoog aangeschreven. Maar dat heeft waarschijnlijk zijn langste tijd gehad, ook al omdat zich juist hier (de goeien uitgezonderd) de grootste *nerds* bevinden. Een commercieel ingenieur - een verkoper - scoort nog steeds laag, maar diens ster zou wel eens kunnen stijgen, zeker als hij succes heeft en zijn inkomen daarmee gelijke tred houdt. Tegenwoordig scoort ook een functie als onderzoeker bij een investeringsbank goed. Hoog in de pikorde staat ook de ingenieur die werkt voor een organisatieadviesbureau, zeker als dat bureau McKinsey heet.

Omdat het onderscheid naar opleiding tussen universitaire en HBO-ingenieurs er in de praktijk steeds minder toe doet, hebben hun beide beroepsverenigingen in 2004 besloten samen verder te gaan. Het Koninklijk Instituut van Ingenieurs, de vereniging van universitair opgeleide ingenieurs, en NIRIA, waarin de afgestudeerden van het technisch HBO zijn verenigd, gaan samen verder in het Koninklijk Instituut van Ingenieurs KIVI-NIRIA. Een andere reden om de krachten te bundelen was een jarenlange, sluipende afkalving van het ledenbestand bij beide verenigingen. De nieuwe club telt bijna 30.000 ingenieurs.

GEZICHT VAN DE WERELD

Ingenieurs bepalen het gezicht van de wereld, maar ontlenen er geen persoonlijk prestige aan. Dus blijven ze onbekend, hoe absurd dat ook is in vergelijking met de enorme populariteit van topvoetballers en popsterren.

Die onbekendheid viel schrijver en filmer Fred Dijs weer eens op (*Technisch Weekblad*, 10/3/99) in het *Time*-boek *100 Leaders & Revolutionaries, Artists & Entertainers, The most Influential People of the 20th Century*. Dijs: 'Een boek dus over de eeuw waarin penicilline, atoombom, radio, televisie en computer zijn ontwikkeld. Er komt geen ingenieur in voor. Dat terwijl de *Time*-redactie in de eerste alinea van het boek deze eeuw vergelijkt met de vijftiende, de eeuw van de Italiaanse Renaissance, de drukpers van Gutenberg, het zonnestelsel van Copernicus en de ontdekkingsreizen van Columbus. Met een beetje goede wil zijn dat alle drie ingenieurs te noemen. Zou de *Time*-redactie van de geschiedenis hebben geleerd dan zou zij ook in deze eeuw naar zulke mensen hebben gezocht.'

Intermezzo

Bekende ingenieurs

Iedereen, van huisvrouw tot hoogleraar, van scholier tot bejaarde, maakt gebruik van zijn vinding, maar voor het grote publiek is Tim Berners-Lee een *nobody*. Deze Engelse informatica-ingenieur is de uitvinder van het Wereld Wijde Web. Hij geniet enige bekendheid in informatica- en ingenieurskringen.

Karien van Gennip

Ingenieurs mogen dan onbekend zijn bij het grote publiek, ze zijn niettemin ook in Nederland overal te vinden, bijvoorbeeld als topman van grote ondernemingen (Gerard Kleisterlee van Philips, Jeroen van der Veer van Shell, Aad Veenman van de Nederlandse Spoorwegen en daarvoor Stork, en voorheen Wim Dik en Paul Smits van KPN).

Ir. Karien van Gennip maakt als staatssecretaris van Economische Zaken deel uit van het tweede kabinet Balkenende. Er zitten diverse ingenieurs in de Tweede Kamer: Marijke Vos (Groen Links en voorzitter van de bouwfraude-enquete, een 'groene' ingenieur), Diederik Samsom, Stef Depla en Jeroen Dijsselbloem van de PvdA (samen ook bekend als de 'rode ingenieurs'), Camiel Eurlings, Wim van de Camp, Antoinette Vietsch en Roland Kortenhorst (CDA), Pieter Hofstra (VVD) en Bas van der Vlies (SGP). In de Eerste Kamer: Niek Ketting (VVD) en Evert Schuurman (SGP).

Ook in de sport komen we ingenieurs tegen. Drie van de betere (ex)voetballers zijn ingenieur: Johan de Kock (inmiddels gestopt), ex-Utrecht, ex-Roda, ex-Schalke en voormalig Nederlands elftalspeler; keeper Hans Vonk van Ajax en Zuid-Afrika, daarvoor Heerenveen; en ex-Vitesse, -Feijenoord en -Utrecht-speler (in het seizoen 2004/2005 FC Zwolle) Arco Jochemse (een Wageningse ingenieur). De Kock heeft naast de voetballerij nog parttime als technicus gewerkt en is nu adviseur voor de bouw van stadions, de andere twee zullen na hun voetbalcarrière waarschijnlijk niet meer in de techniek actief worden. Ook scheidsrechter Jan Wegereef is ingenieur.

Andere ingenieurs onder de sporters: de inmiddels gestopte atleet (800/1500 meter) Marco Koers (werktuigbouwkunde, opgeleid aan een Amerikaanse college), hoogspringer Wilbert Pennings (student vliegtuigbouw en ruimtevaart aan de TU Delft), polshoog-springster Monique de Wildt (studeert ook aan de TU Delft) en zwemster Marleen Veldhuis (studeerde bedrijfskunde aan de Universiteit Twente).

Slechts een handvol ingenieurs heeft het de afgelopen eeuw in Nederland tot algemene landelijke bekendheid gebracht. Opvallend: slechts één, Cornelis Lely, vanwege aan techniek gerelateerd werk (de Zuiderzeewerken), maar toch vooral als minister van waterstaat.

De anderen zijn allemaal bekend vanwege andere hoedanigheden. In de jaren dertig kreeg civiel ingenieur Anton Mussert nationale bekendheid als politiek leider van de NSDAP. Ir. Willem Schermerhorn was premier van het eerste kabinet (dat nog drie ingenieurs telde) na de Tweede Wereldoorlog. Ir. J.A. Manusama werd een veel geziene verschijning als president in ballingschap van de Republiek der Zuid-Molukken. Ad van Emmenes is bekend geworden als voetbalcommentator. Van Emmenes werd op TV ook altijd met zijn titel aangekondigd: 'Het commentaar is van ingenieur Ad van Emmenes.' Een klein jaar na de ontvoering van Gerrit Jan Heijn in 1986 werd vliegtuigbouwkundig ingenieur Ferdi Elzas gearresteerd.

Ir. Jan Sipkema, rond 1990 hoofd van de provinciale Waterstaat in Friesland, was in zijn tijd een zeer gewaardeerd man. Hij kreeg landelijke bekendheid als voorzitter van de Friese Elfstedenvereniging. Rond de elfstedentochten van 1985 en 1986 volstond het te spreken van 'de ingenieur', en iedereen wist wie bedoeld werd. De media duidden ook hem steeds met zijn titel aan. Sipkema, inmiddels al jaren gepensioneerd, kwam over als een wat afstandelijke, maar aimabele, rechtschapen en betrouwbare man, het prototype van de ingenieur. Hij sprak altijd zonder stemverheffing. Als hij een zaal vol schaatsers en journalisten toesprak, die allemaal maar één ding wilden: dat de tocht der tochten zo snel mogelijk doorging, hing iedereen aan zijn lippen. Als hij zei dat het kon, was er geen twijfel, en als hij meedeelde dat het ijs te dun was, klonk er wel teleurstelling, maar geen protest. Sipkema zei het, dus was het zo. Zijn opvolger, ir. Henk Kroes, heeft nog niet de naam en faam van Sipkema, maar dat verandert bij de volgende Elfstedentocht.

Naar verluidt bestaat de volledige Chinese regering uit ingenieurs. Ook de voormalige presidenten Boris Jeltsin (Rusland) en B.J. Habibie (Indonesië) behoren tot het ingenieursgilde (Jeltsin is civiel technicus en Habibie vliegtuigbouwkundige), evenals de Engelse komiek Rowan Atkinson. De 11 november 2004 overleden Palestijnse leider Arafat was ingenieur. Ook Al Qaida-voorman Osama bin Laden heeft een ingenieursopleiding gevolgd. De koningin van Marokko is informatica-ingenieur. Zelfs Miss Universe van 1999 is ingenieur: ze volgde destijds een studie elektrotechniek aan de Universiteit van Botswana.

Hoofdstuk 4

Kunst en techniek

Met het hoofd én met het hart

Wat zou Yehudi Menuhin zonder Stradivarius zijn geweest, en wat Arthur Rubinstein zonder Steinway? De werelden van kunst en techniek lijken op het eerste gezicht volledig gescheiden, maar vaker dan gedacht gaan ze samen. Violist en viool zijn onlosmakelijk met elkaar verbonden, evenals schrijver en drukpers. Een kunstschilder kan niet zonder verf, penseel en doek, en een beeldhouwer niet zonder steen en beitel.

Ook een componist doet een beroep op technische hulpmiddelen: een vleugel, een metronoom, tegenwoordig een synthesizer. Voor de uitvoering van zijn compositie zijn muziekinstrumenten nodig en de kwaliteit van de uitvoering is sterk afhankelijk van de zaalakoestiek. 'We moeten ons realiseren', aldus de Amerikaanse techniekfilosoof Lewis Mumford (1895–1990), 'dat het symfonieorkest een triomf van de techniek is'.

Er is geen scherpe scheidslijn tussen kunst en techniek. Een componist is een kunstenaar, een ontwerper van elektronische schakelingen een technicus. Maar ook een componist is een ontwerper. De één ontwerpt met het hart, de ander met het hoofd. De ontwerpvrijheid van de componist is veel groter dan die van de chipdesigner.

Een architect en een chipontwerper zijn beide technici, maar de ontwerpvrijheid van de één is groter dan die van de ander. Toch zijn de meeste architecten geen kunstenaars. Slechts een enkeling krijgt de kans de grens tussen kunst en techniek te overschrijden en een Erasmus-brug te ontwerpen. Gustave Eiffel (1832–1923) was een ingenieur, zijn toren is een tot de verbeelding sprekende constructie. Eiffel ontwierp met het hoofd én met het hart.

Soms is er een duidelijke wisselwerking tussen kunst en techniek. De fotografie (een uitvinding van de Fransman Louis Jacques Mandé Daguerre, 1787–1851) vormde een uitdaging voor kunstschilders. Er ontstond zoiets als een dialoog tussen beide media. Portretschilders deden hun werk met een foto als voorbeeld. Het heeft overigens niet geleid tot toetreding van de fotografie tot de rang van de schone kunsten.

Ingenieurs en kunstenaars doen beide een beroep op creativiteit. Maar de eersten zijn veel meer dan de laatsten gebonden aan voorschriften, normen, standaarden en natuurkundige wetten. Daarentegen hebben ze vaak grotere budgetten ter beschikking en (daardoor) betere hulpmiddelen. Kunstenaars werken vaak alleen, het zijn *loners*, terwijl ingenieurs vrijwel altijd in een team werken. De meeste ingenieurs zijn conventionele burgermannetjes, kunstenaars onderscheiden zich vaak door hun excentrieke gedrag.

Vandaag de dag schuilt het verschil tussen kunst en techniek in participatie in het economische productieproces. Kunstenaars beroepen zich graag op hun autonomie. Ze maken geen deel uit van leven en werk in fabrieken en kantoren. Ze beschikken in het algemeen ook niet over de in de technische wereld gangbare werktuigen en machines. 'Techniek' komt juist tot stand in het economische domein. Zo gezien is techniek dus kunst die luistert naar economische wetmatigheden, en kunst is techniek die buiten het economische domein tot stand komt.

FLITSENDE NEON-BUIZEN

'Ingenieur en kunstenaar zijn familie', aldus de Amerikaanse ingenieur en schrijver Samuel Florman in zijn boek *The existential pleasures of engineering* (1976). 'Ze zijn verwante ontwerpers. Beide ondersteunen elkaar in hun werk. Wij helpen de wereld te creëren, waarvan het zijn taak is een interpretatie te geven. En wij geven hem de materialen, zonder welke hij bijna onmachtig zou zijn. Voor de dichter hebben wij pen en inkt gecreëerd, de revolutionaire drukpers, de schrijfmachine, en recent elektronische communicatiemiddelen. Voor de musicus hebben wij fantastische instrumenten ontwikkeld en concertgebouwen neergezet.'

Maar andersom hebben ingenieurs kunstenaars nodig, aldus Florman, om uitdrukking te geven aan hun gevoelens over techniek, omdat ze daar zelf niet goed toe in staat zouden zijn.

'De geschiedenis van de schone kunsten is naadloos verbonden met veranderende technologie, vanaf de introductie van olieverf en verlorenwas-gieten in brons, tot aan de bioscoop en het elektrisch booglassen. Rond deze tijd vinden er op het snijvlak van techniek en schone kunsten talloze activiteiten plaats, waarbij het onderscheid tussen ingenieurs en kunstenaars niet altijd duidelijk is. In musea en galeries worden bezoekers geconfronteerd met rusteloze kinetische sculpturen, gesoldeerde vormen in staal, aan- en uit-flitsende neon-buizen, opgeblazen vormen van kunststof, gloeiende laserstralen, pulserende elektronische geluiden, en een hele variëteit van computergestuurde multimedia displays. Samenwerken met kunstenaars – of zo mogelijk: zelf kunstenaar worden – is het genoegen geweest van slechts een klein aantal ingenieurs.'

'De meeste ingenieurs zijn uiteraard niet betrokken bij het creëren van kunstwerken (behalve als hun functionele scheppingen gelukkigerwijze als kunst worden gezien). Maar de relatie tussen techniek en kunst is er altijd een van broederschap geweest, en niet, zoals vaak voorgesteld, van blote vijandschap.'

In een volgend hoofdstuk van zijn boek bezingt Florman de schoonheid van de machine, en haalt daarbij vele auteurs uit de wereldliteratuur en andere kunstenaars aan: 'Kijk lang naar een machine, het is een lust voor het oog.'

Techniek zorgt vaker voor esthetische beelden, zoals: in formatie opstomende marineschepen, drijvende boomstammen in (Scandinavische) meren, satellietbeelden van de aarde, Lissajou-figuren op beeldschermen (bewegende wiskundige lijnfiguren), opnamen van windmolenparken, reeksen zonnecollectoren, de Golden Gate-brug, verkeerspleinen zoals het Prins Claus-plein bij Den Haag, ijzervijlsel in een magneetveld, en de grafische weergave op een beeldscherm van de inhoud van een olieveld.

Kunst en techniek waren ooit één. In de Oudheid waren het dezelfde begrippen. Volgens de oude Griekse mythen is Daedalus de vader van zowel de kunst als de techniek. Kunst en techniek zijn sindsdien lang samen opgetrokken. De scheiding kwam met de rationalisering van het wereldbeeld, met Galileo Galileï (1564–1642), Isaac Newton (1643–1727), Johannes Kepler (1571–1630) en René Descartes (1596–1650). Voor de massa werd die scheiding pas goed merkbaar met de Industriële Revolutie in de eerste helft van de negentiende eeuw.

Leonardo da Vinci (1452–1519) is de belichaming van de eenheid van kunst en techniek, schrijft techniekhistoricus Harry Lintsen in *Ingenieur van beroep* (1985). 'Hij was er één van een veel grotere groep van ingenieurs-kunstenaars, die zich manifesteerden in het rijke Italië van de veertiende en vijftiende eeuw. Hun ingenieurswerk lag vooral op het terrein van de bouwkunde, de werktuigbouwkunde, de civiele en de militaire techniek. Zij voorzagen de strijdende stadstaten en nationale mogendheden van nieuwe belegeringsmachines en vuurwapens. Tussen die opdrachten door ontwierpen zij paleizen en kathedralen, legden wegen en kanalen aan en ontwikkelden werktuigen zoals hijstoestellen,

hydraulische en pneumatische machines en nieuwe vormen van tand-
wieloverbrengingen.

'De techniek was in hun werk onlosmakelijk verbonden met es-
thetiek en kunst. De vluchtige schetsen waren vaak kunstwerken op
zich. De vormgeving en verfraaiing van werktuigen kreeg in nauwkeurige constructietekeningen evenveel zorg als de technische details. Hun
bruggen en bouwwerken blijven de aandacht trekken als de hoogtepun-
ten van een culturele explosie. Daarnaast leverden de ingenieurs-kunstenaars bijdragen aan de schilderkunst, beeldhouwkunst en muziek.'

Ingenieurs verwijzen voor de oorsprong van hun beroep vaak naar de
ingenieurs-kunstenaars zoals Leonardo da Vinci, daarmee suggererend
dat de kern van hun beroep mede gevormd wordt door het kunstzin-
nige, de onbeteugelde fantasie, de ideeënrijkdom, de originaliteit en de
grote flexibiliteit van het denken.

Maar die vergelijking gaat tegenwoordig nauwelijks meer op, aldus
Lintsen. 'Tegenover de brede vorming van de ingenieur-kunstenaar staat
een eng technisch-wetenschappelijke training, tegenover de gevarieerde
werkzaamheden staan de gespecialiseerde ingenieursfuncties en tegenover het vernieuwende denken de oogkleppen van de beroepsideologie.
De ingenieur van onze tijd is (veel) minder veelzijdig, creatief en cultureel ontwikkeld dan de ingenieur-kunstenaar van de Renaissance.'

Maar ook tussen de ingenieurs-kunstenaars bestaan grote verschillen. Iemand die in een aantal
opzichten sterk verschilt van Da Vinci is Simon
Stevin (1548–1620). Hij wordt gezien als de
grondlegger van de wetenschappelijke beoefening
van de techniek in Nederland. Stevin heeft met Da
Vinci zijn brede belangstelling gemeen. Hij schreef
boeken over wiskunde, mechanica, hydrostatica
en logica. Hij oriënteerde zich op meerdere technische gebieden en hield zich bezig met economi-

Simon Stevin

sche en organisatorische vraagstukken. Hij leverde originele, theoretische bijdragen aan de muziek en oefende wezenlijke invloed uit op de
Nederlandse taal. Opmerkelijk is ook zijn meer beschouwende werk
over de inrichting van de staat en de rol van de burger.

Typerend voor het werk van Stevin – en het essentiële verschil met
Da Vinci – is de beperktheid in zijn veelzijdigheid, meent Lintsen in
'Ingenieur van beroep'. 'Stevin liet zich leiden door de ratio, voortko-

mend uit zijn mathematisch gerichte aanleg en zijn daarop gebaseerde ordeningshartstocht. Hij stond daarmee samen met anderen aan de oorsprong van een veranderend wereldbeeld, namelijk een mechanisch beeld waarin de structuur van de wereld wiskundig beschrijfbaar werd.'

'Die rationele benadering strekt bij Stevin echter nog verder. Het dringt ook door in zijn denken over maatschappij, godsdienst, muziek en stedenbouw. In zijn boek *Burgerlick Leven* geeft hij een constructie van een ideaal staatsbestel op basis van mechanische en pragmatische principes. De organisaties grijpen als de raderen van een uurwerk wrijvingsloos in elkaar. Ieder onderdeel heeft een nauwkeurig omschreven en onderscheiden taak en is geplaatst in een logische opeenvolging van rangorden. Godsdienst is voor hem niet meer dan een praktisch middel om kinderen op te voeden tot gehoorzame burgers en om mensen te dwingen tot een nuttig leven in een georganiseerde maatschappij. In de muziek gaat het Stevin om verborgen rekenkundige vraagstukken en niet om de ziel die daar zoveel behagen in schept.'

In ander werk van Stevin wordt een stad stelselmatig ontworpen naar eenvoudige meetkundige vormen.

SLAGTECHNIEK

Opvallend is dat de grote muzieklexica het woord 'techniek' niet gebruiken in samenhang met de bouw van muziekinstrumenten. Dat gebeurt alleen in de zin van de techniek die nodig is voor het bespelen van instrumenten. Het slaat op de virtuositeit van de bespeler om moeilijke passages exact uit te voeren. De term 'slagtechniek' slaat op de vaardigheid van een drummer om trommels en pauken te beslaan. 'Pedaaltechniek' heeft betrekking op het bespelen van orgels. (*Technik und Kunst*, deel 8 uit de tiendelige reeks *Technik und Kultur*, VDI Verlag, 1993)

Net zo opvallend is dat de muziekwetenschap zich nauwelijks bezig houdt met problemen die zich voordoen bij de bouw van muziekinstrumenten. Ook de vele technische innovaties die tot veranderingen in de klankkwaliteit hebben geleid, krijgen maar zelden belangstelling van muziekwetenschappers. De nieuwe klank wordt beschreven en geanalyseerd, maar het hoe en waarom van die verandering blijft onbelicht. Toch zijn er vele boeken die de bouw van piano's en vleugels beschrijven en illustreren. Die boeken zijn vrijwel zonder uitzondering geschreven door bouwers van deze instrumenten. Datzelfde geldt voor fluiten, harpen, violen en orgels.

Veranderingen in de constructie en productie van muziekinstrumenten leiden niet alleen tot andere klanken, maar ook tot andere composities. Als er al wetenschappers in de techniek van muziekinstrumenten geïnteresseerd waren, dan waren het fysici om akoestische problemen op te lossen.

Beperken we ons tot de laatste tweehonderd jaar – vanaf Wolfgang Amadeus Mozart (1756–1791) tot nu – dan hebben muziekinstrumenten zich in technisch opzicht in meerdere richtingen ontwikkeld. Vrijwel alle instrumenten beschikken over een groter klankbereik. Componisten vroegen ook om hogere en lagere tonen en om meer klankrijkdom, zoals Franz Liszt (1811–1886) voor de piano en Richard Strauss (1864–1949) voor het klassieke orkest. Ook nemen geluidssterkte en klankintensiteit steeds verder toe. Dat was ook vereist vanwege de bouw van grotere concertzalen, maar het waren toch met name de componisten die aandrongen op vergroting van hun uitdrukkingsmogelijkheden.

Deze veranderingen zijn het duidelijkst te herkennen bij de hamervleugel. Ten tijde van Mozart had een typische Weense Vleugel een klankbereik van vijf octaven (F1–f3). Ludwig von Beethoven (1770–1827) vroeg al meer, en Liszt schreef voor de moderne vleugel met een bereik van A2–a4, die vandaag de dag tot c5 en bij de Bösendorfer Imperial in de lage tonen tot C2 is uitgebreid.

Aan de verlangens van componisten valt niet eenvoudigweg te voldoen door links en rechts toetsen bij te plaatsen, aldus *Kunst und Technik*. De uitbreiding van F1 naar A2 in de diepte en, nog belangrijker, die van f3 naar c2 in de hoogte, vraagt om een ingrijpende, het gehele instrument en de fabricage betreffende productiewijziging. Er zijn andere halffabrikaten nodig, met name trekvaste snaren en een sterker frame. In de tijd van Bartolomeo Cristofori (1655 - 1731), uitvinder van het klavier, bedroeg de trekkracht van het frame 300 kgf (2940 N), begin deze eeuw was dat al opgelopen tot 2500 kgf (24,5 kilonewton), inmiddels ligt dat op 15.000 à 20.000 kgf (147 tot 196 kN). Voor dit frame of pantserraam is gietijzer vanwege de lage uitzettingscoëfficiënt al heel lang het favoriete materiaal.

Ook de productietechniek is veranderd. De firma Breitkopf & Hartel, rond 1850 één van de drie grote pianobouwers in Leipzig, had in die tijd een productie van honderd instrumenten per jaar. De vooraanstaande vakman en pianofabrikant Gustav Fiedler (1832–1900), die uitsluitend vleugels bouwde, beperkte bewust zijn productie zodat hij zelf elke vleugel kon inspelen.

Maar later opgerichte firma's hielden zich niet aan zulke tradities. Alle oprichters van de grote Duitse pianofabrieken, waaronder Carl Bechstein (1826–1900) en Wilhelm Schimmel (1854–) zijn in achteraf werkplaatsjes begonnen. Julius Blüthner (1824–1910) begon zijn bedrijf in 1853 met drie medewerkers. Voor de tien instrumenten die hij in 1854 bouwde, maakte hij alles zelf, behalve de snaren en de metalen delen, die hij van een dorpssmid uit de buurt van Leipzig betrok. Vijftig jaar later had Blüthner meer dan achthonderd arbeiders in dienst; in een lopende bandachtig productieproces rolden er jaarlijks 2500 instrumenten uit de fabriek. Europa's grootste pianofabriek van rond de één na laatste eeuwwisseling, die van de gebroeders Zimmermann in Leipzig, produceerde per jaar zesduizend instrumenten.

Niet altijd waren de instrumentmakers het eens met de wensen van de componisten. Carl Kützing, een pionier in de pianobouw, schreef in 1844: 'Men zou uit een oogpunt van volmaaktheid het bereik van een piano tot zes octaven moeten beperken. Alle tonen die boven de f4 en onder de F1 liggen, dragen het stempel van de onvolkomenheid en zijn minder aangenaam voor het oor. De heren componisten zouden zich meer om de aard van de tonen moeten bekommeren en minder om de omvang van het klavier.'

Maar de heren componisten, Liszt voorop, trokken zich daar weinig van aan, zo meldt het handboek *Technik und Kunst*. En dus moesten de pianobouwers zich er op toeleggen de onvolkomenheden van hun instrumenten te verbeteren, iets waar ze ook zeker in geslaagd zijn.

VAKMANSCHAP

Qua klankbereik zijn de grenzen al lang bereikt – met name vanwege de mogelijkheden van het menselijk oor om hoge en lage tonen waar te nemen – maar langs andere wegen is de klankkwaliteit van de hamervleugel de laatste decennia verder verbeterd, aldus een woordvoerder van Steinway Center Nederland. Drie elementen zijn van belang voor het bereiken van een perfect klankresultaat: materialen, constructie, en de mens. In dat laatste geval gaat het zowel om de producerende vakman als om de stemmer en de pianist.

Steinway kiest esdoorn en mahonie voor de rim (behuizing) en naaldboomhout (met name spar) voor de zangbodem. Van de mogelijke materialen waaruit een vleugel zou kunnen worden opgebouwd heeft hout vanwege de nerfstructuur – bestaande uit buisjes die trillingen (dus ook geluid) geleiden – de beste klankeigenschappen. Hoe harder het hout, hoe beter de geleiding van klanken. Donker, in de winter gevormd hout krijgt daarom de voorkeur boven licht zomerhout van dezelfde soort.

De constructie van een Steinway-vleugel is zodanig dat rim en zangbodem samen het klanklichaam vormen. Ze zijn aaneen geklonken met houtverbindingen, metaal is uit den boze om de nerfstructuur niet te onderbreken. Al het hout is onder spanning gebracht, voor een betere klankgeleiding. Een dergelijk groot, onder spanning staand klanklichaam geeft de pianist enorme klankkleurmogelijkheden.

Het vakmanschap komt met name tot uiting in de precisie waarmee wordt gewerkt. Alle componenten – van zangbodem en rim tot frame en kam (voor de snaren) – worden tot op 0,1 millimeter nauwkeurig gefabriceerd. Door deze precisie komen de klankkwaliteiten het best tot hun recht. Bij het gieten van het frame moet het insluiten van luchtbellen worden voorkomen.

De firma Steinway produceert jaarlijks 4500 vleugels in fabrieken in New York en Hamburg. In de hele fabriek heerst overal hetzelfde klimaat. De productie van één vleugel duurt ongeveer een jaar. Vóór de productie begint is het hout al enkele jaren gedroogd. Steinway heeft 120 patenten op de bouw van hamervleugels.

Naast de vakman in de fabriek is het werk van de pianostemmer van belang voor de klank. De Nederlander Michel Brandjes (43) behoort in dit vakgebied tot de wereldtop. Naast het gebruikelijke werk van het op spanning brengen van snaren, laat deze pianotechnicus het geluid van een Steinway-vleugel 'ronder' klinken door op elk hamerkopje een druppeltje etherlak aan te brengen, of helpt hij een pianist die de toetsen 'minder diep' wil aanslaan door onder elke toets een flinterdun papiertje te leggen.

Meesterpianiste Maria João Pires over deze pianostemmer (*NRC Handelsblad*, 25/10/04): 'Pianospelen is een mix van kunde, muzikaliteit en intuïtie, maar pianotechniek ook. Goede technici zijn niets minder creatief dan pianisten. Een harde toon of slechte afstelling – het kleinste gebrek aan de afstelling vermoordt al de muziek. *Legato*, experimenteren met de schoonheid van de klank; dat is dan allemaal onmogelijk. Hoe kún je dan denken dat een technicus een simpele werkman is? In het voetbal vindt iedereen de coach net zo belangrijk als de topspelers. In de pianistiek is dat net zo, alleen niemand ziet dat in!'

En dan ten slotte de bespeler, de pianist zelf. Zijn *toucher* is ook bepalend voor de klankkleur. Het maakt verschil of hij een toets links of rechts raakt, met de duim of de pink. Brandjes: 'Een ideaal toucher accelereert een beetje. Als je de toets bij het aanslaan een vaartje geeft door als het ware "in de toets" te spelen en te richten, optimaliseer je de energie van de hamersteel. Het is me opgevallen dat de meeste grote pianisten vanzelf zo aanslaan.'

Bij andere instrumenten is de ontwikkeling al veel langer voltooid. De kunst van de vioolbouw had al rond 1700 een stand bereikt die niet meer overtroffen is, alleen maar herhaald kan worden, aldus het handboek *Kunst und Technik*. 'Met alle respect voor de grote meesters, Antonio Stradivari (1644–1737) en Pietro Giovanni Guarneri (1655–1720), kan vanwege de verbeterde materialen en gereedschappen elke goeie vioolbouwer tegenwoordig instrumenten van dezelfde kwaliteit maken. De ontwikkeling sindsdien heeft een kleine vergroting van het klankbereik opgeleverd, en een versterking van de toon, nodig vanwege de steeds grotere concertzalen.'

Wel leert het afspelen van oude grammofoonplaten dat, bij een vrijwel gelijkblijvend instrumentarium van de klassieke orkesten, door de ontwikkeling die achtereenvolgende instrumenten doormaken het ideale klankbeeld verandert.

ELEKTRONISCHE MUZIEKINSTRUMENTEN

De tendens voor de toekomst lijkt duidelijk, zo meent *Kunst und Technik*. 'Voor het spelen van composities uit Barok en Romantiek blijft het klassieke orkest nodig. Diens instrumenten zijn alleen nog in zuiverheid en toonhoogte te verbeteren. Als buitenbeentje zal er meer dan nu een beroep worden gedaan op gereconstrueerde en gekopieerde instrumenten uit de Middeleeuwen en Renaissance. Ook muziek en instrumenten van niet-Europese volkeren zullen aan belang winnen.'

'Een belangrijke verdere ontwikkeling zal zich op het gebied van de elektronische muziekinstrumenten voltrekken. Bij de inmiddels als enigszins verouderd beschouwde conventionele piano heeft de elektronica zijn intrede gedaan, waardoor een nieuw instrument ontstaat met nog nauwelijks te voorziene mogelijkheden.'

Het is opvallend dat hedendaagse kunstenaars nauwelijks raad lijken te weten met moderne techniek, en dan met name met informatietechniek.

Elektronische kunst, computerkunst, is vaak geen streling voor oog of oor.

Elektronica dient voor geluidsversterking van bestaande instrumenten en voor het genereren van klanken van bestaande instrumenten (synthesizers). Er is in honderd jaar ontzettend veel verbeterd in de hele keten van microfoon via versterker tot luidspreker. Datzelfde geldt voor het opnemen en weergeven van muziek, eerst op een bakelieten grammofoonplaat en tegenwoordig op een compact disc, waardoor (klassieke) muziek binnen het bereik van miljoenen is gekomen. Techniek heeft het beluisteren van klassieke muziek gedemocratiseerd.

Computers worden met succes ingezet voor het genereren van filmbeelden, zoals in de film Titanic, en aan het slot van de film Disclosure, waarin Michael Douglas op speurtocht gaat in een driedimensioneledatabank, en uiteraard bij het maken van animatiefilms en spellen voor spelcomputers.

Er is al veel verbeterd. Ik herinner me van mijn stage in 1971 bij Philips Electrologica in Apeldoorn, waar Philips trachtte IBM met mainframecomputers te beconcurreren, de plotters die tekeningen van ontklede dames uitspuwden met lichaamscontouren getekend in uit cijfers opgebouwde lijnen. Destijds een aardigheidje, nu heel primitief. Maar volledig aan de computer ontleende tekeningen en muziek vinden nog steeds weinig waardering.

Het festival Ars Electronica in het Oostenrijkse Linz, een jaarlijks evenement over kunst en elektronica dat september 1999 voor de twintigste keer werd gehouden, stond in het teken van LifeScience. Het klonen van DNA werd hier tot kunst verheven.

KUNSTWERK

Iets van de eenheid van kunst en techniek is terug te vinden in de term 'kunstwerk' zoals die wordt gehanteerd in de civiele techniek. Dat betreft vaak bruggen en viaducten.

Een brug moet bij voorkeur effectief zijn ontworpen. Elegantie komt voort uit de eenvoud van de constructie. Onlogische bruggen zijn slechte bruggen. Dat zei de Fransman Michel Virlogeux (1946), ontwerper van onder veel meer de *Pont de Normandie*, op de Betondag 1996, de jaarlijkse bijeenkomst van de Nederlandse Betonvereniging. (*Technisch Weekblad*, 20/11/96).

Pont de Normandie, een 'logische brug'.

'Ingenieurs moeten mooie bruggen ontwerpen, hun ontwerp uitleggen zodat overheid en publiek het begrijpen, en zo laten zien dat ze staan voor een efficiënt, economisch en elegant ontwerp.' Bij een brugontwerp moet er cohesie zijn tussen constructie en elegantie, meent de Fransman, jarenlang hoofd van de sectie Grote Bruggen van het Franse ministerie van Openbare Werken, en tegenwoordig zelfstandig adviseur. 'We moeten de voorkeur geven aan eenvoudige constructies, waarvan de vorm het resultaat is van de krachtenverhoudingen, met een hoge constructieve effectiviteit. Wat we moeten vermijden is onnodige provocatie, vormen die alleen voor de show zijn ontworpen en originaliteit die niet tot stand is gekomen uit efficiency en economie.'

Virlogeux is gevraagd een *second opinion* te geven over de bouw van de Erasmusbrug. Hij vond de theoretische onderbouwing positief, maar de geometrie niet logisch.

Virlogeux houdt van een strakke brug, zonder poespas. 'Een brug kan mooi en elegant zijn, zonder onlogisch te worden. Maar soms wordt er absolute nonsens gemaakt.' Voor hem zijn de Alamillo-brug en La Barqueta, beide in Sevilla gebouwd voor de wereldtentoonstelling, elkaars tegenpolen. De eerste, een tuibrug met één pyloon die achterover leunt, is hèt voorbeeld van onlogisch ontwerpen. Een brug ook waarvan de bouw veel tijd in beslag nam en om die redenen onnodig duur is geworden. 'Elke ingenieur voelt zich oncomfortabel als hij er naar kijkt.' La Barqueta, de brug in de vorm van een harp, is daarentegen een constructie waarbij de vorm volledig in harmonie is met het krachtenspel.

De natuurkundige David Bohm, sparring partner van Albert Einstein en Niels Bohr, heeft er op gewezen dat bij wetenschappelijke theorieën op hoog niveau esthetische criteria een grote rol spelen. Daarbij komen zaken als elegantie, harmonie en symmetrie om de hoek kijken. Een theorie moet niet alleen de feiten beschrijven, ze moet ook 'mooi' zijn. De

moderne filosofische logica steunt deze visie. Er zijn nu eenmaal altijd oneindig veel theorieën om een gegeven verzameling feiten te verklaren. Dus zijn er buiten de feiten lig-

Alamillo-brug, hèt voorbeeld van onlogisch ontwerpen

La Barqueta, een logische, harmonieuze brug

gende criteria nodig om een theorie op zijn waarde te schatten. (Jan Vernee en Pieter Bakker, *Kunst en Wetenschap*, 1/99)

Techniek en kunst hebben dezelfde oorsprong, danken hun ontstaan aan dezelfde menselijke creativiteit. Maar door rationalisering van het wereldbeeld zijn ze ver uit elkaar geraakt.
Hoe ver blijkt vooral uit de commotie in 1999 over de Audi's in het Stedelijk Museum in Amsterdam. Audi leent het Stedelijk 5,5 miljoen euro voor de bouw van een nieuwe vleugel, en krijgt als tegenprestatie een showroom in de kelder van die vleugel. Iedereen valt over museumdirecteur Fuchs heen dat hij een knieval voor de commercie maakt. Men is bang voor invloed van Audi op het tentoonstellingsbeleid.

Maar op de achtergrond speelt ook mee: auto's, pregnante symbolen van de kapitalistische markteconomie, in een tempel van de Kunst, dat kan niet. De scheidslijn tussen het economische en het niet-economische domein is op grove wijze overschreden. Die Audi-vleugel is er dan ook niet gekomen.

Intermezzo

Een paradijselijke schuilplaats

De Rijksakademie van beeldende kunsten in Amsterdam is een van uitstekende technische middelen voorziene opleidings- en trainingsinstituut voor jonge kunstenaars. Zestig ateliers, tien werkplaatsen onder leiding van technisch specialisten, internationaal gerenommeerde kunstenaarbegeleiders en -theoretici, bibliotheek, collecties die teruggaan tot in de zeventiende eeuw, support op allerlei gebied – van huisvesting en visa tot gezondheid. De Rijksakademie is een productie- en onderzoeksplatform voor veelbelovende jonge kunstenaars uit binnen- en buitenland. De naam refereert aan de klassieke Akademia, de plek waar jonge en oudere wetenschappers en kunstenaars elkaar ontmoeten en kennis- en ideeën toetsen en uitwisselen. In de kern is de Rijksacademie een *artist residency*: zestig kunstenaars (vanwege door de overheid opgelegde bezuinigingen vanaf dit jaar nog vijftig) kunnen er twee jaar in alle rust werken in een eigen atelier.

De *resident artists* kunnen gebruik maken van tien uitstekend geoutilleerde werkplaatsen. Daar is alle mogelijke apparatuur en expertise voorhanden om de uitdrukkingsmogelijkheden te verbeteren en te verbreden. De tien werkplaatsen bestrijken vier vakgebieden:
- beeld en geluid: fotografie, film, video, geluid, digitale media;
- grafiek: diepdruk, hoogdruk, zeefdruk, vlakdruk;
- chemie: verf, kunststoffen, keramiek, glas;
- constructie: metaal, hout, elektronica.

Elf technische specialisten werken samen met de kunstenaars aan onderzoek en productie; zij hebben de leiding over de werkplaatsen.

Dit is 'een paradijselijke schuilplaats', zo begint het openingsartikel in een bijlage van *NRC Handelsblad* (24/1199) gewijd aan dit instituut, voorafgaand aan een open dag. 'Alles en velen staan de jonge, beeldende kunstenaar uit Nederland en daar buiten vrijelijk ter beschikking. Ruime werkplaatsen .... bieden bijvoorbeeld hout- en bewerkingsmachines, persen voor grafisch werk en de meest uiteenlopende verfsoorten, pigmenten en glazuren.'

De Rijksakademie beschikt onder de grootste keramiekoven van Nederland. Maar wie zich liever in nieuwe media verdiept, zoals internet, video en photoshopping, trekt zich terug achter de beeldschermen van het 24 uur per dag operatieve 'media-schip', met een heel scala aan computer-, video- en geluidsapparatuur. Of maken ze liever kleurenfoto's op billboard-formaat? Geen probleem, ook die apparatuur is aanwezig.

Op de open dagen van de Academie in 2004, in het weekend van 27/28 november, valt op dat veel kunstenaars zich bezighouden met subtiel en persoonlijk werk, aldus een voorbeschouwing in *NRC Handelsblad* (27/11/04). 'Er is sprake van een hang naar nostalgie en het kleine gebaar. .... Gezien de turbulente tijden is het vreemd dat maatschappijkritiek zo dun gezaaid is onder deze jonge kunstenaars .....' Verder is de oorlog in Irak opvallend afwezig.

Een voorbeschouwing in het dagblad *Trouw* op de open dag van zondag 28 november 1999, waar ik ook ben geweest, meldt dat de jonge kunstenaars selectief kiezen uit de aangeboden middelen. 'Vrijwel geen schilderkunst. Heel veel fotografie en video. Een overdaad aan terloopse figuratie; de alledaagse werkelijkheid die op een onnadrukkelijke, informele manier in beeld wordt gebracht. .... De figuratie van de jongste lichting kunstenaars neigt naar minimalisme. Vaak gaat het om één beeldelement dat in een sobere enscenering heel onnadrukkelijk wordt weergegeven.'

'Wat het doel is van de foto's en video's wordt totaal niet duidelijk. Het zijn puur formele, conceptuele en esthetische exercities. ... Er komt nauwelijks een visie op het leven, dan wel de kunst naar voren. Veelvuldig verwatert daardoor een op zich interessant motief tot een loos conceptueel ideetje. Leuk bij de eerste aanblik, maar te dun om in meervoud te boeien.'

Trouw verder: 'Kunst is bij de kunstenaars die op de open dag te zien zijn vooral een intellectuele ervaring. ... Het moet in de ateliers van de Rijksakademie in Amsterdam het afgelopen jaar hebben geknarst van de krakende hersenen. Veel arbeid is gegaan in het bedenken van de kunstwerken. Bij een aantal kunstenaars leidt dit zeker tot fraaie werken, maar je zou willen dat meer studenten ... vanuit een intuïtief gevoel werken, vanuit een emotie of een drang om iets "moois' neer te zetten".'

Maar dat is vijf jaar geleden, en het gaat om jonge kunstenaars die nog aan het begin van hun carrière staan.

Momenteel zucht de Rijksacademie van Beeldende Kunsten onder bezuinigingen die staatssecretaris Van der Laan van cultuur heeft opgelegd. Deze leiden tot een tekort van circa 25 procent op de exploitatierekening. Het bestuur in een persbericht: 'In dat geval kan de Rijksakademie op geen enkele manier op het huidige hoge niveau blijven functioneren.'

Hoofdstuk 5

Ontwerpen en produceren

De ziel van de machine

'Een lange, soms eindeloze adem is nodig om tussen de gelukzalige momenten van ongebreideld optimisme de vele onverwachte tegenvallers te overwinnen. En als aan het einde van die lange weg het moment daar is dat de vinding in de winkel ligt en voor je ogen aan een klant wordt verkocht, dan weet je waar je het allemaal voor hebt gedaan.'

Dat schreven Frank en Bert Schaper, uitvinders van de perfect ronde GeoDesign voetbal, als voorwoord in het boekje met de nominaties voor de ID-NL Jaarprijs 1997. De GeoDesign-bal was in 1995 één van de genomineerde producten - maar niet de winnaar - voor deze jaarlijkse onderscheiding voor uitvindingen. De broers Schaper slaagden er kort daarna in hun ontwerp aan Nike te verkopen.

Ontwerpen en produceren gaat niet over rozen. Er voert geen rechte weg van de eerste schetsen op papier naar het definitieve fysieke product. Het is meer een kronkelig karrenspoor waarbij niet zelden de kar in de modder blijft steken. Toch blijft het de moeite waard de wagen steeds weer opnieuw in beweging te zetten, om hem op weg te duwen naar het ultieme einddoel: een product dat op de markt wordt verkocht.

Neem bijvoorbeeld een relatief eenvoudig product zoals een reiskoffer. Men zou denken: een nieuwe koffer ontwerpen en produceren is een standaardklus, maar het blijkt lastiger dan gedacht. Onderweg van idee naar product doen zich allerlei tegenvallers voor, die de weg tot een lijdensweg maken. Met name tijdsdruk speelt bij ontwerpen en produceren altijd en overal een belangrijke rol.

Ontwerper Wolfram Peters, medeoprichter en partner van het ontwerpbureau nlplk industrial design in Leiden, krijgt begin jaren tachtig opdracht een grote en een kleine koffer te ontwerpen en te laten produceren. Hij vertelt er over tijdens een bijeenkomst van de Beroepsvereniging van Nederlandse Ontwerpers op 13/11/98, in het kader van een reeks lezingen onder de titel *13 design horror stories*.

Zomer 1982 bezoekt Peters een gereedschapmakerij in Noord-Italië die spuitgietmatrijzen in productie heeft voor een kinderzitje. De directeur van het Nederlandse bedrijf waarvoor het kinderzitje wordt gemaakt had hem al diverse keren gevraagd producten te bedenken die hij zou kunnen produceren op zijn pas aangeschafte maar nog onvoldoende bezette spuitgietmachines.

In het Italiaanse bedrijf ziet Peters ergens in een hoek een deel van een reiskoffer liggen, de halfafgemaakte spuitgietmatrijzen ernaast. De opdrachtgever was failliet, er werd niets meer mee gedaan, maar als Peters er iets mee kon dan ging hij zijn gang maar, zei de Italiaanse gereedschapmaker.

Terug in Nederland bespreekt hij dit met de opdrachtgever van de kinderzitjes. Deze onderhoudt zakelijke relaties met een sociale werkplaats, producent van onder andere vacuümgevormde koffers. Het toeval wil dat deze sociale werkplaats via een tussenpersoon contacten onderhoudt over een in Duitsland te leveren order voor tienduizenden kleine en grote koffers. Op basis van de gunstig te verkrijgen Italiaanse matrijzen worden de partijen het over de prijs snel eens.

DE KOFFERS ZIJN NOGAL GROOT...

Al gauw wordt echter duidelijk dat er veel meer aan het ontwerp van de koffer moet veranderen dan aanvankelijk gedacht. In de maanden daarna ontstaat een ontwerp- en constructiegevecht. Maar uiteindelijk komt er een ontwerp voor beide koffers waar iedereen gelukkig mee is.

Wel bemoeien zich steeds meer mensen met het project. De opdrachtgever die de kuststof schalen gaat spuitgieten, de sociale werkplaats die de inkoop van de fournituren, de montage en de levering verzorgt, de tussenpersoon van de Duitse afnemer, de afnemer zelf, en de Duitse slotenmaker en zijn Nederlandse agent. De Italiaanse gereedschapmaker ten slotte is blij dat de matrijzen niet als oudroest weg hoeven en hij belooft dat alles ruim voor kerst klaar zal zijn.

Maar als kerstmis nadert wordt het Wolfram Peters duidelijk dat dit niet gaat lukken. Er moet in Italië nog een proefserie worden gedraaid, maar de koffers zijn nogal groot en het is vrijwel onmogelijk productiecapaciteit te vinden op een machine die daar zwaar genoeg voor is. Toch lukt het hem om tussen Kerst en oudejaarsdag in een dorp in Noord-Italië een proefserie te produceren.

Bij de echte productie in Nederland gaat vervolgens een klein detail uit het kofferontwerp een vervelende rol spelen. Voor- en achterschaal worden in dezelfde matrijs geproduceerd. Het ontwerp is zodanig dat de kofferhelften spiegelsymmetrisch op elkaar passen, met uitzondering van het gebied waar de sloten komen. Met stalen wisseldelen kunnen echter zowel de voor- als achterschaal in dezelfde matrijs worden gefabriceerd. Eén à twee maal per etmaal wordt er gewisseld: eerst worden 500–1000 voorschalen geproduceerd, daarna evenveel achterschalen.

In Italië worden bij de proefproductie met korte tussenpozen voor- en achterschalen geproduceerd en direct gemonteerd tot een hele koffer. De koffer sluit goed en gaat gemakkelijk open en dicht.

Bij separate serieproductie van de delen in Nederland blijkt de krimp in de kofferschalen zo groot dat ze bij montage na een paar dagen niet meer op elkaar passen. Dus: matrijzen weer in de vrachtwagen en als de bliksem naar Italië om ze aan te passen. Dat kost ongeveer twee weken. In de tussentijd worden voor de zekerheid ook nog houten leesten gebouwd om de schalen, als ze warm uit de machine komen, op af te laten koelen. Alles is op tijd weer terug en wordt alsnog de productie en montage opgestart. Het ziet er naar uit dat het gaat lukken.

Tachtigduizend koffers, dat is minimaal 180 dagen productie, dag en nacht werken, dag en nacht vrachtwagens heen en weer laten rijden tussen de fabriek waar de delen worden spuitgegoten en de sociale werkplaats waar de montage plaatsvindt. Maar vooral op zaterdag en zondag loopt de productie niet zoals zou moeten. De machines komen zelfs stil te liggen. Er zijn te weinig transportverpakkingen en te weinig vrachtwagens. De volumineuze kunststof schalen stapelen zich op, overal in de fabriek liggen kofferdelen. Met veel moeite lukt het de logistieke afhandeling op orde te brengen.

Enkele weken na uitlevering komen er klachten over de sloten. Voor Peters onbegrijpelijk, ze zijn toch van degelijke Duitse kwaliteit? Dan blijkt dat de Nederlandse agent van het Duitse slotenmerk niet met de order terug is gegaan naar de fabrikant die hij vertegenwoordigt, maar het slot in Taiwan heeft laten namaken. Op zich knap gedaan, want er zijn geen verschillen opgevallen. Alleen de kwaliteit is niet gelijk: probleempje met de legeringen, met breuk als gevolg. Duizenden sloten moeten worden omgewisseld.

Uiteindelijk blijkt de koffer jarenlang een groot succes op de Nederlandse en Duitse markt. Op de lopende band van Schiphol komen ze nog regelmatig voorbij.

OP HET LAATSTE MOMENT

Als al die gestroomlijnde auto's in de showrooms, en al die glanzende audio- en videoapparaten en flitsende PC's in de vitrines van de elektronica- en computerwinkels staan te blinken, lijkt het misschien alsof ontwerp en productie gladjes zijn verlopen. Soms is dat ook zo. In grote, gevestigde en al lang bestaande bedrijfstakken – dat geldt bijvoorbeeld met name voor de auto-, kapitaalgoederen en consumentenelektronica-industrie – wordt planmatig en georganiseerd gewerkt. Maar in jonge snelgroeiende bedrijfjes die nieuwe technieken exploiteren is de sfeer veel informeler en wordt er meer geïmproviseerd. Hetzelfde geldt in meerdere of mindere mate voor eenmalige projecten. De mee- en tegenvallers die zich voordoen bij ontwerp en productie van een *low tech* koffer, kunnen zich ook voordoen bij elk ander voorwerp. Men zou misschien verwachten dat de ontwikkeling van rationele apparaten ook rationeel wordt gepland en uitgevoerd, maar de werkelijkheid is soms anders.

Dat is nooit beter en uitgebreider beschreven dan door de Amerikaanse journalist Tracy Kidder in zijn boek *The soul of a new machine*, waarvoor hij in 1982 de Pulitzer-prijs voor non-fictie kreeg. Hij beschrijft daarin ontwerp en ontwikkeling van een nieuwe minicomputer bij het inmiddels al lang ter ziele zijnde Data General. Acht maanden lang volgt hij een team van dertig ontwerpers, die bezig zijn met de bouw van de *Eagle*, een 32-bits minicomputer. Kidder beschrijft de krankzinnige toestanden die ontstaan als deze computer in een recordtijd van één jaar moet worden ontworpen, omdat anders het voortbestaan van Data General in gevaar komt. Concurrent en marktleider Digital Equipment (bestaat ook niet meer) heeft namelijk al een dergelijke computer op de markt. De *Hardyboys* (de ontwerpers van de hardware) en de *Microkids* (verantwoordelijk voor de software) stellen hun leven in dienst van de nieuwe computer en leggen zo inderdaad hun ziel in de machine.

Maar vraag niet hoe dat gaat. Kidder laat de chaos vooral goed uitkomen als in een vergevorderd stadium van het project nog een essentieel stuk software (de *microcode*: het interne programma van de machine) moet worden geschreven. Dat moet worden gedaan door Carl Alsing, de chef van de Microkids. Er is dan nog maar twee maanden tijd om dat werk tot een goed einde te brengen. Maar Alsing laat het, als hij daarop weinig zachtzinnig wordt aangesproken door projectleider Tom West, eerst nog eens een paar weken op zijn beloop voordat hij er aan begint. Hij is dan gedwongen om in enkele weken, waarin hij praktisch dag en nacht doorwerkt, dat stuk microcode te schrijven.

Kidder noemt in zijn boek meer voorbeelden waaruit elke keer weer blijkt dat de ontwerpers hun werk pas op het laatste moment beginnen, als ze het echt niet langer kunnen uitstellen, en dan als een bezetene doorwerken. Ze lummelen maar wat aan, stellen hun werk uit, en zetten op het laatste moment alles op alles waarbij ze de hele wereld om zich heen vergeten. Uiteraard komt dit de kwaliteit van hun werk niet ten goede, maar ze komen er mee weg.

Elk product draagt de sporen van zijn ontwerper. Dat geldt ook voor minder 'zichtbare' producten zoals bijvoorbeeld de microprocessor, het hart van elke personal computer. Gene Hill, in de jaren tachtig topontwerper bij Intel, heeft daar wel eens een boekje over opengedaan (*Intermediair*, 7/6/85). Hill werkte destijds bij chipsfabrikant Intel in Santa Clara, Californië. Hij heeft eerst deel uitgemaakt van het ontwerpteam van de 80286, het hart van de eerste IBM-PC, en leidde midden jaren tachtig het project voor Intels eerste 32-bits microprocessor, de 80386.

Aan het ontwerp van die laatste chip is bijna vier jaar gewerkt door een team van 20 á 25 mensen met zeer uiteenlopende deskundigheden: circuitontwerpers, systeemanalisten, programmeurs, maar ook marketeers, en controllers die het budget bewaken. Elk teamlid is een autoriteit op zijn eigen terrein. Ieder ontwerpt vaak geheel in zijn eentje één van de vele circuits, die met elkaar de totale chip vormen. De kwaliteit van het ontwerp is dus in hoge mate afhankelijk van de inzichten en kennis van de individuele teamleden. 'Elke chip krijgt daardoor zijn eigen persoonlijkheid. Als je aan twee teams van ontwerpers dezelfde ontwerpdoelstellingen meegeeft, krijg je twee verschillende chips', zegt Hill.

Ontwerp en productie van een chip zijn goed vergelijkbaar met het schrijven en drukken van een boek. Het schrijven van het manuscript is een langdurig en moeizaam karwei, dat soms jaren duurt en duidelijk de sporen van de auteur draagt. Aan de stijl van schrijven herkennen deskundigen de auteur. Vergeleken daarmee is het drukken van het boek een veel beter beheerst proces, dat al veel verder geautomatiseerd is en nauwelijks meer sporen van een individuele drukker draagt.

IEDEREEN EEN VINGER IN DE PAP

Een personal computer herbergt tientallen chips. Er worden in het binnenste van het apparaat uiteenlopende functies uitgevoerd: binnenkomende gegevens (bijvoorbeeld van het toetsenbord) moeten in bruikbare signalen omgezet, het beeldscherm moet worden aangestuurd, gegevens dienen onthouden te worden, daarmee worden dan ook bewerkingen uitgevoerd (optellen, aftrekken, vermenigvuldigen en delen van getallen), en het verkeer van signalen moet worden geregeld. Om ervoor te zorgen dat al die gelijktijdige activiteiten en signalen niet in een onoverzichtelijke chaos ontaarden, is een 'klok' ingebouwd.

Uit al deze functies, die allemaal op verschillende niveaus kunnen worden uitgevoerd, moet de computerbouwer een keus maken, die uiteindelijk zijn weerslag heeft op de specifieke onderdelen die hij in zijn apparaat inbouwt. Hij bepaalt daarmee het gezicht van zijn machine en uiteindelijk dat van zijn bedrijf. De meest fundamentele keuze die hij moet maken is die voor de microprocessor, de programmeerbare chip die alles in de computer bestiert en bestuurt en die het hart van de machine vormt.

Welke functies wèl en welke niet op een en hetzelfde flintertje silicium zullen worden geïntegreerd, is een kwestie van afwegen en kiezen, want de ruimte is uiterst beperkt. Talloze beslissingen over diverse zaken leiden tot duizenden compromissen die uiteindelijk op enkele tientallen vierkante millimeters silicium hun neerslag vinden: wat heeft de klant over vijf jaar nodig, hoe moet het ding eruit zien, wat moet hij kunnen, waar moet hij passen, wat mag hij kosten?

Het ontwerpen van een microprocessor is meer dan één man kan behappen. Er is een hele ploeg ontwerpers van diverse pluimage nodig om op al deze vragen passende antwoorden te bedenken. 'Als je een beetje controversieel en voor het bedrijf essentieel product aan het voorbereiden bent', vertelt een circuitontwerper van Intel grijnzend, 'wil iedereen een vinger in de pap. De discussies in onze projectgroep kon je aan de andere kant van het gebouw horen: er werd geschreeuwd en met vuisten op tafel geslagen'.

Uiteindelijk levert al dat geschreeuw een concreet voorstel op, honderden pagina's dik, waarin alle eisen en wensen zo gespecificeerd mogelijk staan weergegeven. Maar voor het zover is, hebben al vele duizenden andere pagina's hun weg naar de prullenmand gevonden. 'Voor de 386 hebben we heel wat uitvoeringen verzonnen en weer verworpen', verzucht projectleider Hill.

Op basis van de 'verlanglijst' wordt vervolgens begonnen met het daadwerkelijke ontwerp. *Logic designers* maken op hun beeldschermen een eerste schets van de diverse onderdelen en de ruimte die ze op de chip denken nodig te hebben. 'Het is een tijd van landjepik spelen', zegt

Hill, 'oppervlak is zo belangrijk dat je voortdurend ruzie krijgt over het territorium dat iedere functie in beslag mag nemen.'

Het lag eerst in de bedoeling ook de klokfunctie op de 386 te integreren, maar door nijpende ruimteproblemen is uiteindelijk met pijn in het hart besloten die niet mee te nemen. De klok kwam op een andere chip.

De Apple I

Bij Apple, de uitvinder van de personal computer, is het er nog wilder aan toe gegaan met de keus van de microprocessoren voor de Apple II en de MacIntosh. De eerste Apple is gebouwd in een garage. Stephen Wozniak kreeg van een collega-hobbyist een doos vol onderdelen die konden werken met de net verschenen 6502-microprocessor van Mostek. Toen die maar twintig dollar bleek te kosten, schafte Wozniak er een handjevol van aan en toog er mee aan het werk. Dat resulteerde in 1975 in de Apple I, meer een bord vol onderdelen en draden dan een computer. De verbeterde versie die kort daarna in 1976 verscheen – de Apple II – was de eerste echte personal computer, toen nog microcomputer genoemd.

Met de MacIntosh beoogde Apple begin jaren tachtig niets meer of minder dan een nieuwe 'personal computerrevolutie'. De Mac is voortgekomen uit Apples' Lisa, die weer is gebaseerd op technologie die in de jaren zeventig in het beroemde laboratorium van Xerox in Palo Alto, Californië, is ontwikkeld. De Lisa werd geprezen om zijn technologie (de gebruikersvriendelijke *user interface* met de muis), maar Apple begreep zelf nog eerder dan de markt dat de Lisa te groot en vooral te duur was.

Het volgende doel werd toen een computer te ontwerpen die de sterke punten van de II en de Lisa combineerde. Omdat de muistechnologie alleen is te realiseren met een geavanceerde microprocessor, viel de 6502 van Mostek af, en werd gekozen voor de 68000 van Motorola, die een dergelijk karwei wel aan kon.

Maar het had net zo goed ook een andere geavanceerde processor kunnen zijn. Mike Murray, toen marketing director van Apples MacIntoshdivisie, zegt daarover (*Intermediair,* 7/6/85): 'De keuze voor die chip is erg arbitrair geweest. Toen Apple begon met het ontwerp van Lisa, was dit bedrijf nog maar twee jaar oud. De industrie was nog zeer onvolwassen. We hadden toen ook nog geen afdeling productplanning.'

'Ik geloof dat het zo is gegaan, dat er op een feestje in de zomer van 1980 om te vieren dat er van de Aple II voor het eerst meer dan tienduizend exemplaren in één maand waren verkocht, een groepje mensen bij elkaar stond en zei: laten we eens naar die nieuwe 68000 kijken en zien wat we er mee kunnen doen.'

'Als we in die tijd wel eens met mensen van andere bedrijven praatten, verwonderde iedereen zich over de amateuristische manier waarop er overal werd gewerkt: "Doen jullie dat zó? Hoe is het mogelijk dat er nog iets uit de fabriek komt!" Als we op die tijd terugkijken lopen ons de koude rillingen over de rug. Maar die manier van werken is ook heel creatief, het is zowel de kracht als de zwakte van jonge bedrijven.'

NIET MEER DAN EEN SCHETSONTWERP

Tijdsdruk speelde ook een grote rol bij ontwerp en bouw van het Millennium Wheel. Het Nederlandse staalconstructiebedrijf Hollandia, van de familie Lubbers, werd er door de oorspronkelijke aannemer, Mitsubishi, bij betrokken toen er nog veertien maanden te gaan was tot de officiële openingsdatum – 1 januari 2000 – van *London Eye*, aan de oever van de Theems. Projectleider ir. J. Berenbak van Hollandia zegt hierover (*Technisch Weekblad*, 14/3/2000): 'We hadden niet meer dan een schetsontwerp en een aantal berekeningen. De vraag was: kunnen jullie in veertien maanden een dergelijk project op de bouwplaats hebben liggen? We hebben hier nooit meer over gezegd dan: we zullen het proberen.'

Berenbak beschrijft de inspanningen die gedaan moesten worden om de constructie van het wiel alleen al op papier rond te krijgen. Mercon in Gorinchem had de fabriekscapaciteit, ingenieursbureau IV-Consult bleek beschikbaar voor de sterkteberekeningen en Bureau Croese kon zich bezig houden met de aandrijving.

'Aan de hand van de Japanse tekeningen hebben we meteen materiaal besteld: gietstaal bij Skoda, kabels in Italië, lagers in Duitsland. Of de Japanse gegevens klopten, wisten we toen nog niet, maar we konden niet langer wachten.'
'Ondertussen zijn we zelf gaan ontwerpen en rekenen; kijken of alles klopte. Naar Nederlands inzicht klopte het. Voor Allot & Lomax, de certificerende instelling in het Verenigd Koninkrijk, was dat goed ge-

noeg. Precedenten voor zo'n project zijn er niet. Met hen was dus de afspraak: we doen het naar de eisen van goed vakmanschap.' Dat betekent: zwaarder construeren dan strikt noodzakelijk. Het uitgangspunt bij elke constructieve beslissing was: laten we het zo maar doen, dan is het in ieder geval goed. Berenbak: 'Wat we uiteindelijk hebben geleverd, gaat nog boven die eisen uit. Ze zijn meer dan tevreden.'

Er deden zich nog aanloopmoeilijkheden voor met het in verticale stand brengen van het wiel; de hulpkabels schoten los omdat de tolerantie van de bevestigingsconstructie te krap was bemeten. Dat kreeg ruime publiciteit omdat British Airways, eigenaar van *London Eye*, veel spektakel had beloofd. De eerste omwentelingen op oudejaarsavond 1999 gingen de mist in omdat de ophanging van de glazen cabines niet deugde; maar dat was de verantwoordelijkheid van het Franse bedrijf Pomona. Maar eenmaal in bedrijf bleek 's wereld grootste reuzenrad – 135 meter hoog, omtrek 424 meter, kosten 70 miljoen pond – een doorslaand succes.

Elk product draagt de sporen van zijn ontwerper. Bekende gebouwen worden herkend aan de architect: Berlage, Piano. Hetzelfde geldt voor auto's, zeker in de duurdere klasse: een Porsche valt op door bepaalde karakteristieken van de carrosserie, een Mercedes ook. Goedkope auto's hebben vaak een meer anonieme uitstraling, ze zijn ontworpen door fabrieksteams.

Een fraai staaltje bedrijfsfilosofie betreffende wat je als bedrijf wel en niet doet, wat je wel en niet in ontwikkeling neemt en gaat produceren, geeft *chief executive officer* Helmut Panke van BMW in een interview met het *Financieele Dagblad* (21/10/04). Panke zegt dat hij nooit de concurrentie in de massamarkt zal aangaan met goedkope modellen. BMW bouwt geen goedkope auto's. BMW richt zich uitsluitend op het *premium* segment van de markt. 'Wij beloven meer en we leveren meer. En daarom zijn we duurder.'

Op de vraag van de verslaggever van het *FD* waar hij met BMW naar toe wil, zegt Panke: 'Er zijn heel veel mogelijkheden en uitdagingen. Maar het is één van de grootste uitdagingen om nee te zeggen. Als je iets doet, moet je er zeker van zijn dat het past in je lange termijn strategie. Die strategie is dat wij altijd als stand-alone in het premiumsegment van de markt zullen blijven opereren. Daarvoor hebben we drie merken: Mini, BMW en Rolls-Royce. Dat is genoeg. Meer merken hebben we niet nodig. Ik voorzie ook niet dat we een merk zullen kopen. Althans niet de komende vijftien jaar.'

Mist BMW geen supersportief prestigemerk in zijn portefeuille, vraagt de *FD*-journalist. Een auto waarmee BMW de concurrentie aan zou kunnen met een Ferrari Enzo? Panke: 'We hebben er meerdere keren over gedacht. We hebben besloten het niet te doen. Mochten we het willen dan kan het met BMW. BMW heeft genoeg DNA voor zo'n supersportief model.'

LAATBLOEIER

BMW is altijd een laatbloeier geweest, constateert Panke. BMW kwam pas vrij laat met een suv, de X5, een sportieve terreinwagen. 'En op dit moment', zegt Panke, 'zeggen we nee tegen de mini-van. Net als toen met de suv's, komen alle autofabrikanten nu met een mini-van. De klant wil meer flexibiliteit, meer functionaliteit. Wij worstelen met een beslissing daarover. Want als wij met een mini-van komen, moet het wel een auto zijn die voelt als een BMW. Daar zijn we nog niet uit.'

En de 1-serie, de kleinste BMW, eind 2004 gelanceerd. Was dat geen moeilijke beslissing? Panke: 'Nee, want de 1-serie is op zich geen goedkope auto. De prijs, vergeleken met die van andere auto's van 4,23 meter lang, is hoog. Omdat de 1-serie een authentieke BMW is. Het kopen van een BMW is geen rationele beslissing, maar het gevoel dat je met een emotioneel doel beloond wilt worden. Boven op alle gebruikelijke eisen die je aan een auto mag stellen, moeten wij emotionele aantrekkingskracht leveren.'

Dat het er allesbehalve rationeel en planmatig aan toe ging bij Data General is juist wat schrijver Tracy Kidder aantrekt in het ontwerpteam van de Eagle, de nieuwe 32-bits minicomputer (*Intermediair*, 14/5/82). Dit 'project speelde zich voortdurend af in een crisissfeer. De tijdsdruk was afschuwelijk.'

Hij denkt echter dat het er elders in de industrie anders aan toe gaat. Waarschijnlijk is dat juist. De informele sfeer met veel improvisatie geldt vooral voor jonge, snel groeiende bedrijfjes met nog weinig organisatie en hiërarchie, in pas van de grond gekomen bedrijfstakken. In gevestigde bedrijven in oudere sectoren - bijvoorbeeld in een autofabriek - gaat het er geordender aan toe. Maar het zijn eerder graduele dan principiële verschillen.

Een ontwerpteam functioneert niet veel anders dan een voetbalploeg, of een Tweede Kamerfractie. Soms gebeurt dat heel effectief, maar vaker wordt er maar wat aan gerommeld. Ontwerpteams worden regelmatig overvallen door grillen van topmanagers, die maandenlang wikken en wegen over het vullen van een opduikend gat in de markt, of die emplooi zoeken voor overbodig personeel, of die de productiecapaciteit van onderbezette machines beter willen benutten, en dan liefst van de ene dag op de andere een kant-en-klaar nieuw product willen zien.

Het is echter lastig om bij elk individueel product de vinger achter dat soort processen te krijgen. Als bedrijven al iets naar buiten brengen zijn het gestileerde verhalen, waarin elke nieuwe stap logisch volgt op de vorige, waarin eendrachtig wordt samengewerkt, en waarin de bedrijfsleiding tijdig rationele en weloverwogen beslissingen neemt.

Het is zoals Tracy Kidder zegt: 'Bedrijven laten er nauwelijks iets over los hoe dergelijke processen zich afspelen. Zo'n ontwerp- en ontwikkelingsproces is de hoeksteen van elk bedrijf. Er moet voldoende vertrouwen zijn dat dit iedere keer weer tot een goed einde wordt gebracht.'

Intermezzo

Innoveren, niet bij R&D alléén

'R&D levert opties voor innovaties', zeggen ze bij Philips Research. R&D, research & development (onderzoek en ontwikkeling), vormt inderdaad nog maar het begin van een lang traject dat moet leiden tot een innovatie: het met succes op de markt brengen van iets nieuws. Maar R&D is zeker niet de enige weg naar technologische vernieuwing.

Managementgoeroe Peter Drucker (inmiddels 95) stelt in zijn boek *Innovation and Entrepreneurship* dat bedrijven op nog zes andere manieren kunnen worden aangezet tot innoveren. Het meest voorkomend is dat innovaties hun basis vinden in bestaande beperkingen. Met GSM bijvoorbeeld kunnen geen bewegende beelden worden overgeseind, met de nieuwe generatie UMTS-toestellen kan dat wel. Innovaties kunnen ook worden ingeluid door onverwachte gebeurtenissen. Zo heeft 9/11 geleid tot gepantserde vliegtuigdeuren. Het verschil tussen verwachting en werkelijkheid heeft er voor gezorgd dat er toch maar weer toegangspoortjes in de tram zijn gekomen. Onverwachte veranderingen in de structuur van industrieën en markten kunnen oorzaak zijn van technologische vernieuwing. Gezinsverdunning is zo'n verandering, die leidt tot aanbod van eenpersoonsmaaltijden. Wijzigingen in de demografie leiden tot producten en diensten van en voor allochtonen. Veranderingen in perceptie bij het publiek (het doorgeschoten individualisme) kunnen ook de oorzaak zijn van technische veranderingen.

De rol van R&D is overigens groter dan Drucker het hier voorstelt. Want ook als maatschappelijke ontwikkelingen tot nieuwe techniek leiden, zal er onderzocht en ontwikkeld moeten worden. Gepantserde vliegtuigdeuren zullen op zijn minst moeten worden getest op kogelwerendheid.

Nederland besteedt jaarlijks ongeveer twee procent van het bruto binnenlands product (BNP) aan R&D. Dat komt neer op ongeveer tien miljard euro, gelijkelijk verdeeld over overheid en commerciele sector. Omdat een tiental andere westerse industrielanden meer uitgeeft aan R&D, tot wel 3 à 3,5 procent van het BNP, vindt men in beleidskringen dat Nederland ook meer aan R&D moet besteden. Europese regeringsleiders zijn in 2002 in Lissabon overeengekomen (dit heet daarom de 'Lissabon-doelstelling') dat dit per EU-land minstens drie procent zou moeten zijn. Van uitvoering van die doelstelling is tot nu toe door politieke nalatigheid – men doet niet wat men zegt – en ook door geldgebrek weinig van terechtgekomen.

Maar het vergelijken van landen voor wat betreft hun R&D-uitgaven is niet zo zinvol. Nationale R&D-bestedingen, zeker die in de commerciële sector, hangen sterk samen met de structuur van de economie. Nederland heeft relatief weinig industrie en een grote dienstensector, en het bedrijfsleven hier is kleinschaliger dan in grote landen. Dienstenbedrijven doen weinig aan R&D, en kleine bedrijven doen er minder aan dan grote.

R&D hangt vooral samen met de industrie. In Nederland komt ruim tachtig procent van de R&D-uitgaven in de commerciële sector voor rekening van de industrie. Landen met meer industrie dan Nederland, bijvoorbeeld Duitsland, zullen dus automatisch meer aan R&D uitgeven. En de farmaceutische industrie vraagt weer meer R&D dan bijvoorbeeld de olie-industrie.

Die twee procent van het BNP die wij aan R&D besteden, hoort waarschijnlijk bij Nederland. Het is vergelijkbaar met hogere bestedingen in andere westerse, meer geïndustrialiseerde landen, of landen met een meer R&D-intensieve industrie.

Beleidsambtenaren, consultants en hoogleraren stellen het nog wel eens voor alsof bedrijven alleen kunnen innoveren als ze aan R&D doen. Daar zijn er echter niet zoveel van: slechts 12.000 van de ongeveer 350.000 ondernemingen die ons land telt, doen iets aan R&D. En van die 12.000 geven er slechts een dikke vijftig meer dan een miljoen euro per jaar aan uit. Philips is veruit koploper met alleen al in ons land jaarlijkse bestedingen van ongeveer een miljard euro aan onderzoek en ontwikkeling.

Voor productiebedrijven die aan het front van de technologie opereren en aan scherpe internationale concurrentie onderhevig zijn, is het noodzakelijk zelf R&D te doen. ASML, fabrikant van wafersteppers (zie hoofdstuk 7), en FEI Company, producent van elektronenmicroscopen, kunnen niet bestaan als ze niet voortdurend nieuwe technieken toepassen. Zelfontwikkelde techniek, maar ook techniek ingekocht bij derden.

Dergelijke bedrijven stemmen hun R&D-inspanning af op die van concurrenten. De R&D-uitgaven van Philips liggen als percentage van de omzet dan ook op hetzelfde niveau als die van Sony. Datzelfde geldt voor Shell ten opzichte van Exxon/Mobil, en DSM tegenover Dow Chemical. Océ kan zich in dit opzicht meten met Xerox.

Bedrijven kunnen ook technisch vernieuwen door samen te werken met kennis- en onderzoeksinstellingen. Helaas: slechts zeven procent van de Nederlandse bedrijven heeft contacten met universiteiten en andere kennisinstituten. In Finland en ons omringende landen ligt dit percentage hoger. Vaak wordt het Nederlandse bedrijven verweten dat ze deze mogelijkheden onvoldoende benutten. Maar het kan natuurlijk ook zijn dat de aangeboden kennis niet geschikt of te duur is.

Ook adviezen van consultants kunnen tot innovaties leiden. Maar Syntens, innovatie-adviseur voor het MKB, heeft in 2002 aan slechts 18.500 bedrijven technische voorlichting gegeven, ruim vijf procent van de doelgroep. Laten we voor het gemak aannemen dat nog eens zo'n aantal bedrijven contacten heeft met andere, meer commerciële consultants zoals ingenieurs- en automatiseringsbureaus en management consultancies

Alles opgeteld zijn zo'n twintig procent van alle bedrijven actief in de weer met verwerven van nieuwe kennis om te kunnen innoveren. Daaruit wordt vaak geconcludeerd – maar dat is ten onrechte - dat die andere tachtig procent niét innoveert.

Vrijwel alle bedrijven vernieuwen, dat is ondernemers eigen, of ze nu wel of niet aan R&D doen, wel of niet onderzoek uitbesteden bij kennisinstellingen, wel of niet contact hebben met consultants. De dienstensector vernieuwt ook, maar vaak meer markt- en softwaregedreven. Nieuwe hypotheek- en spaarvormen komen tot stand door *financial engineering*, door slim naar wetgeving en de wensen van hypotheeknemers te kijken. Soms, maar lang niet altijd, gaat daar marktonderzoek aan vooraf.

Het midden- en kleinbedrijf (MKB) innoveert meestal door goed naar de markt te kijken, door beter opgeleid personeel aan te nemen dat vervolgens ogen en oren open houdt, of door te investeren in geavanceerde apparatuur. Er is echter heel weinig oog voor deze alledaagse vorm van vernieuwen.

Bekkers Kraanbouw in Sint-Oedenrode bouwde tot in de jaren zeventig elektrisch-mechanische hijsinstallaties. In de jaren tachtig nam oprichter ing. Martien Bekkers een elektrotechnicus in dienst. Daardoor kon zijn bedrijf zich de techniek van de programmable logic controllers (PLC's) eigen maken, waardoor meer verfijnde elektronische kraanbesturing mogelijk werd. Eén van zijn zonen, ook een HTS-er, heeft na zijn afstuderen in de jaren negentig het ontwerpen met de computer in het bedrijf geïntroduceerd. In de werkplaats staat sinds enkele jaren een computergestuurde lasersnijmachine. Het veertien man tellende bedrijf heeft de afgelopen jaren geen last gehad van de recessie. 'We zitten ongekend goed in het werk', aldus Martien Bekkers.

Jan van de Panne uit Alphen a/d Rijn, zelfstandig ontwerper van elektronische schakelingen, en zijn broer Peter, met een achtergrond in de muziekhandel, hebben geïnnoveerd door hun competenties samen te voegen. Ze hebben een muziekcomputer ontwikkeld, een geavanceerde versie van de aloude jukebox, met drieduizend nummers op de harde schijf. Gebruikers kunnen muziekprogramma's kiezen op basis van artiesten, genre, of jaar van verschijnen. Van de Panne kan in zijn kantoor de verkochte apparatuur via de telefoon monitoren. Ook stuurt hij via een ISDN- of ADSL-verbinding nieuwe muziek naar de harde schijf bij de klant. De 'Mariachi' doet het goed in de horeca.

Martien Bekkers en Jan van de Panne kloppen nooit aan bij kennisinstituten en innovatiecentra. Ze doen ook geen beroep op R&D- en
innovatiesubsidies. Ze lossen de problemen met product- en pro-
ductievernieuwing zelf op. De manier waarop Bekkers en Van de
Panne innoveren is in het bedrijfsleven aan de orde van de dag.

Het vakgebied van de innovatiewetenschappen heeft zich de afgelopen twintig jaar sterk ontwikkeld, zegt Ruud Smits, hoogleraar
technologie en innovatie aan de Universiteit Utrecht (*De Ingenieur*,
19/11/04). De eerste fase is ongeveer 25 jaar geleden begonnen.
Dat was in de tijd van de ondergang van het RSV-scheepsbouwcon-
cern. Smits: 'Het kabinet Den Uyl had geprobeerd oude sectoren
van de economie met staatssteun overeind te houden. Dat ging niet
meer, het moest anders.'
    'In die eerste fase was de gedachte: als we maar genoeg geld
in onderzoek stoppen, dan gaat het vanzelf verder. Dat bleek een
misvatting. Het onderzoek bleek weliswaar prima, maar de resultaten stroomden niet door naar het bedrijfsleven.'
    'In de tweede fase zijn toen onder meer innovatiecentra opge-
richt en werd gezorgd voor een betere aansluiting tussen onderwijs
en arbeidsmarkt. Dat bleek nog steeds niet goed te functioneren,
dus gingen we in de derde fase vraaggeoriënteerd werken [niet langer de wetenschappers bepalen wat er onderzocht moet worden,
maar hun klanten: de bedrijven; HT]. Dat is het punt waar we nu
ongeveer zijn.'
    Smits ziet een groot verschil tussen innovatie- en R&D-beleid.
Het laatste is duur, maar het eerste hoeft helemaal niet zoveel te
kosten. Bij innovatiebeleid gaat het vooral om het bouwen van netwerken, helpen ontwikkelen van visies, opheffen van belemmeringen en toedienen van impulsen.
    Voor bedrijven gaat het niet zozeer om het genereren als wel
om het exploiteren van kennis. Smits: 'Dat hoeft helemaal geen
nieuwe kennis te zijn, laat staan dat die in Nederland moet zijn
ontwikkeld. Als je maar een goede manier bedenkt om er gebruik
van te maken.'
    'Innovatie wordt niet gedreven door mensen zoals Albert
Einstein en Max Planck, maar door types zoals Bill Gates en John
de Mol, personen die vanuit de vraag redeneren en marktmoge-
lijkheden zien. Een groot, mondiaal succes als Big Brother – wat je
daar verder ook van mag vinden – zie je niet terug in de R&D-sta-

tistieken. Big Brother was trouwens niet mogelijk geweest zonder de revolutie in de ICT.'
Ook het traditioneel technologiegedreven Philips gaat steeds meer de kant op van marktgedreven innovaties, die in samenwerking met partners worden uitgevoerd. Daarvoor is vaak wel enig technisch ontwikkelingswerk nodig – techniek moet voor een specifieke toepassing worden aangepast – maar geen geheel nieuwe techniek.

Samen met Douwe Egberts heeft Philips het zo succesvolle Senseo-koffiezetapparaat ontwikkeld, en met Nivea het Coolskin-scheerapparaat. Samen met Nike wil Philips sportkleding met ingebouwde elektronische gadgets op de markt brengen. Anderen hebben de kunst inmiddels afgekeken. Heineken heeft samen met Krups een thuistap, de Beertender, op de markt gebracht.

R&D is noodzakelijk voor bedrijven die op de *cutting edge* van de technologie opereren, maar de totale nationale uitgaven voor onderzoek en ontwikkeling zeggen weinig over de innovatiekracht van het bedrijfsleven. Dat geldt zeker in een samenleving die de-industrialiseert en al voor het grootste deel een diensteneconomie is. In zo'n maatschappij moet, om innovatiekracht te meten, naast de uitgaven voor R&D ook gekeken worden naar bestedingen aan onderwijs, marketing, informatietechniek, productie-apparatuur, design, organisatie-ontwikkeling, en om-, her- en bijscholing. Dat besef leeft inmiddels breed, maar internationaal vergelijkbare cijfers zijn er nauwelijks.

Hoofdstuk 6

Het saldo van techniek en werkgelegenheid

Technische ontwikkeling kost werkgelegenheid, maar creëert ook nieuwe banen. Door mechanisering en automatisering zijn in de loop der jaren vele arbeidsplaatsen verdwenen. Maar uitvindingen zoals auto, telefoon, vliegtuig, televisie, wasmachine, stofzuiger en computer hebben ook veel nieuw werk opgeleverd.

Maatschappelijke factoren bepalen of het saldo positief of negatief is. Als er voldoende economische groei is, zal dat positief zijn. Als de economie stagneert, verdwijnen er banen. Bevolkingsgroei brengt ook banen met zich mee. Koopkracht en vrijheid van ondernemen zijn daarnaast van invloed op de stand van de werkgelegenheid. Doorslaggevend voor werkgelegenheidsgroei is vaak of bedrijven wel of niet concurrerend zijn.

Dit is de insteek van een artikel over technologie en werkgelegenheid, geschreven door onderzoeker Dimitris Kyriakou van het Institute for Prospective Technological Studies (IPTS, het Instituut voor Technologisch Aspecten Onderzoek) in Sevilla. Het IPTS is een onderzoeksinstelling van de Europese Commissie. Het artikel is gepubliceerd in het instituutsorgaan, *The IPTS Report*, april 2001.

Kyriakou: 'het hele maatschappelijke arrangement rond arbeid is veel belangrijker voor het niveau van werkgelegenheid dan de techniek. Het creëren of verdwijnen van banen heeft vooral te maken met vrijheid van de arbeids- en productmarkten, mogelijkheden om een eigen bedrijf op te zetten, rentestanden, tegemoetkomendheid van banken en financiële markten, en van training en opleiding. Die zaken zijn eerder bepalend dan de introductie van nieuwe technologie.'

Vaak wordt gezegd dat productinnovaties (mobieltjes, MP3-spelers) werk met zich mee brengen, terwijl door procesinnovaties banen verloren gaan. Als we ons tot Nederland beperken, geldt het eerste vooral indien we datgene wat kennelijk in trek is ook zelf maken. We kopen veel personenauto's en PC's, maar helaas worden die maar voor een klein deel in ons land geproduceerd. De ermee gepaard gaande werkgelegenheid is vooral te vinden in de detailhandel: garages en computerwinkels. Wel telt ons land een aantal bedrijven dat toelevert aan de auto-industrie, waaronder Koni (schokdempers) en Bosal (uitlaten).

Door procesinnovaties gaat inderdaad directe werkgelegenheid in fabrieken verloren, maar de schade kan beperkt blijven als we de machines die arbeid overbodig maken, hier ontwerpen en produceren. De werknemers moeten dan zo veel mogelijk omschakelen door machines te leren maken. Vaak kan dat pas na het opdoen van nieuwe kennis en vaardigheden. Die omschakeling is ook gaande. De net genoemde machines worden voor een deel in Nederland gemaakt. Ons land telt een machinebouwindustrie met 271.000 werknemers, die jaarlijks voor 84 miljard euro exporteert, onder andere naar China.

Perioden van overgang op en aanpassing aan nieuwe technologieen zijn meestal bezaaid met sociale spanningen. Voor degenen die er hun baan en inkomen door verliezen, heeft dat ingrijpende gevolgen. Onderzoeker Kyriakou van IPTS: 'Die effecten kunnen beperkt blijven als de groei snel verloopt, de markten flexibel zijn, er voldoende mogelijkheden zijn voor om-, her- en bijscholing, en als een deel van de voordelen van de nieuwe technologie ten deel valt aan degenen die er door zijn uitgeschakeld.'

Dit is tegenwoordig ook de insteek van de Nederlandse vakbeweging. Vertoonde ze in het verleden de neiging de technische ontwikkeling te willen bestrijden, door gebrek aan succes is ze daarvan terug gekomen. Tegenwoordig gaat het er vooral om degenen die door het voortschrijden van de techniek hun functie kwijtraken zo goed mogelijk te beschermen tegen de gevolgen, of ze zo snel mogelijk te helpen - bijvoorbeeld met een studie of cursus – om weer elders aan het werk te komen.

Kyriakou van het IPTS: 'Onderwijs is zonder twijfel de sleutelfactor als het gaat om het bereiken van een geleidelijke overgang van de oude toestand naar de nieuwe, waarin kansen voor nieuwe werkgelegenheid tot volle wasdom kunnen komen.'

BESPARING OP ARBEID

Het is heel menselijk om alles wat noodzakelijk gedaan moet worden steeds praktischer, beter, goedkoper en met minder inspanning te doen. Wie zijn tuin gaat spitten, gebruikt daarvoor geen lepel. Hij neemt een schop, groot genoeg om een flinke kluit aarde los te steken en om te gooien, gepaard gaand met een inspanning die gedurende langere tijd is vol te houden. Hij zal dus ook geen enorme schep kiezen, waarmee in één keer veel meer aarde kan worden verplaatst, maar die niet te hanteren valt. Al met al bespaart een goede technologie dus arbeid.

Over de mate waarin technische ontwikkeling arbeid bespaart, zijn gedetailleerde cijfers beschikbaar. Het Centraal Bureau voor de Statistiek (CBS) meet vanaf 1997 de arbeidsproductiviteit in toegevoegde waarde per werknemer. Die toegevoegde waarde voor de gehele nationale economie is tussen 1969 en 2003 met een factor 6,5 gestegen. Als de arbeidsproductiviteit voor de Nederlandse economie als geheel in 1990 op 100 wordt gesteld (volgens de maatstaf die vóór 1997 gold), dan is die gestegen van 61,6 in 1969 tot 108 in 1996. Een kleine verdubbeling in bijna dertig jaar. In de industrie is dat cijfer gestegen van 42,3 in 1969 naar 121,7 in 1997, bijna een verdrievoudiging. Voor de delfstoffenwinning gelden cijfers van 32,6 en 137,9, voor de agrarische sector is dat 31,7 respectievelijk 125,3. In de Duitse staalindustrie is de arbeidsproductiviteit gedurende de afgelopen honderd jaar zelfs een factor dertig gestegen. Stijging van de arbeidsproductiviteit is overigens niet alleen een kwestie van nieuwe techniek, maar ook van betere organisatie.

Interessante cijfers zijn ook beschikbaar over de aan-, afvoer en overslag van goederen in de Rotterdamse haven, en de daarmee gepaard gaande directe werkgelegenheid. Terwijl die aan-, afvoer en overslag van 1960 tot 2003 steeg van 83 naar 328 miljoen ton, is het aantal direct havengebonden arbeidsplaatsen in diezelfde tijd afgenomen van 99.000 tot 59.000. Dat betekent een vervijfvoudiging van de arbeidsproductiviteit in 34 jaar. Dat is het gevolg van de introductie van nieuwe technologieën (robotvoertuigen zoals 'straddle carriers'), verschijningsvormen van lading (containers), en een efficiëntere bedrijfsvoering.

Een deel van het werk dat vroeger in de haven werd gedaan, gebeurt nu elders. Het laden van schepen is voor een groot deel gemechaniseerd en geautomatiseerd. Containers worden nu geladen en gelost bij de bedrijven die goederen verzenden en ontvangen. Ook ontwerp en bouw van robotvoertuigen brengt werk met zich mee.

Door de jaren heen zijn bestaande beroepen verdwenen en nieuwe ontstaan. Nog in de jaren vijftig had elk dorp een hoefsmid, maar die is met de komst van de tractor snel verdwenen. Een slimme smid werd vervolgens tractorhersteller. De lantaarnopsteker is verdwenen, vervolgens kwamen er beroepsvoetballers en cameramensen.

Van meer recente datum is de decimering van het aantal boordwerktuigkundigen. Nog tot in de jaren tachtig had elk groter passagiersvliegtuig een werktuigkundige aan boord, die de piloten assisteerde bij bediening en bewaking van de machinerie. Maar met de computerisering van vliegtuig en cockpit werd zijn functie overbodig. De machine bewaakte zichzelf, en bovendien nam de betrouwbaarheid van motoren en instrumenten toe. Nu vliegen boordwerktuigkundigen – een functie op technisch HBO-niveau – alleen nog mee in oudere vliegtuigtypen zoals de B747 en de DC10.

De angst dat techniek werkgelegenheid kost is al heel oud. Al sinds het begin van de eerste industriële revolutie (±1800 in Engeland) maken mensen zich zorgen dat machines banen overbodig maken. Karl Marx wees in zijn levenswerk, *Das Kapital*, al op het arbeidsbesparende karakter van de technische ontwikkeling. Uiteindelijk zou dat volgens hem leiden tot de ondergang van het kapitalisme. In Engeland riep begin negentiende eeuw de eerste door stoom aangedreven boot van Fulton de wraak over zich af van veermannen, en Luddieten behandelden weefmachines als hun vijanden. In de jaren veertig van de vorige eeuw voorspelde computerpionier Norbert Wiener dat computers een crisis met zich mee zouden brengen erger dan de Grote Depressie van de jaren dertig.

NIEUWE BANEN

Maar technologie schept ook werkgelegenheid. Helaas zijn daar niet zulke precieze cijfers over bekend. Rond auto, vliegtuig, televisie en computer zijn de afgelopen eeuw wereldwijd vele tientallen miljoenen arbeidsplaatsen ontstaan, en het eind is nog niet in zicht.

Er zijn ook afgeleide effecten: omdat de TV zo populair is geworden, heeft zich een zeer omvangrijke amusementsindustrie kunnen ontwikkelen. Zonder TV was er nooit zo'n cultus rond topsport ontstaan, was er nooit zoveel geld voor beschikbaar gekomen. Steeds meer mensen vinden werk in de sport zelf en in de periferie van de sport. Door auto en vliegtuig heeft het toerisme een enorme vlucht genomen. Vakanties in andere werelddelen beginnen normaal te worden. Daardoor is in ons land een uitgebreide toeristische sector met veel werkgelegenheid ontstaan.

De technische ontwikkeling leidt ertoe dat laaggeschoold werk verdwijnt en dat er steeds meer banen ontstaan waarvoor een hogere opleiding noodzakelijk is. Voor ontwerp en productie van chips is nu eenmaal meer kennis nodig dan voor bewerken van het land. De ken-nisintensiteit van het werk neemt toe. Werk dat gekenmerkt wordt door lange reeksen simpele handelingen in een goed gedefinieerde omgeving, bijvoorbeeld het lopende bindwerk in een fabriek, is gemakkelijker te automatiseren dan arbeid waar veel variatie in zit of dat wordt uitge-voerd in een complexe omgeving (zoals schoonmaakwerk).

Onder invloed van dezelfde ontwikkeling verschuift werk van de ene sector naar de andere. Begin negentiende eeuw werkten de meeste Nederlanders in de agrarische sector. Door de industrialisatie na de uit-vinding van de stoommachine ontstond er veel werk in de industrie. Toen de rationalisatie daar begon toe te slaan, kwam er, mede door de uitvinding van elektriciteit en de computer, werk in de dienstensector. Nu vindt er verschuiving van werk plaats naar de vrije tijdsector en naar bedrijvigheid rond TV en sport.

Momenteel is wereldwijd de *games*-industrie in opkomst. Dergelijke videospellen zijn er in alle soorten en maten: van lief tot zeer gewelddadig. Avonturenspellen, voetbal, vechten, schieten, autoracen, alles is be-schikbaar. Enkele titels: Lara Croft, Fifa 2000, Mortal Combat, Doom, The Sims. Ze worden gespeeld op machines zoals Playstation 2, Xbox en Gamecube.

Heel voorzichtig komt er in Nederland ook bedrijvigheid op gang. De Nederlandse gamemarkt steeg van 2003 op 2004 met ruim 12% naar 187 miljoen euro. Guerilla, in 2000 gebouwd op de fundamen-ten van het in de internethype gesneuvelde Lost Boys, en Playlogic International in Amsterdam – de laatste met een *Games Factory* in Breda – zijn waarschijnlijk nationaal de twee grootste ontwikkelaars en uitgevers van videospellen. Guerilla heeft eind 2004 het schietspel *Killzone* op de markt gebracht, ontwikkeld in opdracht van Sony voor de Playstation 2. Het Britse designmagazine *Icon* betitelt Killzone als een 'moderne vaandeldrager van Nederlands cultuurgoed'.

Directeur Ontwikkeling Arjan Brussee (32) geeft ze groot gelijk (*Elsevier*, 23/10/04): 'Wat we doen is onmiskenbaar Hollands. Het ver-stedelijkte slagveld vol beton is kenmerkend voor een dichtbevolkt land. Alles draagt bij aan de consistente, beklemmende sfeer. De luchten in Killzone zijn grijs en grauw. Dat zou in het zonnige Australië of Silicon Valley anders zijn gedaan. Onze luchten komen van het kleurpalet dat oude Hollandse meesters als Ruysdaal gebruikten.'

Er is nu al een tekort aan ervaren spelontwikkelaars. Daarom heeft de Internationale Hogeschool in Breda inmiddels besloten een aparte HBO-studie voor game-ontwikkelaar op te zetten.

TECHNIEK MAAKT KAPITAAL VRIJ

De laatste twee eeuwen – de tijd na de industriële revolutie, die tot een echt nieuwe economie heeft geleid – hebben laten zien dat pessimisme over de werkgelegenheidsontwikkeling niet gerechtvaardigd is. In die tijd heeft de techniek zich op onvoorstelbare wijze ontwikkeld. Als arbeidsbesparing het enige effect was van technische vooruitgang, dan was sindsdien de werkgelegenheid gedecimeerd. Dat is overduidelijk niet gebeurd. Die enorme technische ontwikkeling is juist gepaard gegaan met toenemende inkomens voor de gehele bevolking, netto banengroei, en steeds minder werkuren.

Hoe kan dat? Econoom Arnold Heertje stelt in zijn studie *Economie en Technologische Ontwikkeling* (1973) dat er naast arbeidsbesparing nog een effect is: kapitaalbesparing. Technologie maakt zaken goedkoper. Iets wat eerst niet te betalen was, of heel duur, komt door een vondst of innovatie binnen het bereik van grote groepen. Volgens columnist Ed Lof van *HP/De Tijd* (24/8/2001) is voedsel nu relatief tien keer zo goedkoop als tweehonderd jaar geleden. Dat is ongetwijfeld mede te danken aan de mechanisatie van de landbouw en andere technische ontwikkelingen in de agrarische sector.

De afgelopen eeuw is dit bijvoorbeeld ook met de auto gebeurd. De uitvinding van de lopende band leidde tot een kostprijsverlaging die het ideaal van Henry Ford dichterbij bracht: elke arbeider zijn eigen auto. Vijftig jaar later sloot de Nederlandse sociaal-democratische politicus Joop den Uyl zich bij hem aan. Nog tot in de jaren zestig van de vorige eeuw werden auto's jaarlijks goedkoper. Toen mijn vader rond 1960 zijn eerste autootje kocht – een Fiat 600 – kostte deze iets meer dan vijfduizend gulden (2273 euro). Toen hij deze enkele jaren later inruilde voor een nieuwe 600, bedroeg de nieuwprijs ongeveer 4800 gulden (2182) euro.

Door dergelijke besparingen komt er geld vrij dat aan andere zaken kan worden besteed. Deze eigenschap van de technische ontwikkeling brengt nieuwe welvaart met zich mee, aldus onderzoeker Dimitris Kyriakou van het IPTS. Deze toegenomen welvaart leidt tot een brede verspreiding van auto's, TV's, en PC's over de bevolking, wat weer verhoogde investeringen met zich meebrengt, en een groei van het aantal werknemers in bedrijven om aan de toegenomen vraag tegemoet te komen.

Aan de daling van de autoprijzen is in de loop van de jaren zestig overigens een einde gekomen door hoge belastingen en stringente eisen voor wat betreft emissies, geluid, veiligheid en comfort. Dat bracht trouwens ook weer nieuwe banen met zich mee voor productie van drie-wegkatalysatoren, airbags en airconditioningapparatuur.

Duidelijke voorbeelden van sterke prijsdalingen als gevolg van technologische ontwikkelingen gedurende de laatste decennia zijn telecommunicatie, consumentenelektronica, (digitale) camera's, en vooral de computer. Voor ruim duizend euro heb je nu een rekenkracht op je bureau, waarvoor dertig jaar geleden een miljoen euro moest worden neergeteld. Bovendien bood de machine toen minder mogelijkheden (internet bestond nog niet), kon alleen door deskundigen worden bediend en nam een ruimte in beslag ter grootte van een klaslokaal.

Met de komst van het internet heeft deze ontwikkeling zich verder verdiept. Op basis van de steeds verder in de poriën van de samenleving doordringende informatietechnologie is een netwerkeconomie ontstaan. Of dit nu wel of niet synoniem is met de veel gebruikte term 'nieuwe economie', er is wel degelijk iets nieuws onder de zon, aldus econoom Arnold Heertje in een speciale uitgave van (de Nederlandstalige) *The Financial Analyst* (juli 2001), het blad van de Vereniging van Beleggingsanalisten. 'Het traditionele patroon van afzonderlijke markten, bedrijfstakken, regio's, wordt immers doorbroken door de netwerkeconomie. Die stelt mensen wereldwijd in staat om 24 uur per dag met elkaar contact te kunnen hebben.' Wat Heertje hier beschrijft kon in principe ook al via de telefoon, maar internet voegt daar extra mogelijkheden aan toe. Via dit gebruiksvriendelijke multimedianetwerk is het bijvoorbeeld heel gemakkelijk om databanken – van hotels, reisbureaus, maar ook de productencatalogus van een bedrijf – te raadplegen.

De economische betekenis hiervan komt tot uiting in een spectaculaire daling van de transactiekosten, waardoor een enorme verbreding en verdieping van transacties ontstaat, met als gevolg een sterke stimulans voor het zakendoen. Heertje: 'Transacties die tot voorkort niet eens in gedachten opkwamen, behoren nu tot de mogelijkheden en worden uitgevoerd. Als iemand vroeger bijvoorbeeld op donderdag bedacht in het weekeinde een voorstelling in New York te willen bezoeken, werd die gedachte vrijwel meteen verworpen omdat de uitvoering van dat plan met aanzienlijke transactiekosten gepaard zou gaan. Nu is via internet binnen een paar minuten vast te stellen welke voorstellingen er zijn, hoeveel plaatsen nog beschikbaar zijn, welk vliegtuig en welk hotel geboekt kunnen worden'.

GEAVANCEERDE TECHNOLOGIE LEIDT TOT HOGERE LONEN

Als de economie groeit, neemt de werkgelegenheid toe. Dat is een ervaringsgegeven dat voor alle westerse landen geldt. Perioden van snelle technische veranderingen of invoering op grote schaal van nieuwe technologieën (zoals stoommachine, elektriciteit, computer) gaan vaak gepaard met hoge economische groei en dus met een beduidende uitbreiding van het aantal banen. De Amerikaanse econoom Robert Solow (Nobelprijswinnaar 1987) concludeert uit onderzoek naar de factoren die economische groei veroorzaken, dat de technische ontwikkeling goed is geweest voor de helft van de groei die zich de eerste helft vorige eeuw in de vs heeft voorgedaan. De andere helft komt grotendeels voor rekening van de toename van de kapitaals- en arbeidsproductiviteit.

Onderzoekers vóór Solow namen de technische ontwikkeling mee als neutrale factor. Onderzoekers ná hem, die de invloed van de technische ontwikkeling dus wel in hun berekeningen verdisconteerden, komen uit op 28 tot 69 procent van de groei veroorzaakt door de technische ontwikkeling. Het verschil hangt af van hun invalshoek, de tijdsperiode die ze in ogenschouw nemen, en met name of ze kwalitatieve veranderingen in arbeid en financiering (andere organisatiewijzen, nieuwe financieringsvormen) wel of niet meerekenen.

De technologische vooruitgang luistert heel nauw naar economische ontwikkelingen. Als arbeid duur is, zal de technische ontwikkeling voor een belangrijk deel gericht zijn op vervanging van arbeid door machines. Als de overheid om allerlei goedbedoelde redenen arbeid extra duur maakt door deze te belasten, dan stimuleert ze de technische ontwikkeling in een richting die arbeid overbodig maakt.

De Nederlandse regering voert momenteel een beleid om lasten op arbeid langzamerhand te vervangen door lasten op milieuvervuiling. Als dit voldoende doorzet zal het tempo waarin arbeid wordt vervangen door machines enigszins afnemen en zal er meer worden geïnvesteerd in vergroening van het productiesysteem.

Een studie van het Amerikaanse ministerie van Handel (1994/1995) komt op basis van cijfers sinds 1978 tot de conclusie dat bedrijven die geavanceerde technologie toepassen ook hogere lonen betalen, meer vaste banen bieden en deze werkgelegenheid sneller vergroten dan andere bedrijven. De conclusie luidt dat technologie tot meer en betere banen leidt. Bedrijven die geavanceerde technologie ontwikkelen en toepassen, vragen medewerkers die hoger gekwalificeerd zijn. Ze betalen hen ook betere inkomens, zelfs wanneer het opleidingsverschil in acht wordt genomen. Fabrieken die meer geavanceerde technologie gebruiken hebben betere kansen in de concurrentiestrijd.

Nieuwe technologie heeft ons verlost van zwaar, vuil en eentonig werk. Maar het is niet zo dat de technische ontwikkeling automatisch, of alleen maar, tot verbetering van de kwaliteit van arbeid leidt. Ook bij mechanisering en automatisering blijft er weinig aantrekkelijk werk 'aan de rand van de machine' over. Met name de informatietechnologie biedt vele en ingrijpende mogelijkheden om werkprocessen te bewaken en werknemers in het oog te houden. Het is volkomen terecht dat vakbeweging en arbeidsdeskundigen daar de aandacht op vestigen.

Nieuwe technologie en nieuwe werkgelegenheid kunnen onder de juiste omstandigheden hand in hand gaan. Wie zich de nieuwe technologie het eerst eigen weet te maken – vaak een hele toer, een proces van vallen en opstaan – realiseert daarmee een concurrentievoordeel. Dat kan het begin zijn van profijtelijk ondernemen. Er ontstaan winsten, die deels weer geïnvesteerd kunnen worden in technische vernieuwing en uitbreiding van de productiecapaciteit.

Investeringen zijn de bron van nieuwe werkgelegenheid. Niet 'winst = werk', zoals een oude slogan van de vakbeweging luidde, maar 'investeren = werk'. Maar om te kunnen investeren moet een bedrijf eerst winst maken. Zo werkt het vliegwiel van de kapitalistische markteconomie.

Intermezzo

Zwaar werk en ruwe spullen

De fabriek van sanitairproducent Koninklijke Sphinx in de binnenstad van Maastricht wordt per 1 januari 2007 gesloten. Het productieproces is 'zeer inefficiënt, ouderwets en bijzonder arbeidsintensief', aldus directeur R. van Brug (*NRC Handelsblad*, 18/12/04). Het complex wordt gesloopt – op het beroemde witte gebouw na – en de grond verkocht. De opbrengst wordt gebruikt voor de verplaatsing van de fabriek, de herontwikkeling van modellen en voor een sociaal plan.

Het bedrijf gaat naar een nieuw pand op een locatie aan de Maastrichtse Beatrixhaven. Om te kunnen blijven concurreren met lage-lonen-landen zullen robots daar vooral het werk gaan doen. Bovendien zal Sphinx de jaarlijkse productie van circa 750.000 wastafels, fonteintjes en toiletten terugbrengen naar 550.000, die tegen een concurrerende kostprijs zullen worden gemaakt. De geautomatiseerde productie gaat ten koste van 261 van de 450 banen. Volgens directeur Van Brug was er maar één alternatief voor de verhuizing: sluiting.

Er doen sombere bespiegelingen de ronde over de toekomst van de Nederlandse industrie. 'Alles gaat naar China', valt regelmatig te beluisteren. Chinese bedrijven produceren veel goedkoper dan fabrieken in Westerse landen (een uurloon van nog geen euro, tegenover 25 euro in de Nederlandse industrie), en Chinezen zijn bereid harder en langer te werken dan wij. Daar komen nog de veelbelovende perspectieven van de enorme Chinese markt bij. Reden voor Nederlandse bedrijven om daar productievestigingen op te zetten.

De industrie is van oudsher, en ook nu nog, een belangrijke sector van de Nederlandse economie. De maakindustrie – waaronder voeding, chemie, transportmiddelen, machines, textiel, elektro - creëert 17 procent van het bruto binnenlands product, en is goed voor circa 15 procent van de werkgelegenheid in ons land. Ze zorgt voor driekwart van de export. De industrie geeft 86 procent van de R&D-uitgaven in de commerciële sector uit. De maakindustrie investeert relatief meer dan andere sectoren in opleiding en ontwikkeling en is daarmee een belangrijke bakermat van innovatie. Elke baan in de industrie levert ook een baan in de dienstensector op.

Behoud van de industrie is dus van essentieel belang voor westerse economieën. Dat is mogelijk door efficiënt te produceren en de juiste producten te maken. Goedkope massa-producten zijn in westerse landen vaak niet meer kostendekkend te produceren, maar speciale producten voor nichemarkten wel. Neem als voorbeeld de automarkt: Opel en Volkswagen produceren vooral middenklasse auto's, een markt waar het barst van de concurrenten en waar het lastig is winst te maken. BMW en Porsche produceren wagens voor het topsegment, ze draaien als een tierelier. Philips verplaatst de productie van gewone tv-toestellen steeds meer naar Oost-Europa en China, maar hoogwaardige medische apparatuur valt nog heel goed in Nederland te produceren.

Bedrijven produceren in Nederland omdat ze hier vanoudsher gevestigd zijn en geïnvesteerd hebben in gebouwen en machines. Ze blijven hier omdat ze binnen (of dicht bij) de Nederlandse en/of Europese markt willen produceren. Ook al is het elders goedkoper, de nabijheid van de markt telt soms zwaarder.

Vaak wordt gezegd dat productie van *low tech*-producten in Nederland niet meer mogelijk is. In sommige gevallen is dat zo, maar soms is behoud van productie van *low tech*-voorwerpen mogelijk door ze in een *high tech*, zwaar geautomatiseerd productieproces te fabriceren. Soms is behoudt mogelijk door de productie van twee fabrieken, in Nederland of in West-Europa, samen te voegen in één vestiging, en met de meest geavanceerde machines opnieuw te beginnen.

Maar behoud van bedrijven tegen elke prijs is economisch niet verantwoord. Als de looncomponent in de totale productiekosten te hoog wordt, en produceren elders goedkoper is, dan zal die productie vroeg of laat uit Nederland verdwijnen. Als elders nieuwe markten opkomen (China, India), dan kan een bedrijf daar een nieuwe productievestiging openen. Mogelijk handhaaft het de productie in Nederland, en is de fabriek in China een uitbreiding, maar het kan ook zijn dat men de productie in Nederland sluit en de West-Europese markt gaat bedienen vanuit de fabriek in China. Dat gaat gepaard met transportkosten en het opzetten en instandhouden van een import/export-organisatie.

De industrie maakt al enkele decennia dezelfde ontwikkeling door als eerder de agrarische sector: steeds minder bedrijven die met steeds minder werknemers steeds meer omzet genereren. Dat proces zal zich ook de komende decennia voortzetten. Globalisering zet daar extra druk op. De internationale concurrentie dwingt bedrijven te rationaliseren en arbeid te vervangen door machines, dus door kapitaal en kennis. Dat is ook precies wat we willen: concurreren op kennis. Gezien de concurrentie uit landen met (zeer) lage lonen is het ook de enige begaanbare weg.

De belangrijkste sector van de Nederlandse industrie is de machine- en systeembouw. Het is ook het grootste, meest dynamische en meest levensvatbare cluster van de Nederlandse economie, met een exportwaarde van 84 miljard euro (belangrijke klant China), een toegevoegde waarde van 14 miljard euro, en 271.000 werknemers. Dat blijkt uit een sterkte/zwakte-analyse van diverse sectoren van de Nederlandse economie, in opdracht van het ministerie van Economische Zaken uitgevoerd door ir. Math de Vaan van Berenschot.

Deze sector omvat onder andere geavanceerde scheepsbouw, de automotive-industrie (auto's en componenten voor auto's), chipsproductieapparatuur (wafersteppers van ASML en ovens van ASMI), printers van Océ, elektronenmicroscopen van FEI Company uit Eindhoven, systemen voor de gezondheidszorg van bijvoorbeeld Philips Medical Systems, en bagage-afhandelingssystemen voor luchthavens van Vanderlande Industries.

Een tweede belangrijk industrieel cluster betreft de chemische basis- en productindustrie, met een exportwaarde van 77 miljard euro, een toegevoegde waarde van 20 miljard euro, en 283.000 werknemers. Derde is het cluster voeding en gezondheid, met een exportwaarde van 30 miljard euro, toegevoegde waarde 13 miljard euro, en 149.000 werknemers.

Er zijn legio voorbeelden van bedrijven met succesvolle producten. Stork exporteert 96 procent van zijn in Nederland geproduceerde textieldrukmachines. Het heeft meer dan de helft van de wereldmarkt in handen. Er zijn de super-de-luxe jachten van Huisman Shipyards uit Vollenhove, schokbrekers van Koni uit Oud-Beijerland, uitlaten van Bosal, Urenco heeft *by far* de beste technologie voor uraniumverrijking, fietsen van Koga Miyata, Thales met zijn phased array radar, en Ten Cate met kunstgrasvelden. Daarnaast zijn er hele goede specialisten, zoals de Aalbertsgroep en de Van der Leegte-groep, die zich hebben toegelegd op metaalbewerking.

Onder druk van de concurrentie en vragen uit de markt veranderen industriële bedrijven van karakter. Stork behaalt nog veertig procent van de omzet met het bedenken en maken van producten, de andere zestig procent komt uit service. In die laatste sector heeft Stork tienduizend mensen aan het werk, waaronder vierduizend in het vliegtuigonderhoud (afkomstig van wat eens Fokker was). Stork concentreert zich steeds meer op kennisontwikkeling voor het ondersteunen van klanten.

Toch zit diezelfde industrie in het verdomhoekje. Het imago is niet goed, het is niet sexy om in een fabriek te werken, productiebedrijven hebben nog steeds de naam van zwaar werk en ruwe spullen. Bijna wekelijks wordt er wel ergens in Nederland een fabriek gesloten. Jonge mensen zoeken hun heil liever bij een bank, een management-consultant of in de amusementssector.

Hoe zorgen we dat de waardering voor de industrie weer toeneemt? 'De industrie heeft iconen nodig', zegt industrie-econoom Hans Schenk *(Technisch Weekblad*, 25/10/02). 'Er moeten aansprekende bedrijven met aansprekende producten komen. Een Nederlands bedrijf met een uitstekend imago is Heineken. Het product is zeer gewild en het bedrijf heeft een uitstekende naam.' Soms is wel of niet produceren meer dan een rekensommetje, soms heeft het ook een pr-functie. Schenk: 'Als Philips nog mobieltjes zou maken, zou het er nu misschien beter in slagen jonge mensen aan te trekken.'

Hevea laat zien hoe de productie van een relatief simpel (*low tech*) product in Nederland kan blijven door voortdurende aanpassing van product en productieproces en zo de concurrentie een stap voor te blijven *(Technisch Weekblad*, 5/11/04).

Hevea begon in 1948 in Raalte met de productie van rubberen laarzen. Die is enkele decennia geleden al naar het buitenland verplaatst. Hevea schakelde toen in Nederland over op moeilijker te produceren kunststof laarzen (pvc). Die productie vertrok echter begin jaren negentig ook naar het buitenland, eerst naar Ierland, vervolgens naar Portugal.

Sinds 1983 maakt Hevea in Raalte jaarlijks 880.000 nog lastiger te produceren polyurethaan laarzen. Sinds de start heeft het bedrijf al vier keer nieuwe, meer geavanceerde spuitgietmachines geïnstalleerd, om het productieproces aan de laatste stand van de techniek aan te passen. In het begin moest een kwart van de productie worden afgekeurd, maar door voortdurende verbeteringen is dat inmiddels verminderd naar drie procent. Laarzen van polyurethaan zijn de helft duurder dan die van pvc, maar het draagcomfort is hoger, want ze zijn licht en isolerend.

Hoofdstuk 7

Complexiteit is functioneel

De waferstepper van ASML in Veldhoven is de meest complexe machine die momenteel in Nederland wordt gebouwd. 'Deze zit op de rand van wat net nog wél en net níet meer kan', aldus drs. G. Müller van Philips Research. Hij zei dit bij de presentatie van de studie 'Betrouwbaarheid van technische systemen' (6/12/01), een project van de Stichting Toekomstbeeld der Techniek. Müller was toen verantwoordelijk voor de ontwikkeling van de nieuwe generatie wafersteppers van ASML.

Een waferstepper is een machine die chips produceert. Zij is vergelijkbaar met een diaprojector, maar dan eentje die verkleint. Op een schijf silicium met een fotogevoelige laag (de plak of wafer) wordt verspreid over de gehele plak enkele honderden malen het patroon (het positief) van een elektrische schakeling belicht. Omdat een chip uit meerdere lagen bestaat, met op elke laag een deel van de elektrische schakeling, gaat de wafer (een ronde schijf met een diameter van 30 cm) zes tot acht maal door de machine. De plak wordt in andere machines 'ontwikkeld' en in stukjes ter grootte van de elektrische schakelingen gezaagd. Een huisje met pootjes eraan voor de elektrische verbindingen, en ziedaar, een chip is geboren.

Zo'n waferstepper is manshoog, zes meter lang en twee meter breed. Hij bestaat uit een lichtbron en een lens van één meter lang, die enkele miljoenen euro's kost. Het originele patroon met de elektrische schakeling (het positief) ligt op een glasplaat van 15 bij 15 centimeter. Dit origineel wordt afgebeeld op een heel klein deel (2 bij 2 centimeter) van de silicium plak (wafer) van dertig centimeter doorsnede. De wafer verschuift ('stapt') bij elke belichting een heel klein stukje om een ander vlakje van 2 bij 2 centimeter te belichten.

Müller: 'Het is een op zich eenvoudig apparaat, de complexiteit zit in de nauwkeurigheid van de stappen.' Het belichtingsmechanisme en de wafer bewegen tegelijk, tegen elkaar in. Dat vraagt om een hoge nauwkeurigheid. De nauwkeurigheid van achtereenvolgende belichtingen op dezelfde plek bedroeg in 2001 ongeveer 45 nanometer (een nanometer is een miljardste deel van een meter). Bij de generatie wafersteppers van

1999 was dat nog tachtig nanometer. Vooral temperatuurverschillen beïnvloeden de achtereenvolgende belichtingsstappen. De hele machine is dan ook temperatuur-gecontroleerd.

De breedte van de elektrische verbindingen op de chip bedraagt (bijvoorbeeld bij de laatste pentium-chips) 130 nanometer. Die worden afgebeeld met een nauwkeurigheid van circa 10 nanometer. De machine heeft een productie van honderd wafers per uur.

De waferstepper is software-bestuurd. Het besturingsprogramma van de waferstepper uit 1990 telde 100.000 regels code. De huidige machine telt er tien miljoen, honderd keer zoveel. Dat maakt de machine enorm complex. 'En complexiteit is de vijand van betrouwbaarheid', zegt Müller. 'Het is een vaste wet dat er per duizend regels code drie fouten in dergelijke software zitten. We hebben nu dus te maken met driehonderd keer zoveel fouten.' Om dat in de hand te houden wordt er overal in de machine, en ook in het bedrijf, terugkoppeling toegepast, om steeds weer te controleren of alles functioneert en of er op elke plek in het bedrijf goed wordt gewerkt. Bovendien speurt men voortdurend naar nieuwe technieken om bestaande problemen op te lossen.

'We kunnen nog tien jaar vooruit met alle verbeteringen die ingenieurs in gedachten hebben', zegt Müller. 'We volgen keurig de Wet van Moore [HT: het aantal transistoren per chip verdubbelt elke anderhalf jaar], en ASML moet zorgen dat dit ook in de toekomst zo blijft.'

Inmiddels heeft ASML al weer de volgende technologiestap gezet: immersie, of dompeltechnologie. Daarbij bevindt zich tussen lens en wafer een vloeistof, die de lichtstraal extra focusseert – meer dan wanneer deze alleen door lucht zou lopen - waardoor kleinere details op de chip mogelijk zijn. Nu nog wordt gebruikt gemaakt van water, maar in de toekomst kunnen dit ook andere vloeistoffen met een hogere brekingsindex zijn.

DE SCHAAL VAN WINTZEN

Al in de jaren zeventig werd Eckart Wintzen, de exuberante, voormalige president-directeur van het Utrechtse softwarehuis BSO en tegenwoordig ideëel venture capitalist, geconfronteerd met de complexiteit van hele grote softwareprojecten. Aan zeer omvangrijke overheidsopdrachten werkten soms teams van programmeurs en software-ontwerpers van meer dan honderd mensen. BSO heeft in de jaren tachtig voor het ministerie van VROM het huursubsidiesysteem ontwikkeld, volgens Wintzen even complex als het in eerste instantie jammerlijk falende studiefinancieringssysteem. Voor de ontwikkeling van het systeem voor uitkering van huursubsidies was echter meer tijd beschikbaar, waardoor de complexiteit beter in de hand was te houden.

Tijd blijkt een cruciale factor als het gaat om het beheersen van complexiteit van softwareprojecten. Onder een bepaalde graad van complexiteit kan de projectleider het werk overzien, daarboven niet meer. De interactie tussen mensen wordt dan zo groot dat door de vertraging die daaruit voortvloeit het systeem niet meer binnen de oplevertermijn kan worden voltooid. (Dat betekent bij software altijd: met een aanvaardbaar aantal fouten).

Bij welke graad van complexiteit dat het geval is valt niet aan te geven. Het is een glijdende schaal. Wintzen heeft de hoop gehad dat een door hem rond 1990 geïnitieerd studieproject naar complexiteit in de techniek, uitgevoerd door de Stichting Toekomstbeeld der Techniek (STT), een gradatie in complexiteit zou opleveren, zoals aardbevingen op de Schaal van Richter. Zeg maar: een Schaal van Wintzen. Helaas voor hem is dat niet gelukt (STT-rapport *Inspelen op complexiteit*, 1992).

In het algemeen geldt, zowel voor software- als voor andere technische projecten, dat voldoende tijd moet worden genomen voor een minutieuze voorbereiding. Beknibbeling daarop leidt tot ontwerpfouten en, tijdens gebruik van de software of het technische systeem, tot storingen of zelfs ongevallen.

Wintzens' droom is niet uitgekomen. Zal ook nooit uitkomen. Complexiteit is een veelkoppig monster. Voor de meeste mensen vormen de eerste autorijlessen een ervaring van grote complexiteit. Maar na enkele jaren op de weg is autorijden routine. Een bedienings- en bewakingspaneel van een chemische installatie is voor een leek uitermate complex, maar voor een goed getrainde operator kent het geen geheimen. Zelfs een klein computernetwerk is voor een buitenstaander absoluut niet toegankelijk, terwijl de beheerder er de weg in weet als in zijn broekzak. Training en ervaring helpen complexiteit te beheersen.

Bij de auto is de complexiteit van de machine (de interne complexiteit) goed afgeschermd voor de bestuurder. Dat geldt ook voor de – vaste - telefoon. Beide zijn 'oude' producten, ze zijn 'uitontwikkeld' zoals dat heet. De gebruiker hoeft niet te weten hoe de motor werkt, hoe verbindingen tot stand komen. De bediening van beide systemen (de externe complexiteit) is goed uitgekristalliseerd en voor verschillende auto's en telefoons ook grotendeels hetzelfde. Besturen van de auto is vaak gemakkelijker dan het instellen van de autoradio. Bij de auto is die standaardisatie van de bediening in de praktijk gegroeid, bij de telefoon is dat het gevolg van jarenlang overleg binnen standaardisatiecommissies van de World Telecommunications Organisation.

MAAR O WEE ALS ER IETS MIS GAAT

Het wordt echter al een stuk moeilijker met PC, DVD-recorder en mobiele telefoon, en met de kopieermachine op kantoor. Het zijn 'jonge' producten, ze zijn nog steeds in ontwikkeling. Niet zozeer de normale, dagelijkse bediening, als wel het gebruik van speciale opties vormt een probleem. Het versturen van een SMS-bericht met mijn mobieltje lukt me alleen met behulp van de handleiding. De bediening van de kantoorcopier is eenvoudig zolang het standaard functies betreft, maar o wee als er iets mis gaat. De meesten weten dan niet beter te doen dan de interne dienst te waarschuwen of de dichtst bij zittende secretaresse om hulp te smeken, die vervolgens weinig zachtzinnig de machine weer gebruiksgereed maakt. Vrijwel niemand kan de eerste keer zonder hulp een grote kopieerklus op de centrale kopieermachine van zijn of haar bedrijf uitvoeren.

Oorzaak is de chip. Goedkope elektronica heeft de economie van ontwerpen op zijn kop gezet. De kosten van het toevoegen van allerlei functies vormen geen beperking meer voor de ontwerper. Met een chip kunnen voor verwaarloosbare meerkosten net zo goed twee als vijftig functies worden gerealiseerd. De meeste ontwerpers kunnen die verleiding niet weerstaan.

Bovendien maakt dit deel uit van de concurrentiestrijd tussen bedrijven, stelt promovendus Jürg Thölke van de TU Delft (*Technisch Weekblad*, 18/9/98). Complexiteit geldt – indirect – ook als verkoopargument. Bedrijven voelen zich gedwongen elk jaar met nieuwe *features* te komen, want dat blijkt een voorwaarde voor verkoopsucces. En is een feature eenmaal geïntroduceerd, dan verdwijnt deze meestal nooit meer.

Thölke heeft onderzoek gedaan naar acht praktijkgevallen, waaronder een waterkoker. Bij de introductie van de waterkoker in 1970 kende deze acht features. In 1998 waren dat er negentien. Dit beeld trof hij aan bij alle onderzochte producten.

Welke productkenmerken wel en niet worden doorgevoerd, is afhankelijk van technische, financiële, maar vooral ook politieke en sociale factoren. Vaak betreft het ad-hocbeslissingen. Zo volgde de introductie van een filter in de waterkoker pas nadat in Engeland het drinkwater door een droge zomer tijdelijk verontreinigd was.

Philips topman ir. Gerard Kleisterlee verklaarde januari 2004 op de Consumer Electronics Show in Las Vegas dat de bediening van apparaten zoals tv, videorecorder, DVD-speler en PC eenvoudiger moet. Die is nu vaak te complex. 'Als er een handleiding nodig is dan wordt het al te ingewikkeld', aldus Kleisterlee.

Producenten van deze en andere apparaten stellen het vaak voor alsof aanschaf ervan het leven aangenamer maakt. Tot op zekere hoogte is dat zo: zolang alles functioneert. Maar als er iets mis is, dan is digitalisering vaak een hel.

Om het probleem van complexe bediening te ondervangen verwacht Philips veel van *ambient intelligence*: het op natuurlijke wijze omgaan met ingewikkelde apparatuur. Het streven is apparatuur te bedienen door middel van natuurlijke spraak en natuurlijk geluid. Bij het fluiten van een deuntje speelt de audio-installatie meteen het juiste liedje.

Bij deze oplossing wordt de externe complexiteit van consumentenapparatuur beperkt door intern nog meer techniek toe te voegen. De interne complexiteit neemt toe, maar die wordt voor de consument zo goed mogelijk afgeschermd.

Of het zo werkt moet worden afgewacht. Deze oplossing is in het verleden vaker geprobeerd. Meestal leidde het tot de introductie van nog meer features. Als de bediening vereenvoudigt, schept dat ruimte voor meer features. En nieuwe features zijn goed voor de verkoop.

Philips heeft inmiddels zijn slogan *lets make things better* ingewisseld voor *sense and simplicity*. Of het ergens toe leidt, dat streven naar eenvoud, zal nog moeten blijken. De slogan is ingevoerd, de simpele techniek moet nog volgen. Het was beter geweest met dat laatste eerst maar eens een stevig begin te maken. Het zo succesvolle Senseo-koffiezetapparaat is niet meer dan een begin. Het wachten is op het *home entertainment center* dat met een handleiding van één A4-tje is in te stellen.

TACHTIGDUIZEND VERSCHILLENDE COMPONENTEN

Ondanks alle relativeringen die qua tijd en geoefendheid ten aanzien van complexiteit kan worden aangebracht, zijn er wel degelijk vaste kenmerken. Complexiteit heeft vrijwel altijd te maken met grote aantallen, diversiteit, koppeling en interactie. De STT-studie *Inspelen op complexiteit* definieert het zo: een systeem is complex als het bestaat uit vele componenten, verbonden door zoveel relaties dat de voorspelbaarheid van het gedrag van dat systeem beperkt is.

Een standaard passagiersvliegtuig telt al gauw tachtigduizend verschillende componenten. In een dergelijk complex systeem vindt niet alleen de door ontwerpers bedoelde interactie plaats om het systeem op de juiste wijze te laten functioneren. Er kan ook onbedoelde interactie optreden, die door de ontwerpers niet is voorzien. Twee componenten die niet met elkaar zijn verbonden maar zich wel in elkaars nabijheid bevinden, kunnen elkaar beïnvloeden door warmteafgifte of door het overspringen van vonken. Dat kan leiden tot onverwachte, onvoorziene en soms gevaarlijke interacties. Het grootste probleem met complexiteit is dan ook dat dit het gedrag van systemen onvoorspelbaar maakt.

In 1978 wilde een onderhoudsman van een kerncentrale in Californië een lampje op het controlepaneel verwisselen. Hij liet het echter vallen, waardoor kortsluiting ontstond. Het gevolg was dat enkele meldingen niet meer goed doorkwamen. Ook enkele stuurhandelingen waren niet meer mogelijk. De reactor stopte automatisch, maar koelde te snel af zonder dat operators dat wisten. Bij te snelle afkoeling krimpen delen van het twaalf centimeter dikke reactorvat in verschillend tempo, waardoor grote interne spanningen ontstaan die tot scheurtjes kunnen leiden. Gelukkig is het zover niet gekomen, het reactorvat heeft de spanningen doorstaan.

Wie dit risico echter niet wil lopen, kan niet volstaan met het afschaffen van gloeilampjes in kerncentrales. De volgende keer kan een vallende schroevendraaier of bril kortsluiting veroorzaken. Het werkelijke probleem is de kwetsbaarheid van het systeem. We zouden systemen moeten ontwerpen waarin kleine oorzaken minder gemakkelijk grote gevolgen kunnen hebben.

Dat schrijft Willem Wagenaar, toen hoogleraar psychologische functieleer, inmiddels rector-magnificus van de Universiteit Leiden, in zijn bespreking van het boek *Normal Accidents, living with high risk technologies* (*Intermediair*, 3/11/87). Dit is van de hand van Charles Perrow, begin jaren negentig hoogleraar sociologie van Yale University. Perrow heeft deel uitgemaakt van de presidentiële commissie die het ongeluk met de Three Mile Island-kerncentrale (Harrisburg, 1979) heeft geëvalueerd. *Normal Accidents* geldt als de bijbel op het gebied van risico's en technologie.

Perrow onderscheidt twee eigenschappen die technische systemen gevoelig maken voor kleine oorzaken: complexiteit en strakke koppeling. Een systeem is strak gekoppeld wanneer verschijnselen in één onderdeel zich onverbiddelijk voortplanten naar andere onderdelen. Maar het belangrijkste is wel dat strak gekoppelde systemen geen herstel van fouten toelaten. Dit houdt in dat de kans op een falend totaalsysteem gelijk is aan de som van kansen op fouten ergens in het systeem. Complexe en strak gekoppelde systemen zijn ook de spectaculaire ongelukkenveroorzakers: energiecentrales, vliegtuigen, chemische fabrieken, ruimtevaartuigen.

Perrows' diagnose luidt: in complexe, strak gekoppelde technische systemen hebben normale fouten abnormale consequenties. De therapie ligt in het vermijden van complexe interacties en het bevorderen van losse koppelingen. Als dat niet mogelijk is moeten we die technologie maar helemaal vergeten. Perrow is dan ook tegen kerncentrales.

De kritiek van Wagenaar op Perrow richt zich op het feit dat de laatste de factor mens vergeet. In de praktijk blijkt dat ongelukken steeds in belangrijke mate mede worden veroorzaakt door mensen. Complexe en gekoppelde systemen vormen één kant van het probleem, falende mensen de andere.

ALS ER ONGELUKKEN GEBEUREN, VERANDEREN WE WAT

Het ongeluk met de spaceshuttle Challenger op 28 januari 1986 vormt daarvan een goed voorbeeld. Een spaceshuttle is een complexe, strak gekoppelde machine, met maar liefst 250.000 elektrische verbindingen aan boord. Directe oorzaak van de explosie van de Challenger kort na de lancering waren falende O-ringen in het brandstofsysteem. De achterliggende hoofdoorzaak waren echter de vele menselijke fouten en verkeerde inschattingen vóór de lancering. Het prestige van NASA stond op het spel: de lancering moest doorgaan, ook bij het koude weer van die dag. Men wist dat die lage temperatuur het functioneren van de rubberen O-ringen negatief beïnvloedt.

Wagenaar: 'Het is waar dat er af en toe ongelukken gebeuren. Deze kunnen zelfs omvangrijk zijn. Maar in feite zijn die ongelukken niet meer dan de signalen die nodig zijn om de technische ontwikkeling te sturen. Wanneer er geen ongelukken zijn, gaan we door met de ontwikkelingen, wanneer er wel ongelukken gebeuren veranderen we wat.'

Het ligt voor de hand de complexiteit te beperken door reductie van het aantal componenten in een systeem. Het Groenlose Nedap (Nederlandse Apparatenfabriek) maakte er in de jaren tachtig haar handelsmerk van bestaande producten zodanig te herontwerpen dat ze uit veel minder componenten kunnen worden opgebouwd.

Het aantal componenten in tv-toestellen is door de jaren heen drastisch verminderd. Uit een oude Philips-brochure valt op te maken dat tussen 1970 en 1980 het aantal te monteren eenheden is gehalveerd, onder andere doordat honderden transistoren zijn vervangen door enkele chips. Sindsdien heeft deze ontwikkeling zich onverminderd voortgezet. In de laatste generatie kernreactoren van General Electric is doelbewust gestreefd naar reductie van het aantal componenten om de complexiteit te reduceren.

Toch is dit niet altijd de oplossing: de complexiteit verplaatst zich naar andere delen van het productieproces. De studie van de Stichting Toekomstbeeld der Techniek constateert dan ook dat reductie van complexiteit niet altijd de remedie is. Complexiteit is namelijk één kant van de medaille, functionaliteit de andere. Met complexe systemen is meer mogelijk dan met eenvoudige. En gezien het steeds grotere aantal eisen vanwege veiligheid en milieu aan technische systemen, is het vaak niet mogelijk op functionaliteit en dus op complexiteit in te leveren.

Ook TU Delft-promovendus Thölke benadrukt dat uitbreiding van het aantal features niet altijd slecht hoeft te zijn, vanwege die nauwe samenhang tussen complexiteit en functionaliteit. Steeds meer consumenten kunnen met ingewikkelde apparatuur omgaan. Maar met name ouderen lukt dat niet of slechts met moeite.

De oplossing is dan ook - meestal - niet reductie maar beheersing van complexiteit. 'De kunst is om systemen te maken die voldoende complex zijn om functioneel te zijn, maar daarbij nog wel beheersbaar blijven', staat in een voorstudie over complexiteit en automatisering van het STT-project. Mensen zijn heel goed in staat complexiteit in de hand te houden. Het wegverkeer is aanzienlijk complexer dan dertig jaar geleden en veel strakker gekoppeld, maar per autokilometer is de kans op ongelukken onwaarschijnlijk gedaald. Vliegtuigen zijn complexer en strakker gekoppeld dan in de tijd van Olieslagers, maar de ongevalkans per gevlogen kilometer is fenomenaal afgenomen. Er is in het ontwerp veel meer rekening gehouden met veiligheid, er zijn betere vliegprocedures, en er zijn meer ervaren piloten.

BEHEERSING

Beheersing kan worden bereikt door systemen op te delen en strakke koppelingen losser te maken. De Walradar langs de Nieuwe Waterweg was eerst opgezet als één groot systeem, waarin alles aan alles was gekoppeld. Nadat deze opzet in de uitvoering helemaal was vastgelopen, werd gekozen voor een radarsysteem opgebouwd uit op zichzelf staande onderdelen, waarbij gekozen kon worden of er wel of niet moest worden gekoppeld. De Walradar volgens deze opzet is in 1991 in bedrijf genomen en functioneert naar verwachting.

Beheersing kan ook worden bereikt door automatisering. Het uitkeren van leningen en renteloze voorschotten aan studenten was zo complex geworden, dat alleen door automatisering kon worden bereikt dat belastinggeld op de juiste wijze wordt besteed en iedereen op tijd zijn geld krijgt. Hetzelfde geldt voor de uitkering van huursubsidies. Ook beheersing van het gedrag van vliegtuigen, kerncentrales en chemische installaties is zonder computers niet meer mogelijk.

De kwetsbaarheid die het gevolg is van complexiteit kan worden beperkt (beheerst) door redundantie. Voor die oplossing wordt vooral gekozen in technische systemen die niet mogen falen, zoals kerncentrales en ruimtevaartuigen. Ook in softwareprojecten zijn fouten op te vangen door redundantie, maar dat gebeurt alleen in speciale gevallen, zoals ruimtevaartprojecten. Normaal gesproken is het goedkoper fouten maar te laten ontstaan en ze dan op te lossen.

De beheersing van de complexiteit die men door automatisering en ook door redundantie wil bereiken, roept echter ook weer zijn eigen complexiteit op. Die moet weer in de hand worden gehouden door bijvoorbeeld de interactie tussen softwareontwerpers te vergroten. Ook dat werkt weer complicerend, want hoe weet ontwerper A wat collega Z doet? Veel hangt af van de intelligentie waarmee die interactie wordt opgezet. Daarvoor schiet (complexe) techniek te hulp. Met e-mail gaat dat beter en sneller dan met papieren documenten.

De gevolgen van falen door complexiteit kunnen worden beperkt door een nieuw product uitvoerig te testen voordat het op de markt komt. Helaas komen er nog steeds technische systemen op de markt die niet voldoende zijn getest.

Het is een gevaarlijk voorbeeld, maar Microsoft laat zien dat het ook anders kan. Dat bedrijf heeft jarenlang software uitgebracht waarbij kort na introductie al weer verbeteringen nodig waren na klachten uit de markt. Tegenwoordig werkt Microsoft met 'bètaversies' van programma's. Die worden voorafgaand aan introductie van het uiteindelijke programma aan de tand gevoeld door enkele van de meest kritische klanten. De Amerikaanse softwarereus kan vervolgens de ergste onvolkomenheden verhelpen voordat het uiteindelijke product op de markt komt.

Dat er ook dan nog het nodige mis gaat, bleek weer eens half februari 2004. Microsoft stelde toen op haar website software beschikbaar, die gebruikers van onder andere computers met het besturingsprogramma Windows XP automatisch konden downloaden. Ruim een half jaar eerder hadden experts van buiten Microsoft een lek in Windows XP vastgesteld. Derden zouden dan elke PC voorzien van dit programma kunnen binnendringen en er bestanden kunnen inzien en verwijderen. Bovendien zouden ze dezelfde PC ook kunnen gebruiken om andere PC's aan te vallen, zonder dat de gebruiker daar erg in had. Met de reparatiesoftware, waarvan de ontwikkeling een half jaar tijd had gekost, maakte Microsoft dat onmogelijk.

De informatie- en communicatietechnologie is een dankbaar jachtterrein als het om complexiteit gaat. Momenteel (oktober 2004) verkeert het registratiesysteem van het Centraal Orgaan Asielzoekers (COA) in het ongerede. Voor de zoveelste keer is een automatiseringsproject veel te groot en te complex gemaakt. Gemeenteambtenaren verrichten de registraties van asielzoekers met de hand, en dat was niet de bedoeling

Maar de STT-studie 'Inspelen op complexiteit' noemt ook een IT-project waarin die complexiteit uitstekend in de hand is gehouden. Dat betreft in de jaren tachtig de bouw van Beanet, het netwerk voor elektronisch betalen in winkels en benzinestations. Aan dit netwerk werden en worden nog steeds zeer hoge eisen gesteld: het moet snel zijn, moet piekbelastingen kunnen verwerken (er mogen zich geen rijen voor de kassa's vormen omdat het netwerk te traag is), de betrouwbaarheid van de technische infrastructuur moet zeer hoog zijn, er mogen geen fouten worden gemaakt in de geldbedragen en in de persoonsidentificatie, en de veiligheid van het geldverkeer moet gewaarborgd zijn (geen beïnvloeding van buitenaf). Tachtig procent van de software dient dan ook ter waarborging van die veiligheid en betrouwbaarheid. Bovendien was het project organisatorisch heel lastig omdat alle banken (inclusief de Postbank) eerst op één lijn moesten worden gebracht.

Dat het project relatief glad is verlopen komt vooral door de grote ervaring die banken toen al met automatisering hadden. Er was twee jaar uitgetrokken voor ontwerp en bouw van het netwerk. Er is eerst bijna een jaar gewerkt aan definitie van de specificaties. Daar heeft men zich vervolgens heel consequent aan gehouden. Beanet is vrijwel op tijd afgeleverd en functioneert relatief probleemloos.

Intermezzo

De megamachine die de piramiden heeft gebouwd

Grote aantallen werknemers, waaronder vele ingenieurs, die samen aan een duidelijk omschreven technisch doel werken, vormen een 'megamachine'. De megamachine bestaat verder uit de optelsom van alle apparaten, computers en machines binnen zo'n organisatie. Zo'n goed geoliede, goed georganiseerde megamachine kan meer dan al die mensen en al die machines afzonderlijk zouden hebben gekund. Kenmerk van de megamachine is dat het eindproduct ervan nog lange tijd blijft bestaan en zichtbaar blijft, terwijl na het bereiken van dat doel de megamachine zelf uiteenvalt en verdwijnt.

Veelbesproken voorbeelden van dergelijke megamachines waren in het recente verleden de ontwikkeling van de atoombom (het *Manhattan*-project), evenals het door de Amerikaanse president Kennedy begin jaren zestig geïnitieerde project om nog in datzelfde decennium een man op de maan te zetten. Dichter bij huis zijn de Deltawerken er een voorbeeld van. Het huidige wereldomspannende telecommunicatienetwerk is de grootste (mega)machine ooit gebouwd.

Dergelijke megamachines zijn er in het verleden vaker geweest. De grote Amerikaanse techniekfilosoof Lewis Mumford (1895–1990) wijst in zijn studie *The myth of the machine, volume I (1967)* op de bouw van de piramiden in Egypte, ruwweg tussen 2500 en 1000 voor Christus. (Aangehaald door techniekfilosoof Hans Achterhuis in een bespreking van Mumfords werk in *De maat van de techniek*; 1992).

'De wereldwonderen uit de Oudheid zijn niet primair dankzij werktuigen, maar vooral met behulp van de (sociale) megamachine gebouwd. Het gaat dus allereerst om een cultureel verschijnsel. Juist omdat ze in de eerste plaats maatschappelijk van aard waren, hebben deze megamachines - behalve de gerealiseerde producten waarvoor ze waren opgericht - ook zo weinig sporen nagelaten. Opgravingen laten alleen de resten van werktuigen zien, de machine waarbinnen ze functioneerden blijft onzichtbaar.'

De eerste megamachines ontstonden grotendeels gelijktijdig in de hogere culturen in de rivierdelta's van Egypte, Mesopotamië en het Verre Oosten, evenals in Midden- en Zuid-Amerika. Verantwoordelijk ervoor waren koningen die erin slaagden losse individuen en groepen samen te brengen in een zeer grootschalig geheel, dat perfect op bepaalde taken en functies was toegesneden.

Om alle onderdelen van de gigantische menselijke machines die onder andere de Egyptische piramiden bouwden (van deze weten we nog het meest), op elkaar te betrekken, waren nieuwe vormen van communicatie nodig. Mumford signaleert de opkomst van boodschappers en schrijvers. 'De schrijver bestuurt alle arbeid die in dit land plaatsvindt', luidt een tekst uit het Egypte van die tijd.

Mumford: 'Vóór de bouw van de piramides kende men geen ver doorgevoerde arbeidsdeling. Dat verandert in de arbeidslegers van de farao's. Uit inscripties op mummies weten we dat in Egypte al heel vroeg een extreme specialisering en arbeidsdeling totstandkwam. Deze gingen gepaard met een nauwkeurige indeling in rangen en functies. Iedere arbeider was aan een zeer klein onderdeel van het arbeidsproces gekoppeld en de opzichters verbonden deze delen weer met elkaar. Zo konden op uiterst efficiënte en exacte wijze gigantische werkzaamheden worden verricht, die volstrekt buiten het bereik van met gereedschap werkende losse individuen blijven.'

Er werden boekhoudingen bijgehouden van graan, vee en andere producten, noodzakelijk om de vele menselijke radertjes en onderdelen van de megamachine te onderhouden. Bij de bouw van de grootste van de drie piramides van Gizeh (die als graftombe diende voor farao Cheops), waarop Mumford vooral zijn aandacht richt, worden er 120.000 gevangenen, 400.000 ossen en 1.422.000 geiten geteld.

Een andere bron, *Monumente der Welt* (1993), meldt dat er (mogelijk naast gevangenen) boeren uit de Nijldelta bij de megamachine betrokken waren. Als de Nijl buiten haar oevers trad, zo'n drie maanden per jaar, en in tijden van droogte waren zij verplicht tot arbeid voor de farao.

Maar juist omdat na voltooiing van het werk de sociale megamachine uit elkaar viel en onzichtbaar werd, zijn de piramides zo mysterieus en roepen nog altijd zoveel vragen op. Ook nu nog raakt men geïmponeerd door hun omvang, de geometrische vorm, en de vooraf berekende en exact gerealiseerde afmetingen.

De piramide van Cheops dateert van rond 2500 voor Christus; de bouw besloeg ongeveer twintig jaar. Hij was oorspronkelijk 145,75 meter hoog, maar door de eeuwen heen is er tien meter van de top verdwenen. Het was tot in de negentiende eeuw na Christus het hoogste bouwwerk op aarde. De hoek waarover de zijkanten aflopen bedraagt 51 graden en 51 minuten. De vier zijden liggen precies georiënteerd op de vier windrichtingen. In het horizontale vlak is de piramide op elk niveau vierkant. De zijden op de grond meten 229 meter, met een afwijking die per zijde onder de 0,1 procent ligt.

De Cheops-piramide bestaat uit ongeveer twee miljoen blokken steen, die elk meer dan twee ton wegen. De zwaarste steen, die de grafkamer afsluit, weegt meer dan vijftig ton. Hoe deze – over grote afstand – zijn verplaatst, en met name hoe ze omhoog zijn gebracht, blijft één van de grootste raadsels uit de Oudheid.

Voor zover we daar iets van weten is het waarschijnlijk als volgt gegaan. De blokken werden met stenen werktuigen, en mogelijk ook al met koperen beitels en zagen, losgemaakt uit steengroeven langs de Nijl. Voor het transport had men slechts de beschikking over boten, hefbomen en sleden, en men kon gebruik maken van het hellende vlak. Het wiel was al zo'n 500 à 1000 jaar eerder uitgevonden (rotstekeningen wijzen dat uit), maar was óf in die tijd in Egypte nog onbekend óf men had er bij dergelijke gewichten niets aan in de klei van de Nijldelta. Om de stenen bij de piramide omhoog te krijgen, was er waarschijnlijk rondom een oplopende helling gebouwd. Eenmaal ter plekke werden ze zodanig nauwkeurig bewerkt, dat de voegen nergens breder zijn dan 0,5 mm.

Mumford gaat aan het slot van zijn betoog uitvoerig in op de sociale en culturele aspecten van de megamachine, en met name de offers die zij vroeg. 'De dwangarbeid leerde mensen zich ondergeschikt te maken aan het collectief; een mensenleven op zich had nauwelijks waarde. Het was uitsluitend de machine die telde. Arbeid wordt hierdoor meer en meer als een vloek ervaren, die door verzorging van bovenaf gecompenseerd moest worden.'

'Daarnaast was de megamachine vooral een instrument dat macht voor de koning genereerde. In die zin werd ze dan ook gebruikt als oorlogsmachine.' Mumford citeert inscripties van farao's die zich er openlijk op beroemen een regelrechte terreur niet alleen over hun vijanden maar ook over hun onderdanen uit te oefenen.

Hoofdstuk 8

Technische successen;
niet bij techniek alleen

Meer dan dertien miljoen mobiele telefoons hebben momenteel in Nederland toegang tot het telecommunicatienet. Aangezien een klein deel van de Nederlanders meer dan één mobieltje bezit, heeft nu meer dan zeventig procent van de bewoners van dit land een dergelijk apparaatje. Alleen al in 2003 zijn er ruim 800.000 mobieltjes verkocht. Bij driehonderd verkoopdagen per jaar (zes per week) zijn dat er 2700 per dag.

Volgens marktonderzoekbureau Strategy Analysis zijn er in 2004 wereldwijd 670 miljoen mobieltjes verkocht (schatting van eind dat jaar). Dat zijn er 2,23 miljoen per dag. Per dag!

Zo'n anderhalf miljard mensen zijn inmiddels in het bezit van een mobiele telefoon. Dat is een kwart van de wereldbevolking. De groei doet zich met name voor in China, India en Rusland, in het algemeen vooral in ontwikkelingslanden. Mobiele netwerken genereerden in 2004 voor het eerst meer geld dan vaste telefonie, aldus het jaarrapport 2004 van de Internationale Telecommunicatie Unie.

Dit tekent het waanzinnige succes van de mobiele telefoon. GSM-telefonie is in 1991 in Nederland geïntroduceerd. KPN Telecom rekende toen op 500.000 verkochte apparaten tot 1995. Dat werden er 3,5 miljoen!

Inmiddels is in Nederland de marktverzadiging ingezet. Die zal volgens telecomadviesbureau Verdonck Klooster uit Zoetermeer binnen vijf jaar zijn voltooid. De vraag is of introductie van GPRS- en UMTS-telefonie (respectievelijk tweede en derde generatie mobiele telefonie) die trend kan keren.

Is er een recept voor het op de markt laten slagen van innovaties? Het simpele antwoord luidt: nee! Was het maar zo eenvoudig. Zo'n recept, als het al zou bestaan, houdt meer in dan het vermijden van fouten. Analyse van mislukkingen wijst uit dat het vaak mis gaat bij de marktintroductie. Slechte communicatie, verkeerde inschatting van de markt, het bedrijf pakt de introductie niet goed aan.

Maar voor succes op de markt is meer nodig. Het product moet – technisch – in orde zijn, de prijs concurrerend, voor productie, marketing en verkoop is het juiste personeel nodig, het dient op een goeie plaats te worden gemaakt, niet te ver van de markt, en op een geschikte plek in de winkel terecht te komen, en er moet reclame worden gemaakt. Daarnaast komt het ook aan op timing. Elke producent heeft ook een beetje geluk nodig, zonder geluk vaart niemand wel. Al die dingen hangen samen met ondernemen. 'Succesvol ondernemen maakt het verschil tussen slagen en net-niet slagen', zegt innovatieadviseur Frits Prakke (*Technisch Weekblad, 29/11/03*).

De vijf p's van de marketing – product, prijs, personeel, plaats, en promotie – maken pijnlijk duidelijk dat het bij het met succes op de markt brengen van iets nieuws niet alleen om techniek draait. (Volgens sommigen is er nog een zesde p: die van passie. Wat voor gevoel krijg je bij het aanschouwen van een nieuw product?) Elk goed marketingplan draait weliswaar om het product – dit is het begin en het eind, de alfa en de omega van het marketingplan – en de techniek vormt het belangrijkste bestanddeel van het product, maar het zou onverstandig zijn alle kaarten op dat product te zetten en de vier andere p's te verwaarlozen. De verpakking kan bij verkoop al het verschil maken!

Een product moet minimaal technisch in orde zijn, maar lang niet altijd is het nodig de meest geavanceerde techniek toe te passen. Zelfs technische superioriteit is geen garantie voor slagen. Made in Germany heeft een geweldige klank, maar van Duitse producten wordt ook gezegd dat ze overengineered zijn. Soms is het van belang als eerste met een nieuwe techniek op de markt te komen, maar vaak is die voorsprong van korte duur. Maar andersom geldt ook: als alle factoren – de vijf p's – verder gelijk zijn, kan geavanceerde technologie de doorslag geven.

De technische inhoud van producten verschilt van regio tot regio en van markt tot markt. Een Nederlandse fiets zal veel geavanceerder moeten zijn dan een Chinese (men zegt: de kennisinhoud moet groter zijn), om het prijsverschil goed te maken. Techniek is belangrijker voor zeer geavanceerde producten zoals wafersteppers en elektronenmicroscopen dan voor bijvoorbeeld theepotten of koffiezetapparaten. Dan wegen de *looks* en de prijs zwaarder.

Techniek is een *enabler*. De technische ontwikkeling maakt voortdurend nieuwe producten mogelijk. De auto en de locomotief kwamen pas toen er betrouwbaar en goedkoop staal was. Stoom en elektriciteit hebben een zelfde rol vervuld. Moderne innovaties zoals de pc danken hun bestaan aan doorbraken in de chiptechnologie. Grote successen komen vaak pas nadat een standaard is ontstaan of afgesproken. Telecommunicatie had nooit zo'n vlucht kunnen nemen zonder officiële internationale standaardisatie. De laatste decennia met de opkomst van de informatietechnologie is er meer sprake van de facto standaarden. Windows van Microsoft is zo'n standaard, evenals het CD-format van Philips en Sony.

Om het succes van een innovatie te bestendigen is productdiversificatie van belang. Neem bijvoorbeeld de bal, een geniale uitvinding. De eerste voetbal, een in doeken gewikkelde menselijke schedel, werd waarschijnlijk rond 600 voor Christus in India getrapt. Vandaag de dag telt de wereld achthonderd balsporten, elk met een eigen bal. In Nederland wordt jaarlijks voor 400 miljoen euro aan ballen verkocht (Financieele Dagblad, 9/8/03).

Het kan echter in relatief korte tijd verkeren met een marktsucces. Neem bijvoorbeeld de Walkman. Sony-topman Akio Morita nam in 1979 persoonlijk het besluit de walkman op de markt te brengen. Er werd perfect mee ingespeeld op de behoefte aan mobiliteit en de trend naar individualisme. Maar inmiddels is de walkman passé. Vrijwel niemand koopt meer zo'n draagbare muziekspeler met een cassettebandje. De plaats is ingenomen door discman, MP3-speler en Ipod. De MP4-speler – met beeld – komt er aan. Steeds kleiner, steeds meer opslagcapaciteit. In 25 jaar is de walkman van een waanzinnig succes, meteen vanaf de introductie, verworden tot een uitgerangeerd product.

Inspelen op maatschappelijke trends levert kansen op succesvolle innovaties. Behoefte aan mobiliteit, veiligheid, efficiënt energiegebruik, zorg voor het milieu, en individualisering, brengen de vraag naar toegesneden producten met zich mee. Auto's, deursloten, hoog rendement cv-ketel, driewegkatalysator, en voorverpakte eenpersoonsmaaltijden zijn daar onder meer het antwoord op.

De zorg voor het milieu heeft een hele bedrijfstak van industrie en dienstverleners (waaronder ingenieursbureaus) op de been gebracht. Paques in Balk (Friesland) is met ruim driehonderd werknemers een middelgroot bedrijf, maar het is niettemin een belangrijke speler op de wereldmarkt voor biologische milieuzuivering.

De geschiedenis van Paques laat zien dat het succes zich niet langs een rechte weg ontwikkeld heeft, maar dat men enkele malen is overgeschakeld van de ene techniek naar de andere en daarbij van markt is veranderd.

Het bedrijf Paques vindt zijn oorsprong in de jaren vijftig en zestig in de handel in landbouwwerktuigen. Paques scoorde eind jaren zestig, begin jaren zeventig met de bouw van torensilo's voor boerderijen. Toen deze markt verzadigd was kwam de kennis van silobouw van pas bij de omschakeling eind jaren zeventig naar mestvergisting, waarvoor grote vaten nodig zijn. Mestvergisting sloeg echter niet aan. De vaten en de basistechniek bleken echter ook bruikbaar voor het biologisch zuiveren van industrieel afvalwater, waarvoor de Wageningse hoogleraar Gatze Lettinga de methodiek heeft ontwikkeld. Dat was de gouden greep waar Paques momenteel internationaal succes mee heeft.

IN DE GREEP VAN MOORE

De chipindustrie produceert vandaag de dag net zoveel transistoren (450.000.000.000.000.000 in 2001) als er letters op papier worden gedrukt, schreef de Duitse editie van Technology Review in oktober 2003. Eén van de laatste microprocessors van Intel – de Itanium - telt zo'n 400 miljoen transistors. De kleinste structuren op deze chip meten nog slechts negentig nanometer – even groot als virussen.

De chip heeft zich sinds het eerste exemplaar uit 1957 volledig onmisbaar gemaakt. De economie van de chip is van begin af aan doorslaggevend geweest. Technology Review: 'Chips zijn net zo onontkoombaar als gedrukte teksten. In een ontwikkeld land is het nauwelijks meer mogelijk een paar uur chipvrij door te brengen. Ze zijn ingebouwd in PC's, laptops, mobieltjes, lichtschakelaars, chipkaarten en elektrische tandenborstels. De nieuwste automodellen tellen per stuk meer dan honderd van deze kleine helpers. En voor de nabije toekomst hopen de chipbouwers op toepassingen in kleding, tapijten, nog kleinere telefoontjes, geraffineerde computerspelletjes, en in spraak- en schriftherkenning.'

'Sinds de chipindustrie bestaat wordt deze geregeerd volgens een vast plan: de Wet van Moore. In al veertig jaar hetzelfde tempo maken fabrikanten hun elektronische schakelingen steeds kleiner – en daarmee ook sneller, energiezuiniger en goedkoper.'

De Wet van Moore is genoemd naar Gordon Moore, mede-oprichter en inmiddels gepensioneerd chief executive officer van de Amerikaanse chipsproducent Intel (Integrated Electronics), die deze wet in 1965 ge-

Gordon Moore, de man van de Wet van Moore

formuleerd heeft. Deze wet houdt in: elke achttien maanden verdubbelt het aantal transistors per chip. Dit is echter een gemiddelde, de ene generatie gaat het sneller dan de andere, en bij geheugenchips is het gemakkelijker te realiseren dan bij processoren. Intel zelf verdubbelt het aantal transistoren per microprocessorchip elke 1,96 jaar.

Technology Review Deutschland: 'De logica achter de Wet van Moore is eenvoudig en verhelderend: kleinere elektronische schakelingen zijn in elk opzicht beter. In de productie verbruiken ze minder materiaal, bij gebruik nemen ze minder plaats in, en ze kunnen per functie met minder stroom toe. Ze rekenen elk jaar dertig procent sneller (een verdubbeling elke 2,64 jaar) en ze slaan meer data op. Kostte een transistor op een chip rond 1965 nog een dollar per stuk, tegenwoordig is dat nog slechts een tien miljoenste daarvan. In deze branche betekent innovatie hetzelfde als verkleining.'

De Wet van Moore is in de chipindustrie geïnstitutionaliseerd. Sedert 1992 stelt deze bedrijfstak op basis van deze wet een ontwikkelingsplan op, een *roadmap*, die tien jaar vooruitkijkt en elk jaar wordt bijgesteld. Technology Review Deutschland: 'De Wet van Moore synchroniseert de ontwikkelings- en productstrategie van een branche, waarin verder het recht van de sterkste geldt.'

De Wet van Moore heeft na veertig jaar trouwe dienst echter zijn langste tijd gehad. De fysieke grenzen komen in het huidige tempo over een jaar of tien in zicht. Dan telt een logische schakeling nog slechts een paar miljoen atomen. Met nog minder materie functioneert hij niet meer. 'Er doen zich complexe problemen voor, die tot een kostenexplosie in de productie leiden', zegt de inmiddels 76 jaar oude Gordon Moore in een gesprek met Technology Review Deutschland.

Een nu te bouwen fabriek, waarin chips met honderden tegelijk worden geproduceerd op silicium schijven (*wafers*) met een doorsnee van dertig centimeter, kost rond de drie miljard euro. Alleen al aan een waferstepper van ASML, één van de duurste machines in zo'n chipfabriek, hangt een prijskaartje van twintig miljoen euro. Marktleider Intel kan die drie miljard nog opbrengen, maar Motorola, de op vijf na grootste chipfabrikant ter wereld, heeft al laten weten een dergelijke fabriek niet meer te zullen bouwen.

Is de drijfjacht van Moore voorbij? Verliest de Wet van Moore zijn economische logica? Moeten we van silicium overstappen op een nieuw materiaal? Of zal het zover niet komen, zo vraagt Technology Review zich af. Want over tien jaar hebben we weer meer mogelijkheden en beschikken we over fijnere instrumenten om de grenzen die we nu zien verder in de toekomst te verschuiven. Tien jaar geleden zei men ook al dat men nog tien jaar vooruit kon met de toenmalige techniek. En tien dáárvoor gold hetzelfde. In feite werkt de chipsindustrie al veertig jaar met een technologische horizon van tien jaar.

De allergrootste chipbouwers – Intel, IBM, AMD en Infineon – lopen het pad voorgeschreven door de Wet van Moore ook in de toekomst verder af. Intel heeft eind 2004 de *multi-core* processor – met maar liefst 1,7 miljard transistoren – geïntroduceerd. Daarbij wordt het werk verdeeld over twee of zelfs meer processors op een chip. De klok van beide processors loopt langzamer dan bij één processor het geval zou zijn, waardoor ook de warmteproductie lager is. De te verrichten taak is echter sneller uitgevoerd.

Andere chipleveranciers kiezen zijwegen, waardoor ze de ijzeren logica van Moore enigszins uit de weg gaan, zonder hem fundamenteel de rug toe te keren. Het gaat er niet langer om steeds meer transistoren op één chip te krijgen, het gaat om functionaliteit. Er verschijnen processors op de markt die zijn toegesneden op beeldverwerking (de Trimedia-chip van Philips), cryptografie of besturing van netwerken. Zelfs Intel doet hier aan mee door samen met kantoor-automatiseringsgigant Xerox mediaprocessors te ontwikkelen die vooral geschikt zijn voor besturing van kopieermachines, printers en scanners.

De Wet van Moore houdt de chipindustrie nog in een vaste greep. Maar het wordt steeds moeilijker die omklemming vast te houden.

MEER AUTO'S, MINDER EMISSIES

Een voorbeeld van een door de Europese overheid afgedwongen marktsucces is de driewegkatalysator, die auto-uitlaatgassen zuivert. Daardoor is overigens een andere potentieel succesvolle ontwikkeling, die van de arme-mengselmotor, voorlopig geblokkeerd. De driewegkat bemoeilijkt ook de aanpak van de kooldioxide-uitstoot door auto's.

Mobiliteit, individualiteit. De auto, het meest complexe consumentenproduct, past perfect in deze trends. De auto heeft dan ook in ruim honderd jaar een enorme opmars gemaakt. Jaarlijks worden er in de wereld ruim vijftig miljoen personenauto's geproduceerd. Het aantal auto's is zo groot dat het verkeer met regelmaat tot een plaag wordt, vanwege ongevallen, files en emissies. Dat noopt tot vele – technische – tegenmaatregelen, die met meer en minder succes worden genomen.

Het aantal ongevallen is al drastisch gereduceerd, maar moet nog veel verder omlaag. Filebestrijding is tot nog toe op niets uitgelopen. Emissiebeperking lukt daarentegen een stuk beter.

Het aantal auto's in Nederland is de afgelopen twintig jaar met tweederde gestegen (van 4,6 miljoen in 1980 naar 7,7 miljoen in 2002), maar de uitlaatgasemissies van het verkeer zijn (behalve die van kooldioxide) in diezelfde periode ongeveer even sterk gedaald. Oorzaak: de driewegkatalysator.

De driewegkatalysator verwijdert drie componenten – koolmonoxide, koolwaterstoffen, stikstofoxiden – grotendeels uit het uitlaatgas. Als de emissies van deze drie stoffen in 1970 per auto elk op 100 worden gesteld, dan zijn ze in 2000 gedaald tot 6,2 voor koolmonoxide, 1,7 voor koolwaterstoffen en 2,5 voor stikstofoxiden.

In de jaren zeventig stak het smogprobleem de kop op. Er ontstond bezorgdheid over de gevolgen van grootschalige uitlaatgasemissies (met name de uitworp van koolmonoxide en koolwaterstoffen) voor het milieu. Begin jaren tachtig volgde er onrust over de effecten van zure regen. Verzuring van het regenwater ontstaat door emissie van stikstofoxiden (NO_x). De milieubeweging wilde snelle actie tegen deze emissies, met name laatstgenoemde moest met een factor vier omlaag. Reductie van de uitworp van alle drie de vervuilende stoffen was alleen op korte termijn te bereiken door auto's te voorzien van een driewegkatalysator. Ontwikkeling van zuiniger auto's met 'arme mengselmotoren', ook een optie om die emissies te verminderen, zou nog jaren onderzoek vergen.

Halverwege de jaren tachtig verschenen de eerste auto's met driewegkatalysator op de Nederlandse en Europese wegen, nadat de Verenigde Staten al waren voorgegaan. Met het modeljaar 1993 stelde de Europese Commissie deze 'kat' verplicht voor alle auto's.

De driewegkat heeft overigens wel geleid tot een paar procent hoger brandstofverbruik dan zonder katalysator het geval zou zijn geweest. Oorzaak is dat deze katalysator alleen goed werkt bij een vaste samenstelling van het lucht-brandstofmengsel in de cilinders: één volumedeel lucht op één volumedeel brandstof. Deze verhouding wordt voortdurend nauwkeurig gemeten door de in de uitlaat geplaatste lambdasonde. Deze vaste verhouding lucht-brandstof sloot echter de verdere ontwikkeling van de arme mengselmotor uit. De naam zegt het al: deze werkt met armere mengsels, meer lucht dan brandstof.

Katalysatorsystemen (driewegkat plus regelelektronica) zijn de afgelopen tien tot vijftien jaar steeds efficiënter hun werk gaan doen. Verhoogde zuivering is echter met name het gevolg van de verbeterde regelelektronica, met lambdasonde als centraal element. Maar ook de chemie van de kat is aangepakt. De eerste katalysatoren bestonden uit platina of palladium, nu zijn er meerdere materialen in verwerkt met elk een eigen functie. Cerium bijvoorbeeld zorgt voor betere prestaties bij koude start. Al na tien á vijftien seconden is een moderne katalysator op bedrijfstemperatuur. En met verdere verbetering hiervan is het ook niet langer nodig elektrisch voorverwarmde driewegkats te ontwikkelen.

Door deze en andere verbeteringen zullen over een jaar of tien de hiervoor genoemde getallen nog lager liggen, verwacht ir. Rudolf Rijkeboer, inmiddels gepensioneerd emissiedeskundige van TNO Automotive (Technisch Weekblad, 10/10/03). De emissies per auto (1970 = 100) zullen dan naar verwachting voor koolmonoxide 0,9 bedragen, voor koolwaterstoffen 0,2 en voor stikstofoxiden 0,35.

Echter, in de jaren negentig is er nog een emissieprobleem bijgekomen: kooldioxide, waarschijnlijk verantwoordelijk voor het broeikaseffect. De uitworp van kooldioxide is alleen te verminderen door het brandstofverbruik aan te pakken. Dat kan op verschillende manieren – kleinere motoren, hybride aandrijving, dieselmotoren – maar elke oplossing heeft zijn eigen nadelen.

Hier komt de arme mengselmotor weer om de hoek kijken. Verdere ontwikkeling daarvan kan op den duur leiden tot een stevige verbruiksreductie en een evenredig lagere uitstoot van kooldioxide. Ook de koolmonoxide- en koolwaterstoffenuitworp van deze motor zijn lager, maar de stikstofoxiden zijn een probleem. Deze zijn alleen weg te halen met een denox-kat. Deze techniek is nog in ontwikkeling.

Het probleem is dat de eerste generatie van deze motoren niet kan voldoen aan de huidige Europese emissie-eisen. Om deze ontwikkeling een kans te geven zouden auto's met deze motoren ontheffing moeten krijgen, zoals in de Verenigde Staten het geval is.

HOOGRENDEMENT CV-KETEL

Een ander groot succes is de hoog rendement cv-ketel. Ten opzichte van voorgangers spaart deze energie en vermindert emissies, en past daarmee perfect in het energie- en milieubeleid van de afgelopen decennia. Maar dat succes werd pas mogelijk na aanpassing van de gasvoor-schriften.

Van elke drie centrale verwarmings- (CV) ketels die er momenteel worden verkocht, zijn er twee van het 'hoog rendement' (HR) type. Deze gasgestookte 'HR-ketel' wordt nu ingebouwd in vier van de vijf nieuwbouwhuizen. Zo'n 2,1 miljoen van de 6,6 miljoen woningen in

Nederland worden tegenwoordig verwarmd met zo'n cv-ketel. Ze staan dus meer in nieuwe dan in oude huizen, en ook meer in eigen dan in huurwoningen.

De ketel met een hoog energetisch rendement is in 1981 op de markt gebracht ter vervanging van de conventionele centrale verwarmingsketel, die nu nog in slechts twaalf procent van de woningen staat. De HR-ketel heeft zich dus in ruim twintig jaar tijd, met een aandeel van veertig procent van alle woningen met centrale verwarming een vaste plaats verworven. (Er zijn ook huizen met verwarming per kamer, of die hun warmte betrekken van stadsverwarming, elk zo'n tien procent van alle woningen).

Voorjaar 1978, enkele jaren na de eerste oliecrisis, vroeg de verkoopdirecteur van de Gasunie, J.P. van den Berg, aan enkele medewerkers van de afdeling Research of het mogelijk was een cv-ketel voor de huishoudelijke markt te ontwikkelen met een rendement van boven de negentig procent. Dergelijke ketels waren al in gebruik in tuinbouwkassen. Conventionele cv-ketels hadden een rendement van rond de 75 procent.

Na een goed half jaar had een team ontwikkelaars onder leiding van ing. Pierre Bartholomeus al een prototype klaar, waarvoor december 1978 octrooi is aangevraagd. Die kennis is vervolgens door Gasunie om niet in licentie gegeven aan tien Nederlandse fabrikanten van cv-ketels. De eerste zes van deze producenten kregen in 1981, kort na de tweede oliecrisis en met de energie-besparingshausse op een hoogtepunt, goedkeuring van het VEG Gasinstituut – tegenwoordig Gastec – om de door hen ontwikkelde ketels op de markt te brengen.

Gezien de korte ontwikkeltijd van slechts een half jaar kan men zich afvragen waarom niet eerder een dergelijk verwarmingstoestel is ontwikkeld. Het antwoord ligt besloten in de gasvoorschriften uit die tijd. Deze verlangden dat de rookgassen van een cv-ketel langs natuurlijke weg naar buiten worden afgevoerd, zonder condensvorming in de schoorsteen. Dat vereiste een hoge temperatuur van de rookgassen, omdat bij een te lage temperatuur de waterdamp in de gassen condenseert op de schoorsteenwand. Dat kan leiden tot vochtdoorslag, waardoor problemen kunnen ontstaan. Het spreekt voor zich dat de warmteverliezen groter zijn naarmate de rookgassen een hogere temperatuur hebben.

Bij het ontwikkelen van de nieuwe ketel hebben de technici deze voorschriften terzijde geschoven. Enkele jaren later zijn deze vervolgens aangepast aan de nieuwe ketel.

In een conventionele cv-ketel staan de verbrandingsgassen via een warmtewisselaar hun warmte af aan het ketelwater. Die gassen hebben echter na het passeren van de warmtewisselaar nog een temperatuur van 160–280 °C. Deze hoge temperatuur is nodig om te voorkomen dat de gassen in de schoorsteen zoveel afkoelen dat de temperatuur beneden het dauwpunt daalt. In dat geval condenseert de waterdamp en slaat deze vervolgens neer op de schoorsteenwand.

De hoge temperatuur van de verbrandingsgassen zorgt voor voldoende thermische trek, zodat de gassen op natuurlijke wijze via de schoorsteen naar buiten verdwijnen. Maar in die gassen zit dus nog veel kostbare warmte. Belangrijkste doelstelling bij het ontwerp van de nieuwe ketel was dan ook er voor te zorgen dat meer warmte uit de verbrandingsgassen aan het ketelwater ten goede komt. Dat is bereikt door een tweede warmtewisselaar te installeren.

Daardoor ontstaan twee problemen: ten eerste is de thermische trek dan onvoldoende om de rookgassen op natuurlijke wijze via de schoorsteen af te voeren; ten tweede daalt de temperatuur van de verbrandingsgassen zozeer dat condensatie optreedt. Het eerste probleem is opgelost door gebruik te maken van de stuwkracht van een elektrische ventilator. Het tweede door de ketel zo te construeren dat condensatie optreedt in de ketel, dus niet in de schoorsteen.

Een bijkomend maar niet onbelangrijk voordeel is dat condensatie de warmte-overdracht vergroot, doordat bij condensatie warmte vrijkomt. Dit is de reden dat het energetisch rendement van de latere HR-ketels, gerekend op onderwaarde, boven de honderd procent uitkomt. De verliezen van de HR-ketel zijn verder beperkt door deze goed te isoleren – minder verlies door stralingswarmte – en door de waakvlam te vervangen door elektrische ontsteking.

Aan de nieuwste generatie HR-ketels valt weinig meer te verbeteren, zegt ing. Pierre Bartholomeus in een interview vanwege zijn pensionering (Technisch Weekblad, 11/4/01). Met een rendement van 108 procent op onderwaarde houdt het op. Het retourwater vanuit de woning naar de cv-installatie heeft bij die ketel nog maar een temperatuur van 40 °C. Lager kan niet, want dan wordt de woning niet meer comfortabel verwarmd.

Ook de emissies kunnen nauwelijks lager. Kleiner kan ook vrijwel niet. Er zijn al ketels, zonder warmwaterboiler, van veertig kilowatt, meer dan voldoende voor huisverwarming, die in een keukenkastje passen. Ook de prijs zal niet veel meer zakken, verwacht Bartholomeus.

De ketel kan geschikt worden gemaakt voor andere brandstoffen, zoals aardgas-waterstofmengsels.

Bartholomeus verwacht binnen tien jaar concurrentie voor de HR-ketel van micro-warmtekrachtinstallaties, die in één keer met een hoog rendement warmte en elektriciteit opwekken. 'De vraag is nog of die zullen worden aangedreven door een gasmotor, een stirlingmotor of een brandstofcel. Ik houd het op een brandstofcel.'

STEEDS SNELLER

Chip, driewegkatalysator en HR-ketel hebben alle vier snel – maar niet allemaal éven snel – hun weg naar de markt gevonden. Het lijkt erop dat succesvolle innovaties dat steeds sneller doen. Het marktsucces van de mobiele telefoon verloopt veel sneller dan dat van de vaste telefoon. Dat geldt ook voor andere recente nieuwigheden zoals DVD-spelers (ten opzichte van CD-spelers) en flat panel-schermen (vergeleken met conventionele beeldschermen) en voor PC's ten opzichte van mainframe- en minicomputers.

Dat heeft te maken met marktomvang, koopkracht, productietechniek, marktbewerking en transportmogelijkheden. Er komen steeds meer mensen, dus de omvang van de markt neemt toe. Bovendien groeit (althans in de meeste westerse landen, maar tegenwoordig vooral in India en China) de koopkracht gestaag. Technisch en organisatorisch wordt het steeds eenvoudiger om in één keer een fabriek voor miljoenen producten per jaar neer te zetten.

Maar er zijn ook uitzonderingen. Soms gaat het juist opvallend traag. De duwbandtransmissie van Van Doorne uit Tilburg, de supersterke aramidevezel Twaron (uitgevonden bij Akzo, nu in handen van het Japanse Teijin, maar de fabrieken staan in Nederland), en het lichte en sterke materiaal Glare – geproduceerd door Stork - beginnen zo langzamerhand een succes te worden, maar dit betreft wel innovaties uit respectievelijk de jaren zestig, zeventig en tachtig.

Daarnaast zijn er nog de vele kleine innovaties, kleine productverbeteringen die elke dag de markt bereiken, die zich behalve voor insiders aan vrijwel ieders waarneming onttrekken, maar waar vele bedrijven een goed belegde boterham mee verdienen. Ook deze ondernemers moeten op het juiste moment met hun verbeteringen komen (vooral niet te laat, maar ook niet te vroeg). Product, prijs, personeel, plaats en promotie moeten in orde zijn. Ze moeten daarover met hun klanten communiceren, de marktomvang juist inschatten en bij dat alles niet teveel fouten maken. En de meesten van hen zullen daarnaast gewoon ook een beetje geluk nodig hebben.

Intermezzo

De twintig grootste technische successen van de afgelopen eeuw

De verbreiding van elektrische energie tot in de haarvaten van de samenleving is de belangrijkste technische verworvenheid van de afgelopen eeuw. Dat zei de inmiddels 74-jarige ingenieur en astronaut Neil Armstrong, in 1969 de eerste mens op de maan, tijdens een bijeenkomst (22/2/00) van de Amerikaanse *National Academy of Engineering* (NAE). Hij maakte bij die gelegenheid bekend wat ingenieurs zelf als de belangrijkste technische verworvenheden van de twintigste eeuw beschouwen. Als tweede en derde kozen zij de auto en het vliegtuig.

De NAE: 'Elektriciteit bracht de wereld licht en maakte kracht beschikbaar voor bijna elk doel en elke onderneming. Elektrificatie heeft een enorme impact op het leven van alledag: verlichting, verwarming, airconditioning, koeling, computers, transport, communicatie, medische technieken en voedselproductie. (...) Verschillende sleutelinnovaties hebben dit mogelijk gemaakt: de turbinegenerator, toepassing van wisselstroom, technieken om elektrische energie te onttrekken aan verschillende bronnen (fossiele brandstoffen, water, zonlicht, nucleair), en de zeer verfijnde invoering van grootschalige transmissiesystemen. Elektrificatie is verantwoordelijk voor ontelbare ontwikkelingen die het leven veiliger, gezonder en gemakkelijker hebben gemaakt. De kleinste elektrische apparaten thuis en op kantoor worden er door aangedreven, zo ook de enorme computers die hoogspanningsnetwerken en telecommunicatiesystemen besturen, evenals de machines die consumentengoederen produceren.'

In de maanden vóór de millenniumwisseling hadden 27 Amerikaanse ingenieursverenigingen – van het American Institute of Chemical Engineers en de American Association of State

Highway and Transportation Officials tot de Society of Women Engineers en de Tau Beta Pi Association – zich op verzoek van de NAE gebogen over de vraag welke technische disciplines de afgelopen eeuw de maatschappij het meest hebben beïnvloed. Daaruit kwamen 105 nominaties naar voren. Die zijn in drie stappen door een commissie van 29 vooraanstaande ingenieurs, waaronder ambtenaren en politici, en managers en onderzoekers uit het bedrijfsleven en technisch-wetenschappelijke researchinstituten, teruggebracht tot een top twintig.

Als leken, de man in de straat, gevraagd zou zijn grote verworvenheden van de techniek te noemen, zou het antwoord geweest kunnen zijn: het Panama- of het Suezkanaal, de Golden Gate-brug of de Eiffel-toren. In Nederland zou men ook de Deltawerken noemen. Daar zit ongetwijfeld iets in; het zijn technische prestaties van formaat. De Amerikaanse ingenieurs kozen echter voor technieken die deel uitmaken van het weefsel dat het dagelijks leven omgeeft: sommige spectaculair, andere bijna onzichtbaar, maar allemaal zeer belangrijk.

De lijst loopt van elektrificatie op de eerste plaats tot *high performance* materialen op de twintigste. Dat betreft staallegeringen, technische polymeren, kunstvezels, composieten en keramische materialen. Daartussen technologieën die voor een revolutie hebben gezorgd in de manier waarop mensen leven – drinkwatervoorziening (nummer 4), medische techniek (op 16: medicijnen, implantaten); de manier waarop mensen werken – computers (8), telefonie (9); waarop ze zich laten vermaken en informeren – radio en televisie (6); en reizen – auto's (2), vliegtuigen (3), snelwegen (11); en de manier waarop we in onze energiebehoefte voorzien – olie- en gastechnieken (17).

Sommige verworvenheden liggen minder voor de hand, maar hebben niettemin voor een enorme verbetering gezorgd. Nummer vier, de overvloedige voorziening met veilig drinkwater, heeft het leven van Amerikanen gedurende de afgelopen eeuw sterk gewijzigd. Honderd jaar geleden stierven jaarlijks tienduizenden burgers van de Verenigde Staten aan tyfus, cholera, dysenterie en diarree, ziekten die voortkomen uit slechte kwaliteit drinkwater. Rond 1940 waren deze vrijwel uit de VS en andere ontwikkelde landen verdwenen, door waterbehandelings- en -distributiesystemen ontworpen door ingenieurs. Wat dit betreft is er in minder ontwikkelde landen nog een wereld te winnen.

Nummer tien, airconditioning en koeling, onderstreept hoe ogenschijnlijk banale technieken een enorme invloed hebben op de economie en de arbeidsproductiviteit. Airconditioning en koeling maken het mensen mogelijk te leven en te werken in een tropisch klimaat, hebben een diepgaande uitwerking gehad op distributie en behoud van voedsel, en voorzien in een stabiele omgeving voor de gevoelige componenten die de basis vormen van de informatiesamenleving.

Nucleaire techniek, de meest controversiële van deze twintig verworvenheden, is door de Amerikaanse ingenieurs op plaats negentien gezet. De NAE: 'Controversieel vanwege atoomwapens en de bijdrage aan elektriciteitsopwekking. Met het gebruik van radioactiviteit voor medische diagnostiek is dat veel minder het geval. (...) Atoomwapens hebben het denken over oorlogvoering totaal veranderd. Tijdens de Koude Oorlog ging er een enorme dreiging uit van de grote nucleaire arsenalen aan weerszijden van de Atlantische Oceaan. Maar daardoor zijn Oost en West er ook van weerhouden elkaar in de haren te vliegen. De ondergang van het communisme in de Sovjetunie heeft geleid tot wederzijdse vermindering van die enorme aantallen atoomwapens. Daarmee is de dreiging verkleind, maar niet verdwenen. Momenteel maakt men zich ernstig zorgen dat deze wapens in handen komen van terroristen.'

Andere, nog niet genoemde verworvenheden uit deze lijst: elektronica (plaats 5), agrarische mechanisering (7), ruimtevaart (12), internet (13, nog net op het randje van de vorige eeuw), beeldvormende technieken (14, zorgden voor een revolutie in de medische diagnostiek, maar ook in de informatieverwerking, en in de manier waarop ingenieurs ontwerpen en construeren), huishoudelijke apparaten (15, hebben met name het werk van huisvrouwen verlicht en daarmee een essentiële bijdrage aan hun emancipatie geleverd), en op 18 lasers en glasvezeloptica

Als Nederlandse ingenieurs zo'n lijstje hadden opgesteld, zou dat er dan anders hebben uitgezien? Nauwelijks! Waarschijnlijk zou nucleaire techniek zijn gesneuveld, en misschien ruimtevaart ook. Nederland heeft wel enige traditie op ruimtevaartgebied, maar veel minder dan de VS. Het is echter ook een techniek met een hoge aaibaarheidsfactor.

Nederlandse ingenieurs zouden ongetwijfeld de waterbouwkunde in de top twintig hebben gezet. Al duizend jaar strijden Nederlanders tegen onstuimig oprukkend zeewater en tegen onrustbarend aanzwellende rivieren. Dat heeft geresulteerd in een indrukwekkend stelsel van dijken, dammen en gemalen, in de Zuiderzee- en Deltawerken, met aan top de halfdoorlaatbare Oosterscheldedam.

Mogelijk zouden ze ook voor voedselverwerking en proces-techniek (chemie, kunststoffen) hebben gekozen, traditionele sterktes in het Nederlandse technologische landschap.

Ingenieur en astronaut Neil Armstrong onderschreef bij de bekendmaking van de Amerikaanse technische top twintig zijn verbondenheid met het kweken van begrip voor techniek en het belang ervan voor de maatschappij. 'Bijna elk onderdeel van ons dagelijks leven heeft de afgelopen eeuw dankzij inspanningen van ingenieurs belangrijke veranderingen ondergaan, veranderingen die een eeuw geleden ondenkbaar waren. Mensen die rond 1900 leefden zouden nu verwonderd zijn door de verworvenheden die ingenieurs de maatschappij hebben geschonken. Als één van de mensen die persoonlijk deel heeft gehad aan één van de meest op-merkelijke verworvenheden van de techniek – de exploratie van de ruimte – ben ik er van overtuigd dat de volgende honderd jaar nog meer verbazingwekkends zal opleveren.'

---

www.nae.edu

hoofdstuk 9

Mislukte techniek;
niet bij techniek alleen

De Concorde is veel meer een commerciële dan een technische misluk-king. Zestien van deze supersone passagiersvliegtuigen hebben dertig jaar lang het luchtruim doorkruist. De techniek heeft zich dus bewezen.

Niettemin heeft de Concorde in de verste verte niet gebracht wat ontwerpers, bouwers en exploitanten eind jaren zestig voor ogen stond. Na de oorspronkelijke zestien is er nooit meer een Concorde gebouwd. Het toestel stuitte op veel maatschappelijke weerstand vanwege hoge emissies en lawaai. In die zin is de techniek tekort geschoten.

Technische producten en systemen mislukken soms omdat de markt wordt overschat (satelliettelefoons), soms ook omdat de techniek qua kosten niet in de hand is te houden (Kalkar, Superphénix – naast maat-schappelijke weerstand), of omdat het niet te produceren is voor de juis-te prijs (supergeleidende elektriciteitskabels). Exploitatie van de elektri-citeitscentrale met geavanceerde kolenvergasser bij Buggenum lukte wel in een door de overheid gereguleerde energiemarkt, maar niet meer na liberalisering.

Andere producten lopen tegen het qwerty-probleem aan: ze kunnen niet op tegen een slechtere, maar op ruime schaal ingeburgerde tech-niek. Dit speelt een succesvolle introductie van de magneetzweeftrein parten, evenals Wankel- en Stirlingmotor.

Een technische mislukking – een nieuw product, proces, materi-aal of systeem dat het op de markt niet redt, of niet brengt wat er van wordt verwacht – is maar zelden alleen aan falende of tekortschietende techniek te wijten. Techniekhistoricus Jan van den Ende wees daar al op bij de verschijning in 1995 van zijn boek *Technische Mislukkingen* (geschreven samen met Lex Veldhoen).

Is techniek niettemin toch de hoofdoorzaak dan komt dat vaak door overschatting van de mogelijkheden. Dat heeft een rol gespeeld bij het niet van de grond komen van Star Wars, bij het Japanse project voor de vijfde generatie computers (met bediening in natuurlijke taal) en bij de Josephson-schakelaar. Dit is een van oorsprong ibm-ontwikkeling van een supersnelle schakelaar als alternatief voor de transistor, die in de buurt van het absolute nulpunt werkt.

Dat zijn echter uitzonderingen. Bij het gros van de mislukkingen spelen niet-technische factoren een grotere rol. 'Het vaakst gaat het fout bij de marktintroductie', zei Egbert Ottevanger eind 1999 bij de tiende uitreiking van de id-nl Jaarprijs voor de beste uitvinding van het jaar. Ottevanger is directeur van id-nl, innovatiecentrum voor uitvindingen. 'De uitvinder denkt "het product verkoopt zichzelf wel", maar dat doet het dus niet. Je moet er over communiceren. Maar uitvinden, communiceren en marketen zijn verschillende competenties. Die laatste twee moet een uitvinder aan anderen overlaten.'

Ook een verkiezing tot uitvinding van het jaar is geen garantie voor succes. Van de negentig winnaars en genomineerden voor de id-nl Jaarprijs tot 1999 is slechts een handvol geslaagd. Sommige winnaars is het zelfs slecht vergaan Het winnende product uit 1992, beveiliging van waardevolle zaken door middel van een hologram, is nooit op de markt gekomen. De uitvinder gaf te veel geld uit aan productontwikkeling en waagde zich in de moeilijke markt voor paspoortbeveiliging. Winnaar van de id-nl Jaarprijs 1991 de Valvecutter, een chirurgisch instrument, was enkele jaren geleden nog mondjesmaat verkrijgbaar. De uitvinder had het te druk met zijn baan als chirurg om het product goed in de markt te zetten.

Een goed idee is één ding, maar een uitvinding verder ontwikkelen tot een marktrijp product is een heel ander verhaal. Dat is ook de portee van een artikel in het blad *Arts & Auto* (nr. 16/03) over vier artsen-uitvinders (met name chirurgen knutselen heel wat af). Dat verder ontwikkelen blijkt een langdurig en moeizaam proces, waarbij de uitvinder regelmatig de mogelijkheid van een mislukking onder ogen moet zien. Drie van de vier zochten voor die gang naar de markt externe hulp (twee van de drie bij id-nl). Vooral financieel gezien is het verstandig een solide partner te kiezen. Eén van de artsen-uitvinders over de almaar oplopende kosten: 'Een patent, een prototype, de illustrator, een video om de werking uit te leggen. Het gaat maar door.'

Verder blijkt het grote geld niet onder handbereik te liggen. Waarschijnlijk zal het ook nooit zover komen, constateren ze alle vier. Zonder spijt overigens, want er staat veel voldoening en een rijke ervaring tegenover. Al hebben ze ook allemaal op het punt gestaan de handdoek in de ring te gooien. Eén van de artsen: 'Het is niet leuk om na de

zoveelste keer te horen dat het nog een hele toer zal worden om je uitvinding op de markt te krijgen'. Een ander: 'Die eindeloze frustratie van
dingen die mis gaan. Ik heb vaak genoeg gedacht: ik stop er mee.'

SUPERIEUR

Ook technische superioriteit is geen garantie voor succes. Er zijn talloze
voorbeelden van producten en installaties die technisch beter zijn dan
die van concurrenten, maar het op de markt niet redden. Een voorbeeld
is het Video 2000-systeem voor videorecorders van Philips, dat niettemin het onderspit moest delven tegenover het VHS-systeem van het
Japanse JVC.

Een ander voorbeeld vormt de 'superkunststof' Carilon van Shell.
Bij de marktintroductie van Carilon (een polyetherketon) in 1995
schreef de vakpers er in superlatieven over. Het materiaal is sterk, taai,
hard, slagvast, temperatuurbestendig, chemisch resistent en heeft een
lage permeabiliteit (doorlaatbaarheid voor gassen). Vooral de combinatie van al die eigenschappen maakt het aantrekkelijk.

Aan de introductie van Carilon was dertien jaar onderzoek in het
laboratorium van Shell, Amsterdam vooraf gegaan. Al in 1982 was het
basispolymeer toevallig ontdekt door Shell-onderzoeker Eite Drent, in
het kader van een heel ander researchproject. Het duurde echter nog
dertien jaar om een goed productieproces voor het materiaal te vinden.

Maar begin 2000 maakt Shell bekend dat het Carilon uit de handel
haalt. Daarvoor waren diverse redenen: Shell was bezig een deel van
de chemieactiviteiten af te bouwen, de prijsprestatieverhouding van het
materiaal liet te wensen over, evenals de verwerkbaarheid. Shell had al
eind 1998 bekend gemaakt te willen stoppen met de chemieactiviteiten
die 'verder van de kraker af liggen'. Dat betrof zo'n veertig procent van
de chemieactiviteiten van Shell.

In 1999 heeft Shell nog geprobeerd Carilon over te doen aan andere kunststofproducenten, maar zonder succes. Een Shell-woordvoerder
zegt daarover: 'Ook andere bedrijven zullen zich hebben gerealiseerd
dat het nog enkele jaren tijd en geld kost om Carilon verder te ontwikkelen en te vermarkten.'

Ook de prijs-prestatieverhouding van het materiaal blijkt onvoldoende. Met andere woorden: het is gewoon te duur, ondanks de superieure eigenschappen. Ir. Jan Jaap Koppert, directeur van Advanced
Lightweight Engineering in Delft, zegt dat hij rond 1998 met Shell heeft
onderhandeld over het gebruik van Carilon in drukvaten zoals lpg-tanks

en gashouders (*Technisch Weekblad*, 22/3/00). Deze polyetherketon is daarvoor met name geschikt vanwege de uitstekende barrière-eigenschappen. Maar het is afgesprongen op de prijs en de verwerkbaarheid. Carilon kost zo'n twaalf gulden (5,45 euro) per kilo, tegenover het alternatief polyethyleen van 1,5 gulden (0,68 euro) per kilo. Bovendien: Carilon leent zich alleen voor spuitgieten, terwijl voor drukvaten rotatiegieten de voorkeur heeft, omdat die werkwijze een lagere breukrek geeft. Ook zijn de matrijzen (de vormmodellen) voor spuitgieten tien keer duurder dan voor rotatiegieten (150.000 om 15.000 gulden; 68.182 om 6.818 euro). Voor rotatiegieten had het materiaal anders moeten worden samengesteld ('geformuleerd'), maar daar was Shell niet toe bereid omdat het weer veel onderzoek zou vergen.

Shell zelf heeft gemikt op de grote markten voor brandstoftanks in auto's, en die voor buizen voor transport van gevaarlijke stoffen. Maar dat is niet gelukt, ondanks gezamenlijke productontwikkeling met een autofabrikant. Was dat wel van de grond gekomen dan had Shell waarschijnlijk schaalvoordelen kunnen realiseren door een veel grotere productie van Carilon, waardoor de prijs omlaag had gekund. Maar nu is het gebleven bij een totale productiecapaciteit van 32.500 ton per jaar, in een fabriek in Engeland en één in de Verenigde Staten. Let wel, dit is de productiecapaciteit, wat er daadwerkelijk is geproduceerd wil Shell niet zeggen. Bij (bulk)kunststoffen spreekt men pas van enige substantiele productie bij meer dan een miljoen ton per jaar.

In het algemeen is Carilon zes tot dertig maal duurder dan andere kunststoffen. Dus al kun je vanwege de betere eigenschappen met de helft minder toe, dan ben je nog drie tot vijftien keer duurder uit. Een kunststoftechnoloog van TNO vindt (*Technisch Weekblad*, 12/2000) dat Shell er niet zo hard aan heeft getrokken met de marketing van Carilon. 'Ze hadden actiever kunnen zijn. Het is sowieso moeilijk een marktpositie te verkrijgen, er zijn zoveel andere kunststoffen, misschien hadden ze enige tijd onder de prijs moeten werken.'

QWERTY

Een andere superieure technologie die het niet heeft gehaald is de Velotype, een andere Nederlandse uitvinding van begin jaren tachtig. Deze is letterlijk op het qwerty-probleem gestuit, maar er was nog veel meer aan de hand.

De Velotype is een toetsenbord waarop geen letters maar lettergrepen worden aangeslagen, waardoor een twee à drie maal hogere typesnelheid

Velotype

mogelijk is. Ondanks deze belofte, die begin jaren tachtig veel aandacht kreeg in de Nederlandse pers, heeft de Velotype het niet gehaald. Fouten van het management, en twee onhebbelijke adviseurs/medewerkers, hebben begin 1991 geleid tot het faillissement van Special Systems Industry in Rijswijk, het bedrijf dat geprobeerd heeft de supersnelle Velotype op de markt te brengen. Er zijn niet meer dan duizend stuks van het ruim vijfduizend gulden (2273 euro) kostende toetsenbord aan de man gebracht (*Intermediair*, 8/2/91).

Na de presentatie van de Velotype op de beurs 'Kantoorinnovatie' in 1983 volgde een vloedgolf van publiciteit. Special Systems Industry (ssi) mocht alle zes prototypen van de Velotype demonstreren in het tv-programma 'Brandpunt in de markt'; de typistes haalden inderdaad die drie maal hogere snelheid. Orders stroomden binnen voor zes- à zevenhonderd Velotypes.

Maar daar ging het voor het eerst al mis: de meeste opdrachten moesten worden verscheurd, omdat ssi daar helemaal niet op voorbereid was. Oorzaak: er waren nog maar twee koppelingen beschikbaar, voor tekstverwerkingscomputers van Philips en AES. Deze koppelingen passen de signalen van de Velotype aan voor de tekstverwerkers.

Pikant is nog dat de uitvinders van de Velotype, de in 1985 overleden Marius den Outer en taalkundige Nico Berkelmans uit Apeldoorn, nog voordat ze in 1983 met ssi in zee gingen hun patenten bij Philips hebben aangeboden. Er zijn door het Eindhovense concern 25 toetsenborden gebouwd. De zaak sprong echter af omdat Philips niet meer dan een half procent royalty's wilde betalen op elk verkocht toetsenbord, terwijl de uitvinders toen al een aanbod hadden van het Amerikaanse bedrijf Textron dat hen vijf procent van de omzet gunde.

Na die eerste desastreuze ervaring stortte men zich bij ssi, waarvan de aandelen in handen waren van particuliere geldschieters, op de ontwikkeling van koppelingen. Er zijn uiteindelijk een kleine honderd gebouwd, voor een totaal bedrag van rond de miljoen gulden (450.000 euro). Voor sommige merken moest er voor elk type tekstverwerker een aparte koppeling komen, en voor sommige van die producenten zijn vijf à zes koppelingen gemaakt, terwijl voor bepaalde typen computers soms maar drie Velotypes zijn verkocht.

Toen die kostbare aanloopfase achter de rug was trok de verkoop inderdaad aan. In 1985 werd een omzet behaald van 1,2 miljoen gulden, 'een fantastisch resultaat', zei (de inmiddels overleden) ex-directeur ir. Herman Schweigman in 1991, kort na de faillissementsuitspraak. Het jaar daarop viel de omzet weer terug, naar acht à negen ton, 'terwijl dat logischerwijs het dubbele had moeten zijn van 1985', aldus Schweigman.

De buitenwereld zocht de oorzaak bij het dure en sterk afwijkende toetsenbord, maar daar willen Schweigman en Berkelmans ook achteraf niets van weten (*Intermediair*, 8/2/91): de aanschafkosten vallen geheel weg tegen de te verwachten verbetering met twintig procent van de arbeidsprestatie. In een brochure rekent SSI potentiële klanten een jaarlijkse besparing van 50.000 gulden (22.727 euro) per Velotype-arbeidsplaats voor.

In die tijd beleefde Nederland echter ook de massale opkomst van de personal computer. Personeel van typekamers, de markt waar SSI vooral haar pijlen op richtte, was nog maar net overgeschakeld van de mechanische typemachine naar *dedicated* tekstverwerkers (computers die alleen maar kunnen tekstverwerken), en moest opnieuw worden bijgeschoold nu de veel goedkopere PC's hun intrede deden. Cursussen velotypen schoten er daarom bij in. 'Ik ben er toen inderdaad in tekort geschoten de aandeelhouders uit te leggen dat de achteruitgang in omzet niet structureel maar conjunctureel was', zo zegt Schweigman. Als de PC eenmaal zou zijn ingeburgerd, zouden er best weer kansen komen voor de Velotype, meende Schweigman in 1986, en dacht hij ook in 1991 nog.

Maar er was rond die tijd al meer mis bij SSI. Op 25 personeelsleden waren er twee of drie directeuren, terwijl er slechts één verkoper was die niet achter zijn bureau vandaan kwam, aldus Schweigman. Er werden betrekkingen aangeknoopt met twee personen, waarvan de één voor SSI de Amerikaanse markt zou bewerken en de ander de Australische en Nieuw-Zeelandse. Daar kwam niets van terecht; wel werd er in Zweden een honderdtal Velotypes verkocht.

In 1987 kwam SSI in financiële problemen. Daar is het niet meer uit gekomen. Toen SSI eind jaren tachtig een regeling met crediteuren moest treffen, legden een adviseur en een medewerker/directeur (diens precieze status is onduidelijk) claims op het bedrijf - de één tot een bedrag van acht ton – die volgens Schweigman en Berkelmans in geen verhouding stonden tot de geleverde diensten. Ook lieten ze beslag leggen op banktegoeden van SSI; er is enkele jaren over en weer geprocedeerd. Dit alles met als doel, aldus Schweigman, om de patenten op de Velotype in handen te krijgen. 'Lijkenpikkers', noemt hij ze. Uiteindelijk zijn die kwesties geregeld, de patenten kwamen terug bij Berkelmans.

Na de uitspraak van het faillissement in 1991 heeft de Stichting B4 (Berkelmans Velotype International Exploitation of Rights) in Den Haag, waarbij ook de laatste drie werknemers van ssi waren betrokken, nog geprobeerd van de Velotype een succes te maken. Allereerst werd de prijs van het toetsenbord met de helft verlaagd; dat kon omdat er na het faillissement nog een onverkochte voorraad van 1500 Velotypes was. Van de koppelingen waren er toen nog een stuk of tien bruikbaar. Hoewel een ex-marketingmedewerker van ssi, en alszodanig ook betrokken bij B4 na het ssi-faillissement, toen nog steeds geloofde in een wereldmarkt voor de Velotype, zijn deze pogingen een zachte dood gestorven.

COMPLEXE TREIN

Enkele jaren geleden is een internationaal project van luxe treinen voor zakenreizigers vooral om technische redenen mislukt. Het bleek te complex om een trein te bouwen die in zowel Engeland als in enkele Europese landen waaronder Nederland kan rijden. Behalve technische oorzaken hebben ook andere redenen – privatisering British Rail, faillissement van een betrokken partij – de ondergang van deze onderneming bewerkstelligd. De Nederlandse Spoorwegen hebben daardoor een strop geleden van 35,5 miljoen euro (78 miljoen gulden).

Het in 1990 gestarte project is in 1997 stop gezet toen het al dertig maanden op schema achter lag. Enkele door het Britse Metrocamell gebouwde treinen bleken niet robuust genoeg om een dienstregeling te kunnen rijden.

Engeland en het Europese continent zijn van oudsher spoorwegtechnisch gescheiden werelden. Spoorwegbedrijven op het West-Europese vaste land zijn verenigd in de *Union Internationale de Chemin de fer* (uic), die normen en voorschriften uitvaardigt. Engeland doet daar niet aan mee. Daar bovenop komen afwijkende bovenleidingspanningen in elk land, een relict uit de tijd van vóór standaardisatie. Nederland heeft 1500 Volt gelijkspanning, België 3000 Volt gelijk, Duitsland een wisselspanning van 15.000 Volt bij 16,66 Herz, Frankrijk 25.000 Volt bij 50 Herz.

Het betrof een zeer luxe, veel elektrisch vermogen vragende trein, met airconditioning en douches in elke coupé. Dat ging het elektrisch vermogen van de spoorwegnetten in met name het Verenigd Koninkrijk, België en Nederland te boven.

Systemen voor aarding en beveiliging zijn verschillend tussen Engeland en het vaste land. De luxe-trein was daarom door de Engelse bouwer voorzien van een hybride aardingssysteem. Maar dit heeft nooit goed gewerkt. Er vond spanningsopbouw in de trein plaats.

Op de retourstroom van locomotief naar elektriciteitscentrale zit vaak een wisselspanning gesuperponeerd, die meekomt van de elektrische systemen in de trein. Deze wisselspanning mag niet in het frequentiegebied van de treinbeveiliging liggen. Daarom is deze wisselspanning qua hoogte en frequentie begrensd. Maar vanwege de verschillende frequenties van de treinbeveiligingssystemen in de Europese landen heeft het zeer veel tijd en geld gekost zo'n begrenzer te ontwerpen en te bouwen.

Airconditioning en douches met eigen boilers vragen een groot elektrisch vermogen. Daarom is een load-managementsysteem toegepast, dat er voor zorgt dat er nooit te veel elektrische energie wordt gevraagd. Ontwerp en bouw bleken echter zeer complex en tijdrovend. Het op Britse eisen gebaseerde bekabelingsysteem bleek niet in overeenstemming te krijgen met de UIC-bekabeling.

Ondanks load-management trokken de interne systemen van de trein zoveel stroom dat er op rails met een lage bovenleidingspanning nauwelijks voldoende energie overbleef om de trein te laten rijden. Het traject London–Chunnel heeft een gelijkspanning van slechts 650 V. 'De trein kon hier alleen stapvoets rijden', aldus een woordvoerder van de Nederlandse Spoorwegen (*Technisch Weekblad*, 23/9/98).

In de Eurostar die door de Kanaaltunnel rijdt zijn de spoorwegtechnische verschillen tussen Engeland en Frankrijk wél opgelost. Maar ook deze trein kan niet in Nederland en Duitsland rijden.

LANGE TERMIJN

Carilon, Velotype en de gecancelde internationale trein zijn elk om geheel verschillende redenen mislukt. In andere gevallen worden producten op lange termijn wél een succes, maar dan op bescheidener schaal dan oorspronkelijk gedacht en vaak nadat ze enkele malen langs de rand van de afgrond zijn gegaan. Dat betreft bijvoorbeeld de continue variabele transmissie van Van Doorne, de supersterke kunstvezel van Teijin Twaron en het lichte en sterke materiaal Glare (een glasvezel-aluminium laminaat), ontwikkelingen uit respectievelijk de jaren zestig, zeventig en tachtig.

Akzo Nobel mikte met Twaron in eerste instantie op de enorme markt voor versterking van autobanden. Maar bandenfabrikanten vonden Twaron veel te duur. Ze versterkten autobanden met het goedkopere staaldraad. Teijin Twaron, dat de vezel van Akzo heeft overgenomen, boekt nu succes door intensieve bewerking van nichemarkten zoals die voor brandwerende kleding en versterking van optische kabels. Vanwege het asbestverbod krijgt Twaron-pulp nu een kans in remschoenen van auto's.

De afgelopen decennia is vergeefs geprobeerd de zeppelin weer nieuw leven in te blazen. Het was ook naïef om te denken dat dat wél zou kunnen. Al in de jaren dertig heeft het luchtschip de concurrentie met het vliegtuig verloren, en sindsdien heeft deze laatste haar voorsprong verder vergroot. Nu is die niet meer in te halen.

Men had nog de hoop dat deze vliegende sigaar zich in nichemarkten zou kunnen bewijzen, zoals voor cruises, voor waarnemingen vanuit de lucht (grens- of kustbewaking) waarbij het luchtschip geluidloos stil kan hangen, of als vliegende hijskraan voor het vervoer van zwaar materieel. Die markten bleken echter te klein.

Het gaat ook om enorme gevaartes waarbij bijvoorbeeld de Amsterdam Arena helemaal in het niet valt, en met een gezien die omvang verrassend klein draagvermogen. Nee, de zeppelin heeft definitief afgedaan.

WIE VOLGT

Achteraf vaststellen waarom iets is mislukt is niet zo moeilijk. Lastiger is het om te voorspellen welke nu veelbelovende technologische ontwikkelingen het misschien in de toekomst niet zullen halen, of niet zullen brengen wat ze nu beloven.

Goeie kandidaten zijn UMTS, de waterstofauto, supergeleidende kabels, en alternatieven voor de huidige computer. Overheden van diverse Europese landen hebben UMTS, de derde generatie mobiele telefonie, met peperdure frequentieveilingen uit de markt geprijsd. En tegelijk hebben managers van de telecom-operators die aan deze veilingen hebben deelgenomen, inschattingsfouten gemaakt ten aanzien van het belang van deze technologie. Gezamenlijk hebben ze de telecomsector in een diepe crisis gestort, waaruit de branche nu langzaam opkrabbelt. De investeringen in frequenties, voor het onvoorstelbare bedrag van honderd miljard euro, zijn inmiddels afgeschreven. Recent is een voorzichtig begin gemaakt met invoering van UMTS, maar op veel kleinere schaal dan oorspronkelijk gedacht. Het is lastig concurreren met WiFi en Bluetooth, vrije standaarden (zonder licentiekosten) voor het verzenden van breedbandige telecomsignalen, hoewel deze vanwege de hogere frequentie waarop ze werken een kleiner bereik hebben dan UMTS.

De brandstofcel gestookt op waterstof wordt momenteel volop gepropageerd als schone energiebron voor de auto van de toekomst. Maar gezien de problemen waar het brandstofcel- en het waterstofonderzoek mee kampen, is dit allerminst zeker. De brandstofcel is al ruim anderhalve eeuw in ontwikkeling en het onderzoek schiet maar niet op. 'Te duur, te groot, te onbetrouwbaar', schreef het Britse weekblad *The Economist* (16/3/02).

De grootste problemen die omvangrijke toepassing van waterstof in de weg staan liggen op het gebied van productie (kost zeer veel energie) en opslag van waterstof (vergt veel ruimte). Toepassingen van brandstofcellen en waterstof zouden daarom wel eens beperkt kunnen blijven tot stationaire nichemarkten.

Na de ontdekking in 1986 van 'warme' supergeleiding (bij veel hogere temperaturen dan vlakbij het absolute nulpunt) herleefde de droom van weerstandloos elektriciteitstransport. Helaas, met uitzondering van enkele nichetoepassingen, zal ook deze droom niet uitkomen. Onderzoekers van de TU Eindhoven, de Universiteit Twente en van het bedrijf Eaton-Holec hebben de supergeleidende kabel (weerstandloos bij een temperatuur van ongeveer negentig Kelvin, 180 graden Celsius onder nul) op de testbank gelegd. Ze laten er weinig van heel. Deze kabels zijn duur, de koeling is problematisch, reparatie duurt doorgaans lang, het spannings- en vermogensverlies is hoog en het ontbreekt vooralsnog aan een geschikte beveiliging die bij te hoge stromen de kabel uitschakelt (vakblad *Energietechniek*, december 2003).

In de toekomst zullen parallelle computers slechts in deelmarkten – zware rekentoepassingen – een kans maken tegen de conventionele Von Neuman-computer, en ze zullen deze zeker niet verdrijven. Van optische, neurale, kunststof, DNA en quantumcomputers moet nog maar worden afgewacht of ze ooit realiteit worden, laat staan of ze een economisch alternatief voor de siliciumtechniek zullen vormen.

Geen innovatieplatform, geen vakjury's, geen R&D-adviesraden, geen bedrijfsdirecties, geen venture capitalists, geen business angels, geen incubators en ook geen analisten van financiële instellingen kunnen het succes van een nieuw product voorspellen. Bedrijven en overheden kunnen honderden miljoenen euro's in een ontwikkeling stoppen zonder dat het ooit een cent oplevert. Alleen de markt bepaalt het succes van een innovatie.

Intermezzo

De broncode

Het verhaal van de broncode betreft een zeer merkwaardige mislukking. Als het al een echte mislukking is, want vele deskundigen menen dat tv-reparateur Jan Sloot de wereld heeft bedot.

Sloot (1945–1999) claimt eind jaren negentig, na twintig jaar ploeteren gedurende avond- en nachturen in zijn zolderlaboratorium, een unieke data-coderingstechniek te hebben ontwikkeld waarmee alle bestaande speelfilms op één DVD zouden kunnen worden opgeslagen.

Het principe is ogenschijnlijk simpel. Net zoals er voor een tekst slechts een beperkt aantal karakters beschikbaar is (letters, leestekens), is een film uit een eindig aantal kleuren en geluiden opgebouwd. Al die basisgegevens heeft Sloot in vijf algoritmes in vijf verschillende geheugens opgeslagen. Bij de opslag van films zou ieder algoritme een maximale omvang van 74 megabyte (MB) krijgen. In totaal 370 MB, de broncode, het hart van de vinding.

Sloot berekende ook voor iedere bladzijde van een boek, of ieder beeld van een film, een unieke code waarvan het geheel ook weer resulteerde in een unieke code. Die laatste code, de sleutel, neemt slechts 1 kilobyte (KB) geheugen in beslag, ongeacht de lengte van de film, de omvang van het geluidsbestand of de dikte van het boek. Op één chipkaart kunnen op die manier tientallen sleutels worden opgeslagen.

Dus: een complete film van anderhalf uur (ruim vier gigabyte) wordt met het algoritme versleuteld tot een code met een omvang van 1 kilobyte. Een verdichtingsfactor van vier miljoen! Andersom versleutelt snelle computerhardware de code met behulp van dit algoritme weer terug in de complete film.

Mocht dit inderdaad zo zijn, dan zou de wereld van dataopslag en -transport op zijn kop staan. Het opslaan van een uur geluid van GSM-kwaliteit (mono) kost nu, met gangbare techniek, 5,85 megabyte (of 5850 kilobyte), een uur stereogeluid van MP3-kwaliteit neemt 45 MB in beslag, en van CD-kwaliteit zelfs 540 MB. Een uur video plus geluid van lage kwaliteit (met MPEG gecomprimeerd) beslaat 540 MB, en van hoge kwaliteit (MPEG2) 3240 MB (3,24 GB). Vakmensen zijn al blij als ze ergens een procentje kunnen winnen bij de opslag van digitale informatie, aldus ir. Kees Schouhamer Immink, één van de belangrijkste mensen achter de coderingstechniek van de compact disc (*Eindhovens Dagblad*, 24/2/01).

Met de vinding van Sloot zijn harde magneetschijven, DVD's, glasvezel overbodig. Veel financiers waren geïnteresseerd in diens vinding. Sloot gaat ermee de boer op en klopt onder meer aan bij Philips, maar de Eindhovense ingenieurs lijken weinig geïnteresseerd.

Ir. Roel Pieper, destijds lid van de Raad van Bestuur van Philips, ziet wél brood in het mysterieuze kastje en gaat, uiteindelijk zelfstandig, met de uitvinder en zijn compagnons in zee. Pieper vliegt met Sloot naar de Verenigde Staten om investeerders te vinden, en steekt zelf enkele miljoenen guldens in het project. Alle aandeelhouders van het bedrijf Fifth Force (waaronder Pieper), dat het Sloot Digital Coding System wil commercialiseren, hopen miljardair te worden.

Maar op 11 juli 1999 overlijdt de lichtelijk paranoïde uitvinder aan een hartaanval, een dag voordat de uitvinding tot in detail contractueel zal worden vastgelegd. Alle aantekeningen, het kastje met een proefmodel van de uitvinding en de broncode van het algoritme worden nooit teruggevonden.

Jan Sloot heeft tot zijn plotselinge overlijden altijd weinig losgelaten over de ware aard van zijn uitvinding. In twee patenten (NL1005930C uit 1998, en NL1009908C uit 2000), waarin Sloot het principe van het 'Sloot Digital Coding System' uiteenzet, laat hij niet het achterste van zijn tong zien. In een bijlage bij het boek *De Broncode* dat *Quote*-journalist Eric Smit met name aan de zakelijke machinaties achter deze affaire heeft gewijd (nadat hij er in 2001 in zijn blad al eerder aandacht aan had besteed), schrijft Sloot letterlijk dat hij nooit het achterste van zijn tong zal laten zien!

Sloots' vinding is volgens gangbare technisch-wetenschappelijke inzichten onmogelijk. Deskundigen concluderen daarom dat Sloot de wereld heeft bedot. 'Waanzin, lariekoek', aldus hoogleraar ir. J. Biemond, die zich aan de TU Delft al tientallen jaren bezig houdt met beeldcompressie, over Sloots' vinding (*Technische Weekblad*, 21/3/01). 'Absolute onzin', meent Schouhamer Immink (*Eindhovens Dagblad*, 24/2/01).

Veel criticasters die het digitale coderingssysteem van Sloot op theoretische gronden afwijzen, gaan de fout in door het SDCS voor te stellen als een compressietechniek. Het is namelijk een coderingstechniek. Het is hetzelfde als het verschil tussen MPEG, een compressietechniek, en het Morse-seinen, een coderingstechniek.

Pieper geeft ook aan (*UT Nieuws*, 23/9/04) wat de essentie vormt van Sloots datacoderingstechniek. 'Het principe is te vergelijken met Adobe Postscript, waarbij aan de zendende en ontvangende kant bekend is wat voor datarecepten heen en weer gestuurd worden, zonder dat de data zelf worden verstuurd.' Hij zegt dat het Nederlandse bedrijf FrontEnd dit ook heeft geprobeerd.

Het blijft niettemin een raadsel. In een ingezonden brief in *de Volkskrant* (28/9/04, kort na verschijning van het boek *De Broncode*), schrijft een 'ingenieur D. Rothe' dat Sloot 'het binaire stelsel volledig heeft losgelaten [HT: niettemin draait het SDCS op een gewone, digitale PC] en terug is gegaan naar de oorsprong van elektronische dataopslag'.

Uit het weinige dat Sloot gedurende zijn leven heeft losgelaten blijkt dat hij van een 'alfabet' gebruik maakte. Discrete wiskunde dus (wiskunde geschikt voor digitale computers; de coderingstheorie maakt hier onder andere gebruik van). Of het binair was of niet, doet er niet toe. De spelregels blijven hetzelfde (*Technisch Weekblad*, 21/3/01).

In reactie op een vraag van de *Automatisering Gids* aan haar lezers (24/9/04) zegt een zekere Rob Tito dat Sloots vinding waarschijnlijk een voorloper is 'van wat wij tegenwoordig *wavelets* noemen'. *Digital wavelet transform* is een signaalcoderingstechniek die gebruik maakt van oscillaties in zowel tijd als frequentie.

Diverse critici hebben het coderingssysteem van Sloot van grote afstand neergesabeld, zonder de techniek ooit onder ogen te hebben gehad. Impliciet stellen ze dat er buiten het gevestigde technisch-wetenschappelijke onderzoek geen fundamentele ontdekking van belang kan worden gedaan.

De kans dat Sloot – een hele goeie tv-reparateur met weinig opleiding – in zijn eentje iets heeft ontwikkeld dat de rest van de wereld over het hoofd heeft gezien, is inderdaad klein, maar niet nul. Sloot heeft de techniek tenslotte gedemonstreerd aan vele deskundigen die de vinger niet op onoorbare praktijken hebben gelegd. Mogelijk ook heeft Sloot iets ontwikkeld dat voor demonstraties voldeed, maar nog niet rijp was voor praktische toepassing. Roel Pieper duidt daar ook op. 'De vinding van Sloot was half af. Er onbrak nog veel aan.' (*UT Nieuws*, 23/9/04).

Pieper meent overigens dat als de broncode alsnog wordt gevonden, het hoogst onwaarschijnlijk is dat er nog iets mee kan worden gedaan.

Deze merkwaardige affaire, waarover Eric Smit een smakelijk boek heeft geschreven, heeft vooral zulke proporties kunnen aannemen door het plotselinge verscheiden van Jan Sloot, plus de onvindbaarheid van de broncode na zijn dood. Als Sloot de kans had gekregen zijn vinding wereldkundig te maken, althans contractueel gedwongen was daar meer over los te laten, was er al lang klaarheid geweest. Het is bijvoorbeeld niet uitgesloten dat als Sloot zijn vinding verder had ontwikkeld tot brede toepasbaarheid op commerciële schaal, hij qua benodigde dataopslagcapaciteit toch weer in de buurt van bestaande methoden was uitgekomen.

———————————

De Broncode; Eric Smit; Podium; ISBN 9057591561. Het boek wordt verfilmd door regisseur Pieter Kuijpers; 2007 in de bioscoop.

Hoofdstuk 10

Duurzaamheid: het moet, het kan, nu nog een investeringsplan

De eerste nulenergie woning in Woubrugge

Nederland telt ruim honderd energieneutrale of nulenergie woningen. Het eerste huis uit die reeks staat aan de oever van de Woudwetering in Woubrugge. Deze wekt evenveel energie op als de bewoners verbruiken. Het vrijstaande huis is in 1993 gebouwd en heeft een inhoud van vierhonderd kubieke meter.

In deze woning zorgen zonnecollectoren met een oppervlak van vier vierkante meter voor de productie van warm water voor huisverwarming en douche. Een hoogrendement ketel verwarmt dit verder tot de gewenste temperatuur. Ook een met hout gestookte speksteenkachel verwarmt het huis.

Alles bij elkaar wordt jaarlijks vierhonderd kubieke meter aardgas verstookt – een derde van een woning die aan de huidige energieprestatienorm voldoet – plus nog tweehonderd kubieke meter aardgasequivalent in de vorm van hout.

Zonnepanelen met een oppervlak van veertig vierkante meter wekken per jaar 3200 kilowattuur elektriciteit op. Meer dan de bewoners zelf gebruiken; het overschot gaat naar het elektriciteitsnet.

De totale energiebalans van het huis is na een aanpassing in 2000 positief, waarbij acht vierkante meter warmwatercollector is vervangen door een even groot oppervlak zonnecellen. Deze leveren netto meer energie dan een warmwatercollector van hetzelfde oppervlak.

In tegenstelling tot deze energieneutrale woning geldt een conventioneel huis al als zuinig indien het over een jaar duizend kubieke meter aardgas verbruikt voor verwarming en warm tapwater, plus 2500 kilowattuur elektrische energie voor de apparaten in huis.

Uit onderzoek van W/E Adviseurs Duurzaam Bouwen en Verhoef Solar Energy Consultants blijkt dat nulenergie huizen nog twintig à dertig procent duurder zijn dan conventionele woningen (*Duurzame Energie*, juni 2002). Dat betekent bij de huidige prijzen een meerinvestering van al gauw vijftigduizend euro. Dat moet in principe worden terugverdiend met besparingen op elektriciteit en aardgas. Maar als de bewoner er een goed gevoel over heeft om in een dergelijk huis te wonen, is dat uiteraard ook wat waard.

Dit voorbeeld van het lage energiegebruik van een - vergeleken met conventionele woningen - duurzaam huis, is moeiteloos uit te breiden met vele andere voorbeelden van producten, apparaten en machines die de afgelopen decennia veel zuiniger zijn geworden qua energie- en grondstofgebruik.

Het gewicht van het stalen drinkblikje – voor cola, bier – is in de afgelopen twintig jaar vrijwel gehalveerd. Lag het rendement van gasgestookte elektriciteitscentrales (met stoomketel) twintig jaar geleden nog op zo'n 35 procent, de nieuwste centrales (met stoomketel en gasturbine) halen wel 55 procent. Vier Nederlandse wegenbouwers zijn er in geslaagd asfalt te produceren bij negentig graden Celsius, waar tot voor kort 170 graden vereist was.

De autoschuifdaken van Inalfa uit Venray zijn nu 66 procent lichter dan die uit 1976, het begin van de productie. Zoals ze nu geproduceerd worden, was in 1976 niet mogelijk.

De Undine, een reinigingsspuit waarbij lucht en water zeer effectief worden verneveld, gaat tot zeventig procent zuiniger met water om dan een conventionele spuit.

Interieurs van dure jachten zijn met honingraatconstructies 36 procent lichter dan wanneer ze in massieve houten plaat worden uitgevoerd. Volkswagen presenteerde op 14 april 2002 een tweepersoonsauto die slechts één liter diesel verbruikt per honderd kilometer.

In 2004 heeft Intel chips op de markt gebracht met een voedingsspanning van 0,94 volt, waar 3,3 V tot nu toe gebruikelijk is, en die in de jaren zeventig nog 5 V bedroeg. Het opgenomen vermogen daalt evenredig met de voedingsspanning; de nieuwste chip heeft geen koelventilator. Het opgenomen vermogen is ook evenredig met de klokfrequentie. Intel heeft daarvoor al eerder de Speed Step-techniek ingevoerd, die de klokfrequentie terugschakelt als de omstandigheden dat toelaten.

INNOVATIE DOOR MILIEU

Hoogleraar Lucas Reijnders zei in zijn oratie in 1999 aan de Open Universiteit: 'Wie terugblikt op de afgelopen 25 jaar, kan niet anders dan vaststellen dat de gevoelde dwang om milieuproblemen te beperken één van de belangrijkste drijvende krachten is geweest voor innovatie in industrielanden.'

Katalytische reiniging van auto-emissies bijvoorbeeld is zeer effectief en wordt op grote schaal toegepast. Verkeersemissies van stikstofoxiden, koolwaterstoffen en koolmonoxide zijn in zo'n vijftien jaar gereduceerd tot twee procent van het niveau destijds.

Nu - in 2004 - moeten we overigens wel constateren dat de opkomst (om belastingtechnische redenen) van de dieselauto – letterlijk – roet in het eten gooit. In de toekomst zullen daarom roetfilters verplicht worden.

Staatssecretaris van Milieu Pieter van Geel schrijft in de brochure *Duurzaam Innoveren* – uitgekomen in 2004 - van de Technologiestichting STW: 'Zo'n zestig procent van alle huidige technologische innovaties is in principe goed voor het milieu. Dingen worden kleiner, slimmer, gebruiken minder energie, of worden gemaakt van herbruikbaar materiaal.'

Al die voorbeelden en uitspraken leiden tot maar één conclusie: de technologie voor een duurzame samenleving bestaat al! 'De technologie is er, of kan op korte termijn beschikbaar zijn', zegt ook hoogleraar Jacqueline Cramer in het boek *Duurzame Technologie* (Veen Magazines, 2002). Cramer is een van de meest vooraanstaande duurzaamheidsgoeroes van Nederland.

FACTOR VIER

Niemand weet overigens precies wat duurzaamheid is. Duurzaamheid is een normatief begrip, zoals sociale rechtvaardigheid dat ook is, zegt Rudy Rabbinge in het boek *Duurzame Technologie*. Hij is hoogleraar duurzame ontwikkeling aan de Universiteit Wageningen. Duurzaamheid is dus in belangrijke mate een politieke afweging.

Er zijn waarschijnlijk honderden definities van duurzaamheid in omloop. Eén van de bekendste is die van de Duitser Ernst Ulrich von Weiszäcker, president van het Wuppertal Instituut voor klimaat, milieu en energie, en lid van de Club van Rome. Hij heeft de 'factor vier' geïntroduceerd. Volgens Von Weiszäcker kan de productiviteit van bronnen, dat wil zeggen het aandeel rijkdom dat uit een eenheid natuurlijke bronnen onttrokken kan worden, met het viervoudige omhoog.

De definitie van het ministerie van VROM (onder andere milieu) sluit daar dicht bij aan. Het formuleerde eind jaren negentig als doelstelling het grondstof- en energiegebruik per product met een factor vier terug te willen brengen. Het noemde daarbij echter geen termijn. De Raad voor Milieu en Natuur Onderzoek ging, ook eind jaren negentig, verder: hij heeft het over een factor twintig in vijftig jaar.

Er zijn nog veel meer definities, onder andere van de Commissie Brundtland (we mogen niet leven ten koste van onze nakomelingen), maar in dit hoofdstuk gaan we verder uit van de bovengenoemde, omdat ze een zekere mate van meetbaarheid en vergelijkbaarheid in zich dragen.

Zoals we hebben gezien zijn we al op weg naar een duurzame samenleving. 'De afgelopen dertig jaar zijn lucht, water en in iets mindere mate bodem veel en veel schoner geworden', zegt Gerard Keijzers, hoogleraar duurzaam ondernemen in Nijenrode, in het boek *Duurzame Technologie*. 'Het komt nog maar hoogst zelden voor dat de Rijnmond wordt geplaagd door ziekmakende smog of dat de vissen met de buik omhoog in de sloot drijven. Voor zover dat nog voorkomt hebben we ook een beheerssysteem om dat aan te pakken. Er is regelgeving, er zijn handhavers en de mensen die de regels overtreden krijgen straf. Het kan natuurlijk allemaal nog beter, de normen kunnen nog scherper en de handhaving kan nog intensiever, maar feit blijft dat we de emissies naar lucht en water en het afvalprobleem redelijk onder controle hebben.'

'Waar we veel meer moeite mee hebben, is het beheer van sleutelvoorraden: energie, ruimte, biodiversiteit. Daar gaan we nog steeds op een ontzettend verspillende manier mee om.'

DEMATERIALISATIE

In Nederland, en waarschijnlijk ook in andere westerse landen, is al zo'n honderd jaar een fors dematerialisatieproces gaande. Dat is althans de conclusie van het in 1993 verschenen rapport *Het verbruik van nonenergetische grondstoffen op lange termijn*. De studie is gebaseerd op onderzoek van econoom H.J.B.M. Mannaerts van het Centraal Planbureau. Doel van Mannaerts was de relatie tussen economische groei en de milieudruk als gevolg daarvan vast te stellen. Het verbruik van grondstoffen speelt daarin een belangrijke rol. Het rapport is inmiddels ruim tien jaar oud, maar dergelijk onderzoek is sindsdien niet opnieuw gedaan.

Het grondstofgebruik per eenheid bruto nationaal product (BNP) is tussen 1960 en 1990 met een kwart tot de helft gedaald, aldus de CPB-studie. Als het verbruik van een aantal stoffen per eenheid BNP (dit is de verbruiksintensiteit gemeten in kilogrammen per eenheid BNP) in 1960 op honderd wordt gesteld, dan lag dit in 1990 voor de metalen ijzer, koper, lood en zink op zestig á zeventig. Tin zit zelfs op een niveau van dertig procent ten opzichte van 1960.

Voor sommige niet-metalen is de daling geringer. Het verbruik van kalium, cement en anorganische stoffen (zoals chloor, zwavelzuur, fosforzuur) ligt in 1990 op een niveau van 75 ten opzichte van 1960. Maar glas ligt op zestig en fosfor al op vijftig.

Uitzonderingen op deze dalende trend zijn het verbruik van nafta, stikstof, papier en aluminium. Van de laatste is het verbruik per eenheid BNP zelfs vrijwel verdubbeld, van de andere drie met vijf à tien procent gestegen.

Dematerialisatie is het gevolg van toenemende verzadiging, daling van de investeringsquote, gestegen reële energieprijzen en, voor sommige stoffen, toenemend hergebruik, aldus Mannaerts in zijn rapport.

Verzadiging is het duidelijkst waarneembaar bij staal en cement. De vraag naar deze materialen vertoonde het eerste kwart van de vorige eeuw een stevige toename. Dat werd veroorzaakt door de economische groei in die jaren, uitbreiding van de spoorwegen en de vloot, en toenemend verbruik in de bouw. Na 1925 is de vraag naar staal en cement achtergebleven bij de groei van het bnp.

Daling van de investeringsquote houdt in dat de investeringen minder snel groeien dan het bnp. Er is in de drie decennia tussen 1960 en 1990 steeds minder gebouwd en er is minder geïnvesteerd in infrastructuur, vooral de hele zware. Dat uit zich in minder vraag naar cement en vooral staal, en in mindere mate ook naar lood, zink en tin.

Uit dit onderzoek blijkt duidelijk de grote invloed van de energiecrises van 1973 en 1980 op de vraag naar grondstoffen. Terwijl de grondstofvraag tot 1973 sterk groeit, is er daarna sprake van stabilisatie en na 1980 zelfs daling over de hele lijn. Dat wordt vooral veroorzaakt door het tragere groeitempo van de westerse economieën.

De beide energiecrises hebben de vraag naar warmte en stroom verminderd, zo staat in het rapport. Dat heeft de vraag naar metaalintensieve apparaten voor energieopwekking en –distributie, zoals generatoren, ketels, kabels en buizen, maar ook die naar transportmiddelen, verminderd. Ruim de helft van het metaalverbruik vindt plaats in de transport- en energiesector. Dat effect van beide energiecrises heeft tot ver in de jaren negentig doorgewerkt, daarna is vooral de vraag naar stroom weer gestegen.

Voor wat betreft de rol van hergebruik als factor ter beperking van het primaire grondstofgebruik heeft Mannaerts alleen voor aluminium, glas en papier geconstateerd dat het hergebruikpercentage in West-Europa de laatste tien á twintig jaar is toegenomen. Verder is een begin gemaakt met hergebruik van kunststoffen. Dat ligt in 1990 op vijf à acht procent. Voor andere materialen is het percentage hergebruik sinds de Tweede Wereldoorlog op hetzelfde niveau gebleven.

Er zijn nog een paar factoren van invloed op het dematerialisatieproces: de opkomst van nieuwe technologieën, met als gevolg substitutie van de ene grondstof door de andere, en verschuivingen in de economie. Wat betreft dat laatste: in het verleden waren spoorwegen, scheepsbouw en wegenbouw de groeisectoren van de economie; tegenwoordig zijn dat materiaalextensieve branches zoals telecommunicatie en software. De groei die de elektrotechnische industrie in het verleden heeft doorgemaakt, is nu vrijwel overgenomen door de elektronica-industrie. Beide maken een ongeveer even groot deel uit van het BNP, maar de elektrotechnische industrie legt een beslag van 65 procent op het nationale kopergebruik, de elektronica slechts een procent.

Voor substitutie als factor in het dematerialisatieproces concludeert Mannaerts dat deze min of meer constant lijkt te blijven. Een voorbeeld van substitutie is de vrijwel volledige vervanging van tin als verpakkingsmateriaal door aluminium, bijvoorbeeld in frisdrank- en bier-blikjes.

EEN NIEUWE EIFFELTOREN

Welke enorme winsten qua dematerialisatie er op lange termijn behaald kunnen worden, is eind jaren negentig in een gedachte-experiment ook aangetoond door Ulrich Wengenroth, destijds hoogleraar deïndustrialisatie aan de Technische Universiteit München en nu verbonden aan het Massachuchetts Institute of Technology. De inmiddels ruim honderd jaar oude Eiffel-toren (gebouwd tussen 1887 en 1889) is destijds opgetrokken uit zevenduizend ton staal, maar als hij nu opnieuw gebouwd zou worden kan worden volstaan met minder dan tweeduizend ton. De materiaalbesparing met een factor 3,5 komt vooral voort uit het nu beschikbare sterkere staal, uit lassen in plaats van klinken, en in mindere mate uit beter construeren, aldus Wengenroth.

De belangrijkste winst zou worden geboekt door gebruik van het nu beschikbare betere staal. Het eind negentiende eeuw gebruikte puddelstaal had een sterkte van 370 Megapascal (370 MPa = 37 kg/mm2), tegenwoordig is staal beschikbaar met een sterkte van 700–1000 MPa (en binnen enkele jaren 1200 MPa). De nieuwe staalsoorten hebben tevens een hogere vloeisterkte, wat inhoudt dat de grotere kracht die het kan opvangen langer moet worden uitgeoefend voor het bezwijkt dan bij puddelstaal het geval was.

De tweede factor van belang is lassen in plaats van klinken. Lassen is pas in de Tweede Wereldoorlog ontwikkeld. De Eiffeltoren is met 2,5 miljoen klinknagels in elkaar geklonken. Lassen in plaats van klinken levert een gewichtsbesparing op van tien tot twintig procent.

Verder gaat het om de aard van de constructie. Want wat zou men nu willen bouwen: een kopie Eiffel-toren, of een getuide paal met een top op 300,65 meter? In dat laatste geval zou de materiaalbesparing nog een stuk groter zijn dan die factor 3,5. Maar laten we uitgaan van de kopie. Dan valt te betwijfelen of er door beter construeren zoveel te winnen valt. Met het nu beschikbare rekentuig kan de constructie sneller en gedetailleerder worden doorgerekend dan eind negentiende eeuw mogelijk was, maar de bijdrage daarvan aan materiaalbesparing wordt door deskundigen gering geacht. Gustave Eiffel (1832–1923) stond in zijn tijd bekend als een hele goede constructeur.

De procesinnovaties in de staalindustrie hebben overigens nog harder toegeslagen, aldus Wengenroth. De arbeidsproductiviteit in de Duitse staalindustrie is de afgelopen eeuw met een factor dertig gestegen. Om hetzelfde aantal arbeiders werk te geven in de staalproductie als destijds met de Eiffel-toren, zouden er nu honderd van dergelijke torens moeten worden gebouwd.

EN KERNENERGIE?

Dankzij de technische ontwikkeling is er al zeer veel bereikt ter besparing op het gebruik van grondstoffen en energie. En het eind daarvan is nog lang niet in zicht. Het boek *Duurzame Technologie* behandelt de mogelijkheden in zeven hoofdstukken. Gentechnologie bijvoorbeeld kan al op korte termijn bijdragen aan duurzame landbouw. In de bouw moeten we stoppen met slopen en hergebruik van gebouwen stimuleren. We kunnen in de toekomst blijven autorijden, maar dan wel op waterstof. De industrie kan verder blijven produceren, op basis van hergebruik van reststoffen en hernieuwbare grondstoffen. Schoon drinkwater is vooral een kwestie van op de juiste wijze omgaan met overvloed, door zeewater te ontzouten met membranen. Voor de energievoorziening moeten we overstappen op zonnepanelen, windmolens en biomassa. En kernenergie? Kerncentrales stoten geen kooldioxide uit, de waarschijnlijke (maar niet onomstreden) oorzaak van het broeikaseffect. Degenen die voor meer duurzaamheid pleiten hebben echter niks op met kernenergie. Het is niet duurzaam, stellen zij, want er ontstaat radioactief afval dat honderden zo niet duizenden jaren bewaard moet blijven.

Het is echter de vraag hoe lang degenen die pleiten voor meer duurzaamheid dit luxestandpunt kunnen handhaven. Ze willen het gebruik van conventionele brandstoffen terugdringen omdat verbranding tot kooldioxide-uitstoot leidt, en ze willen geen kooldioxidevrije kernenergie vanwege het afval – en nog wat andere zaken zoals veiligheid. Politiek houdt nu eenmaal het maken van keuzes in!

ENORME KLOOF

De technische mogelijkheden om de samenleving duurzamer te maken zijn dus nog lang niet uitgeput. Er gaapt dan ook nog steeds een enorme kloof tussen wat technisch mogelijk is om milieuschade te beperken en wat in feite wordt toegepast, zei Lucas Reijnders in zijn oratie in 1999. Precisielandbouw bijvoorbeeld, waarmee grote besparingen mogelijk zijn op het gebruik van meststoffen en bestrijdingsmiddelen, is een experimentele techniek en nog niet toe aan ruime benutting.

Reijnders richt zijn pijlen ook op de energievoorziening. Deze zorgt voor een aantal energiediensten, zoals een behaaglijke temperatuur in huis, adequate verlichting, en toegang tot internet. 'Als we deze diensten houden zoals ze nu zijn, en de meest efficiënte technologie van de plank halen die beschikbaar is om hierin te voorzien, kan in industrielanden het brandstofgebruik voor elektriciteitsopwekking met zeventig procent omlaag.' Dat betreft zulke verschillende zaken als besturingssystemen voor energiebeheer, hergebruikstechnieken, zuiniger motoren en groene chemie. Reijnders voegt er aan toe: 'Naar schatting tien á twintig procent reductie in het gebruik van primaire energie is mogelijk op een wijze waaraan men, ook bij de huidige [HT: 1999] zeer lage olieprijzen, geld overhoudt.'

Onderzoeker Mannaerts van het CPB heeft in 1993 ook een blik vooruit geworpen naar het jaar 2015. Hij stelt dat het proces van dematerialisatie ook in de toekomst fors zal doorzetten (zie tabel), met name als de reële energieprijzen sterk gaan stijgen. Eind 2004 zijn de olieprij-

Dematerialisatie

groei verbruik / groei bnp

	1960	1990	2015
ijzer	1,1	0,85	0,85
aluminium	2,8	1,5	1,05
koper	1,0	0,6	0,6
lood	1,1	0,6	0,6
zink	1,4	0,6	0,6
tin	0,5	0,35	0,35
nafta	1,7	1,25	1,25
cement	1,1	0,6	0,35
glas	1,0	0,6	0,35
papier	1,2	1,2	0,55

Bron: CBS

zen zeer hoog: rond de veertig à vijftig dollar per vat. Als dat maar lang genoeg aanhoudt, vormt het een enorme stimulans voor technische ontwikkelingen ter besparing op het gebruik van olie en aardgas.

Grote verbeteringen zijn ook mogelijk in de glastuinbouw. Deze sector is nu goed voor tien procent van het aardgasverbruik in Nederland. De teelt van een kilo tomaten vraagt ruim een kubieke meter aardgas. De afgelopen 25 jaar is de energie-efficiency van deze branche al met vijftig procent gestegen, maar het gebruik van fossiele energie is niet gedaald. Met name het elektriciteitsverbruik neemt nog toe. Oorzaak: de steeds intensievere teelten van steeds meer exotische gewassen. Terwijl het doel van vele campagnes in deze branche was om te komen tot vermindering van het absolute energiegebruik, is dat tot nu toe niet gelukt.

Terwijl deze sector nu te boek staat als energieverslinder, staan er kassen op stapel die veel minder energie gebruiken. De winst moet vooral komen van meer isolatie en van het 'sluiten' van de kas. Er mag geen raampje meer open en onderin de kas mogen geen water en voedingsstoffen meer verdwijnen naar het grondwater. Verder denkt men aan meer gebruik van zonne-energie.

In 2004 is bij Hydro Huisman, tuincentrum voor hydrocultuur in Huissen, begonnen met de bouw van een revolutionaire kas die als energiebron functioneert. De kas van vijfduizend vierkante meter houdt energie over in de vorm van warm water. Omgerekend in aardgasequivalenten levert de nieuwe kas jaarlijks zeventien kubieke meter aardgas per vierkante meter kasoppervlak, tegenover een gemiddeld jaarlijks verbruik van veertig kubieke meter per vierkante meter voor huidige kassen.

Drie maatregelen moeten dat doel bereiken: sluiting van de kas en gebruik van hoog-isolerende kasbedekking; toepassing van de hoog-efficiënte dunne draad warmtewisselaar van het Nederlandse Fiwihex (deze is dertig maal efficiënter dan conventionele warmtewisselaars); en gebruik van watervoerende zandpakketten (aquifers) voor opslag van warmte. Exploitatie moet uitwijzen of de verwachte besparingen ook kunnen worden gerealiseerd.

HET WEMELT VAN DE KANSEN

Het wemelt dus van de mogelijkheden om de techniek duurzamer te maken. Maar waarom worden die dan niet op ruimere schaal toegepast? Het antwoord: er is onvoldoende noodzaak, de (politieke) wil ontbreekt, en er wordt onvoldoende in geïnvesteerd.

Vooral bedrijven zullen een omslag moeten maken wil er iets van de duurzame samenleving terecht komen. Hoogleraar duurzaam ondernemen Gerard Keijzers in *Duurzame Technologie*: 'De overheid kan de richting en de randvoorwaarden aangeven, maar het zijn de bedrijven die nieuwe technologie in producten en diensten moeten vertalen. Zij beschikken over het kapitaal, de kennis en de massa om substantiële maatschappelijke veranderingen te realiseren.'

Hoe krijgen we de industrie - de bedrijven die fysieke goederen produceren – zover dat deze (nog) meer duurzaam gaat ontwerpen en produceren? Geld is vaak niet het probleem, alleen wordt dat meestal voor andere zaken aangewend, zoals productie-uitbreidingen, marketing, bedrijfsovernames.

En er is een speciale rol voor ingenieurs. Zij hebben kennis van ontwerpen en construeren, van materialen en van energiegebruik. Ze hebben daardoor deskundigheidsmacht. Ingenieurs hebben de morele en maatschappelijke plicht die macht op juiste wijze aan te wenden. Ze hebben de plicht 'zuinig' te ontwerpen, zuinig te zijn met materialen en onnodig energiegebruik te voorkomen. Keuzes die daarop betrekking hebben leggen al in een heel vroeg stadium de eigenschappen van producten, apparaten en machines vast. Gelukkig zijn de randvoorwaarden voor ontwerpen en construeren tegenwoordig zodanig dat ingenieurs gedwongen zijn in hun werk aspecten zoals energie- en grondstoffengebruik mee te nemen.

Hoe zorgen we dat de techniek nog duurzamer wordt? We zijn immers al op de goede weg? *Duurzame Technologie* wijst op de noodzaak van transities, maatschappelijke doorbraken, om het doel te bereiken van een vier- à twintigvoudige efficiencyverbetering bij de benutting van natuurlijke hulpbronnen. Aan de basis van zo'n maatschappelijke doorbraak ligt vaak een belangrijke technologische innovatie, zoals de stoommachine of de chip, of cultuurschokken zoals die het gevolg waren van het verschijnen van het rapport van de Club van Rome in 1972, de oliecrises van 1973 en 1980, en de ramp met de kerncentrale in Tsjernobyl in 1986. Wat dat betreft hoeven we niet te wanhopen, want technologische innovaties komen er nog genoeg, en cultuurschokken ongetwijfeld ook.

Daarnaast is er een hele grote rol voor de overheid. Op bijna elke bladzijde van *Duurzame technologie* wordt een beroep gedaan op wetgeving, regulering en stimulering door de overheid. Jacqueline Cramer heeft het over een 'orkestrerende rol' voor de politiek. Als ergens nog het geloof heerst in de maakbaarheid van de samenleving, dan is het wel bij de aanhangers van de duurzame samenleving. Maakbaarheid heet nu duurzaamheid.

Maatschappelijke doorbraken die leiden tot een mentaliteitsverandering kunnen ongetwijfeld helpen. En de overheid kan de richting en de randvoorwaarden aangeven. Maar het zijn toch de bedrijven die nieuwe technologie in producten en diensten moeten vertalen. Hoe krijg je ze zover?

Ir. Tom van der Horst, in 1997 afdelingshoofd divisie productontwikkeling van het toenmalige Productcentrum van TNO, zegt na acht jaar ervaring met productontwikkeling: 'Het is een stap voor stap proces, technisch maar ook investeringstechnisch, dat wordt onvoldoende onderkend. Techneuten mobiliseer je vrij gemakkelijk voor zulke doelen, maar ook de rest van het bedrijf moet mee. Je moet zoeken naar positieve momenten waarop bedrijven geld en mankracht beschikbaar stellen voor vernieuwing, en daar op in spelen. Dan lukt het zeker om producten milieuvriendelijker te maken. Dertig procent in vijf jaar is een haalbaar doel.' (*Technisch Weekblad*, 19/3/97).

Louter technisch gezien, dus afgezien van economische, politieke en maatschappelijke randvoorwaarden, is nog veel meer haalbaar. Tom van der Horst: 'Er zijn wel degelijk voorbeelden van geweldige verbeteringen. Neem bijvoorbeeld de elektronica: de milieubelasting per functie – optellen, aftrekken – is door de chipontwikkeling enorm verbeterd. Daar haal je zelfs die factor twintig in vijftig jaar wel. Ook voor wat betreft energiegebruik en gebruik van batterijen.'

Stel dat er wel voldoende in techniekontwikkeling wordt geïnvesteerd,

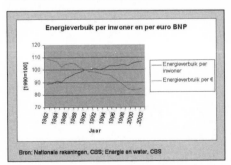

brengt duurzame techniek ons dan automatisch bij een duurzame maatschappij? Nee, dat niet! Ondanks de tot nu toe bereikte materiaal- en energie-extensivering is het totale gebruik van energie en grondstoffen voortdurend toegenomen (zie grafiek).

GROTE TERREINAUTO'S

De techniek is slechts één van de factoren die de druk op het milieu bepaalt, waarbij geldt dat de technische ontwikkeling momenteel zo is gericht dat deze de milieudruk *in principe* – maar niet altijd – beperkt. Maar daarnaast zijn bevolkingsgroei, welvaartstoename, opvattingen over het 'goede leven' ('de wereld van Peter Stuyvesant') en maatschappelijke organisatie (opkomst van éénpersoonshuishoudens) van belang. Ook daar komt techniek bij kijken, denk maar aan de populariteit van grote terreinauto's.

Het blijkt dat de technische ontwikkeling – nog – niet is opgewassen tegen deze 'aanjagers van onduurzaamheid'. Gaan we voort op de huidige voet dan komen we nooit verder dan beperking van de milieuvervuiling en blijft een duurzame maatschappij buiten bereik. En mocht dat wel het geval zijn – als de technische ontwikkeling wel is opgewassen tegen de aanjagers van onduurzaamheid – dan duurt het zeker nog decennia voordat er sprake is van een duurzame samenleving. De elektrificatie van Nederland begon al rond 1900, maar pas vanaf de jaren vijftig was er sprake van een 'elektrische' maatschappij.

Nederland telt ruim honderd energieneutrale woningen. Behalve in Woubrugge zijn ze ook te vinden in Amersfoort en - soms hele straten - in Bakel, Leeuwarden, Utrecht, Grouw, Amstelveen en Etten-Leur. In 2001 zijn er in zes bouwprojecten tachtig 'energieneutrale', 'CO2-balans' en 'energie-evenwichtswoningen' gerealiseerd. In Duitland staan al 1300 van dergelijke huizen.

De techniek voor dergelijke huizen is, zo blijkt, nauwelijks een probleem. De bottleneck voor bouw op ruime schaal van dergelijke woningen wordt echter gevormd door financiering, de markt en het bouwproces, aldus de eerdergenoemde studie in het begin van dit hoofdstuk. Dit staat model voor de problemen rond de introductie van duurzame technologie in Nederland.

Intermezzo

De beperkte mogelijkheden van waterstof en brandstofcel.

De overschakeling in de komende vijftig jaar van olie, aardgas en steenkool naar waterstof als belangrijkste brandstof, zal de economie in sterke mate veranderen en kan de emissies beperken. Maar voor het zover is moeten eerst nog technische, economische en infrastructurele barrières worden overwonnen. Kortom: de waterstofeconomie biedt belangrijke mogelijkheden, maar er moeten nog aanzienlijke hordes worden overwonnen.

Dat is de belangrijkste conclusie van een februari 2004 verschenen rapport van de Amerikaanse *National Academy of Engineering*, de overkoepelende ingenieursvereniging in de Verenigde Staten.

In het meest optimistische scenario kost de overschakeling naar een waterstofeconomie vele tientallen jaren. Vermindering van olie-importen en kooldioxide-emissies zullen desondanks de komende 25 jaar nog beperkt zijn, aldus de commissie die het rapport schreef.

'Onze studie wijst er op dat waterstof een optie is voor de lange termijn energievoorziening van de vs. In de tussentijd moet de regering het energieonderzoek richten op een gebalanceerde mix van verbetering van de energie-efficiency en ontwikkeling van alternatieve bronnen.' Dat zei de voorzitter van deze commissie, Michael Ramage, bij de presentatie van de studie. Hij is gepensioneerd executive vice-president van ExxonMobil Research and Engineering.

In zijn *State of the Union* van januari 2003 kondigde president Bush een onderzoekprogramma aan ter grootte van 1,2 miljard dollar voor de ontwikkeling van waterstof als brandstof. Het Amerikaanse ministerie van Energie had eerder al het FreedomCAR (Combined Automotive Research)-programma geïnitieerd, dat het gebruik van waterstofauto's in 2020 mogelijk wil maken. Maar om het initiatief van Bush te verwerkelijken moeten er technische en economische uitdagingen worden overwonnen, en zijn er nog vragen te beantwoorden over kosten, impact op het milieu en veiligheid, aldus de commissie.

Of er ooit een tijd komt waarin de economie volledig op waterstof draait, is zeer de vraag. Wel zal de rol van waterstof waarschijnlijk langzamerhand toenemen. Dit gezien de problemen met onze huidige op koolwaterstoffen gebaseerde energievoorziening. Die problemen zijn van politieke (beschikbaarheid) en milieukundige aard (uitstoot van kooldioxide, koolmonoxide, stikstofoxiden en fijn stof). Momenteel is waterstof echter nog veel te duur om koolwaterstoffen op grote schaal te vervangen.

Koolwaterstoffen vormen een verbinding van koolstof- en waterstofmoleculen (chemisch: C en H). De verhouding waarin ze voorkomen verschilt per brandstof. Steenkool bestaat vooral uit koolstof, terwijl aardgas met name uit waterstof bestaat; aardolie zit daartussenin. Bovendien komen ze alledrie voor in zeer verschillende samenstellingen.

Al zo'n twee eeuwen is er een trend gaande waarbij in het totale brandstofpakket dat we verstoken het aandeel C afneemt en het aandeel H toe (zie grafiek). Met het oog op het milieu verstoken we liever schoon aardgas dan vieze steenkool. De opkomst van schone energiebronnen zoals zon, wind en waterkracht draagt daar ook - iets - aan bij. Voor kernenergie geldt hetzelfde, maar kernenergie heeft in de ogen van het grote publiek een veiligheids- en een opslagprobleem voor wat betreft het afval, en stuit daarom nog steeds op grote maatschappelijke weerstand.

Waterstof, dat in het geheel geen koolstof bevat, past in die trend, maar alleen als het 'schoon' wordt geproduceerd. 'Dat lukt op grote schaal nooit met alleen maar zon, wind en waterkracht. Dan is ook kernenergie nodig', zegt de NAE-studiegroep. Wordt waterstof geproduceerd uit brandstoffen die koolstof bevatten, dan schieten we niet veel op.

Waterstof is geen energiebron, er zijn nergens grote voorraden in de aarde verborgen. Waterstof is net als elektriciteit een energie-drager, het moet in grote fabrieken of installaties worden geproduceerd. Dat gebeurt al in grote hoeveelheden tegen redelijke kosten voor industriële en medische doeleinden, door het scheiden van aardgas in waterstof en kooldioxide. 'Maar om gebruik van waterstof op grote schaal te realiseren, met name als brandstof voor auto's, moet het kostenefficiënt kunnen worden geproduceerd in grote fabrieken óf in kleine installaties bij pompstations. Bij productie in grote eenheden moet er een infrastructuur komen voor het transport naar pompstations. Er moeten opslagtechnieken voor waterstof in voertuigen worden ontwikkeld waarmee bestuurders een afstand kunnen overbruggen die past bij hun verwachtingspatroon', stelt de commissie.

Het rapport wijst er op dat van de hoeveelheid aardgas die momenteel jaarlijks in de vs wordt verbruikt er tien procent wordt geïmporteerd. Dat zal in de toekomst naar verwachting toenemen. Dus hoewel aardgas op lange termijn waarschijnlijk de meest kostenefficiënte optie is voor productie van waterstof, zal overschakeling op waterstof de afhankelijkheid van de vs van buitenlandse energieleveranciers niet verminderen.

Waterstof kan ook worden geproduceerd uit steenkool, waarvan in de vs grote voorraden bestaan. Dat resulteert echter in emissies van kooldioxide naar de atmosfeer. Om deze emissies te verminderen is het nodig om de vrijkomende kooldioxide af te vangen en op te slaan, zegt het NAE-rapport. 'Het ministerie van Energie zou de ontwikkeling van technieken voor afvangen en opslag van kooldioxide moeten versnellen en productiemethoden zonder emissies moeten onderzoeken, zoals wind, zon en kern-energie', voegt de commissie toe.

Bij waterstof horen brandstofcellen. Het zijn de verbrandingsmotoren van het waterstoftijdperk. Ze produceren elektriciteit uit de reactie van waterstof en zuurstof, met alleen water als afvalstof. Ze vormen de meest veelbelovende optie om als schone krachtbron te dienen voor toekomstig transport. De prijs moet dan echter nog aanzienlijk omlaag en de betrouwbaarheid omhoog, aldus het rapport.

De commissie die het rapport heeft opgesteld toont zich hier tamelijk mild. De doorbraak van de brandstofcel, al in 1842 uitgevonden door de Engelsman William Grove, wordt al tientallen jaren aangekondigd, maar het is er nog steeds niet van gekomen. Ondanks honderdvijftig jaar onderzoek zijn er alleen nog prototypen.

Het brandstofcelonderzoek kampt dan ook met aanzienlijke problemen. Volume en gewicht moeten verder omlaag. Het apparaat is nog te complex en er zijn kostbare materialen nodig. De levensduur van sommige componenten is onduidelijk. De brandstofcel kampt ook met onacceptabele eigenschappen: opwarmtijd en responsetijd zijn te lang, en de tolerantie voor extreme temperaturen is te gering. Kortom: 'Te groot, te duur, te onbetrouwbaar', concludeerde *The Economist* (16/3/02).

Omdat waterstof brandbaar en explosief is, moeten er veiliger systemen worden ontwikkeld voor transport en opslag, zo gaat de NAE-studie verder. 'Ofschoon deze schone brandstof al op een veilige manier tegen redelijke kosten wordt gebruikt in de industrie, vereist wijdverbreid gebruik van waterstof door consumenten de ontwikkeling van nieuwe apparaten en systemen om de veiligheid ook daar te garanderen.'

Bestaande methoden om waterstof te produceren zijn tamelijk duur, maar als vele technische problemen worden opgelost en de resulterende technieken een volwassen stadium bereiken, kan waterstof tegen aanvaardbare kosten worden geproduceerd en gebruikt in brandstofcelauto's, aldus de commissie. De grootste uitdaging bestaat uit de hoge kosten en de logistieke complexiteit van de distributie van waterstof naar tankstations, voegt zij daaraan toe.

'Dit is een kip en ei-probleem dat moeilijk te overkomen is', zei voorzitter Ramage bij de presentatie van het rapport. 'Wie gaat er investeren in de productie van brandstofcelauto's zolang waterstof niet op ruime schaal verkrijgbaar is? Tegelijkertijd geldt: wie investeert er in faciliteiten voor productie van waterstof als er nog niet genoeg brandstofcelauto's zijn die voldoende omzet genereren voor de producenten van waterstof?'

———————————

Hoofdstuk 11

Technische ontwikkeling kent alleen tijdelijke grenzen

Op vrijwel geen enkel terrein van de techniek lijken grenzen in zicht, zo goed als nergens staat de ontwikkeling stil omdat barrières niet over-wonnen kunnen worden. De grenzen van verkleining van structuren op de chip liggen op moleculair niveau. Daar is men niet eens zo ver meer van verwijderd, maar de Amerikaanse chipindustrie heeft in een *road-map* tot 2016 vastgelegd hoe de ontwikkeling naar nog veel kleinere structuren dan de huidige zal verlopen. Dat gebeurt met nu al bekende technieken, die echter nog verder ontwikkeld moeten worden.

Auto's, schepen en vliegtuigen kunnen nog zuiniger, schoner en stil-ler. Porsche verwacht dat de toepassing van met name twee technieken – variabele klepbediening en directe benzine-inspuiting – nog belangrijke verbeteringen mogelijk maakt op het gebied van prestaties, verbruik en emissies. Deze Duitse producent van sportieve auto's acht vermogenstoe-names en verbruiksreducties van beide zo'n tien procent realistisch.

Productie-installaties worden steeds kleiner, en kunnen mede daar-door zuiniger, schoner en stiller. Ook het energiegebruik in huis kan verder omlaag. Koken op een katalytische kookplaat – waarbij aardgas 'verbrandt' door het langs een katalysator te leiden; een vlam ontbreekt en emissies zijn vrijwel nul - kan met minder energie dan nu. Met warm-tepompen kan de hoeveelheid aardgas benodigd voor woningverwar-ming tientallen procenten omlaag. Gebouwen met een warmtebuffer voor seizoensopslag vragen zelfs helemaal geen extra energietoevoer. Dit vraagt echter wel om hogere investeringen tijdens de bouw.

De meeste grenzen aan de techniek zijn tijdelijk, maar sommige lijken eeuwig. Een gek kan immers resultaten vragen, waar honderden inge-nieurs met hun vernuft niet aan tegemoet kunnen komen. In het boek *Grenzen aan techniek* (Samsom, 1989) noemt Kees Teer, gepensioneerd directeur van het toenmalige Natuurkundig Laboratorium van Philips (nu Philips Research), enkele voorbeelden.

'Een Jaguar voor een rijksdaalder, echte televisie (dat wil zeggen: ver kijken naar een plek van eigen keuze), de oceaan een graadje kouder en wij een graadje warmer, een werkend middel tegen verkoudheid of blijvend functionerende fietsverlichting. Dat zijn verlangens die de technische mogelijkheden van vandaag overschrijden.'

Maar Teer zegt het al in zijn laatste zin. Een Jaguar voor een rijksdaalder is een belachelijke gedachte. Dat was zo in 1989, en dat is het nu nog. En over honderd jaar waarschijnlijk nog steeds, maar mogelijk toch iets minder dan nu.

Met het serieus én ironisch bedoelde voorbeeld van de blijvend werkende fietsverlichting ligt het net omgekeerd. De vraag is vooral tegen welke prijs de consument zijn behoefte bevredigd wil zien. Wat dit probleem betreft is er de afgelopen jaren ook wel degelijk vooruitgang geboekt.

Grenzen dienen ook goed te worden onderscheiden van limieten. De natuurwetten leggen wel degelijk een ontoegankelijk gebied op. Het absolute nulpunt, de snelheid van het licht en de hoofdwetten van de thermodynamica vallen met geen techniek te omzeilen.

WEERBARSTIGE MATERIE

Grenzen aan techniek zijn tijdelijk, maar soms verloopt de technische ontwikkeling heel traag omdat de materie zeer weerbarstig is. Dat geldt nog het sterkst voor kernfusie, maar ook voor supergeleiding en brandstofcellen. Volgens de geleerden van vijftig jaar geleden had kernfusie al lang moeten werken. Maar het eigenaardige verschijnsel deed zich voor dat hoe meer er onderzocht werd, des te grotere problemen opdoemden.

Bij kernfusie ontstaat door samensmelting van lichte atomen (waterstof) een zwaarder atoom. Bij deze samensmelting komt energie vrij, die kan worden omgezet in elektriciteit. Kernfusie verloopt optimaal bij honderden miljoenen graden Celsius. Geen enkele materiaal is bestand tegen deze temperatuur. Het hete plasma moet daarom van de wanden van de reactor worden vrijgehouden, het moet zwevend worden opgehangen. Dat kan met magnetische velden in een ringvormige buis. Dit systeem heet een Tokamak, een oud Sovjet-ontwerp. Het is ook mogelijk kernfusie met lasers te bewerkstelligen.

De Joint European Torus, de kernfusiereactor (op basis van het Tokamak-ontwerp) uit het Europese onderzoeksprogramma in het Engelse Culham, produceerde bij de laatste test in 1997 een energieopbrengst van 12 megawatt gedurende bijna één seconde, bij een temperatuur van 100 miljoen graden Celsius. Het lukt echter nog niet om het proces langer in stand te houden.

De horizon voor economische toepassing van kernfusie ligt nog steeds op vijftig jaar. Er zijn gigantische investeringen vereist om het onderzoek voort te zetten. Dat kan alleen als de grote industrielanden - vs, Japan, EU - samen een nieuwe reactor bouwen. Deze landen ruziën al jaren waar deze reactor – de ITER - moet komen; er zijn eind 2004 nog twee opties: Japan of Frankrijk, waarschijnlijk wordt het de laatste.

Het gaat dan om een Tokamak voor een maximaal vermogen van 500 MW. Deze zou gedurende vijf à tien minuten een vermogen moeten kunnen opwekken dat een veelvoud is van de 12 MW van de Joint European Torus, bij een temperatuur van 200 à 300 miljoen graden Celsius.

De investeringen in deze reactor, genaamd ITER, bedragen 4,5 miljard euro. De bedrijfskosten gedurende twintig jaar worden op 5,3 miljard euro geschat, de ontmanteling kost waarschijnlijk 430 miljoen euro. Totaal ruim 10 miljard euro. Er is al jaren aarzeling of dat wel een juiste besteding van belastinggeld is. Er gaan dan ook steeds meer stemmen op om het kernfusieonderzoek te stoppen.

Supergeleiding daarentegen werkt, maar het is vooralsnog een natuurkundig verschijnsel met beperkte toepassingsmogelijkheden. Weerstandloos elektriciteitstransport kon jarenlang alleen worden gerealiseerd bij temperaturen dicht bij het absolute nulpunt (nul Kelvin, -273,15 °C). Dat lukte door metalen draden te koelen met behulp van vloeibaar helium (heliumgas wordt vloeibaar bij 4,2 K). Een kostbare operatie.

In de jaren vijftig ontdekten onderzoekers dat het verschijnsel zich ook voordoet in niobium-legeringen, en wel bij 18 à 19 Kelvin, temperaturen die iets gemakkelijker zijn te bereiken.

In 1986 werd 'warme supergeleiding' ontdekt. Met draden van keramische materialen lukte het supergeleiding te bereiken bij een temperatuur van 35 K. Verder onderzoek leidde binnen een jaar tot supergeleiding bij 95 K. Deze temperaturen kunnen worden bereikt door koeling met vloeibare stikstof. Nog steeds niet erg praktisch, maar toch een hele vooruitgang. Meer toepassingen werden haalbaar.

Sindsdien gaat het onderzoek voort, maar verdere verhoging van de temperatuur waarbij supergeleiding optreedt is nog niet bereikt. Toepassingen beperken zich daarom grotendeels tot het laboratorium en de omgeving daarvan, zoals zeer sterke magneten en beeldvorming door middel van magnetische resonantie – een instrument voor medische diagnose. Er zijn inmiddels ook supergeleidende kabels voor elektriciteitstransport. Deze zijn echter zeer duur in vergelijking met koperen kabels. Grootschalige toepassingen komen pas in zicht als het verschijnsel zich voordoet bij omgevingstemperatuur.

Hetzelfde verhaal geldt min of meer ook voor de brandstofcel. De werking is onder de knie, maar het proces is niet economisch. De brandstofcel zet met hoog rendement en zeer lage milieubelasting chemische energie om in elektriciteit. Het is een oude techniek, 160 jaar geleden uitgevonden. Sindsdien is voortdurend onderzoek gedaan om de brandstofcel te verbeteren, maar pas sinds 25 jaar gebeurt dat op grotere schaal. Sindsdien wordt de doorbraak van de brandstofcel voortdurend aangekondigd, maar het is er nog niet van gekomen. Er zijn alleen prototypes. Het probleem schuilt met name in de dure benodigde materialen.

De horizon voor economische toepassing van brandstofcellen ligt al twee decennia op drie à vijf jaar.

S-KROMME

De technische ontwikkeling verloopt volgens een S-kromme. Eerst zijn grote inspanningen vereist en is er bijna geen vooruitgang. Daarna komt een fase waarin de technologie met sprongen vooruit gaat. Ten slotte volgt de verzadiging, die pas weer doorbroken wordt door een nieuwe vinding. En dan begint het weer van voor af aan.

Er zijn zowel in- als externe factoren die de technische ontwikkeling belemmeren en die daarmee - meestal tijdelijke - grenzen opwerpen. Interne factoren betreffen de stand van de techniek, complexiteit, beheersbaarheid, kennis en vindingrijkheid van ingenieurs, en praktische aspecten bij de realisering. Economie, politiek, maatschappij, bedrijfscultuur, organisatie, sociale structuur, tradities, ethiek en psychologische opvattingen vormen de externe factoren.

De stand van de techniek zelf levert beperkingen op voor de verdere technische ontwikkeling. Toen de Amerikaanse president Reagan in 1983 voorstelde een schild in de ruimte te bouwen tegen aanstormende vijandelijke raketten, was dat duidelijk te vroeg. Technisch onmogelijk, zo luidde het oordeel van vele deskundigen, zelfs als men rekening hield met de toen voorzienbare resultaten van technische ontwikkeling. De lasertechniek was nog niet zover, de sensortechnologie was niet in staat onderscheid te maken tussen raketten met kernkoppen en *decoys*: projectielen zonder lading. En vooral: het leek onmogelijk programmatuur te maken die honderd procent betrouwbaar werkt op het moment dat het er op aankomt: als kernraketten moeten worden uitgeschakeld.

Twintig jaar later is het beeld nog ongeveer hetzelfde, technisch is men nog onvoldoende opgeschoten. De Verenigde Staten hebben hun plannen dan ook teruggeschroefd. Ze willen nu een schild ontwikkelen tegen aanvallen met veel kleinere aantallen raketten door 'schurkenstaten'. Maar ook van dit plan betwijfelen deskundigen of het op afzienbare termijn kan werken.

OPSLAG VAN STROOM

Een wat meer laag-bij-de-gronds probleem waarvoor geen goede oplossing bestaat is opslag van elektrische energie. De kosten van elektriciteitsopwekking zouden aanzienlijk dalen als elektrische energie op voorraad zou kunnen worden geproduceerd. Er zijn mechanische, chemische en elektrische methoden voor opslag, zoals vliegwielen, batterijen, accu's en condensatoren. Maar ze hebben als bezwaar dat de capaciteit ervan te klein is om echt grootschalige opslag mogelijk te maken. Dat lukt alleen in grote waterbekkens, die 's nachts worden volgepompt en waarvan het uitstromende water overdag een generator aandrijft. Dit vlakt de pieken in de elektriciteitsproductie af. Maar dergelijke grote stuwmeren zijn alleen in bergachtig gebied mogelijk, voor Nederland is het geen optie. Men gaat er van uit dat er door liberalisering van de energiemarkt meer druk komt om het onderzoek naar opslag van elektrische energie grootschaliger aan te pakken. Mogelijk leidt dat op termijn tot betere opslagtechnieken.

Het Strategic Defense Initiative leverde al een voorbeeld op van de grenzen die er zijn aan de complexiteit van technische systemen. Dit probleem steekt voortdurend de kop op op verschillende terreinen van de techniek. Nieuwe producten zijn in eerste instantie vaak complex in hun bediening. Maar als zo'n product uitontwikkeld is, is de bediening ingeburgerd geraakt en vaak ook min of meer gestandaardiseerd. Nieuwe technische snufjes kunnen zo'n apparaat weer complexer maken, maar het kan ook andersom. Zie bijvoorbeeld het fototoestel. Veertig jaar geleden moest je diafragma, sluitersnelheid, filmgevoeligheid zelf instellen. Maar met de huidige apparatuur (een digitale fotocamera is een fotograferende computer) hoef je in de stand 'auto' alleen nog maar de ontspanknop in te drukken. Slechts het 'zoomen' is er bij gekomen, die functie was rond 1960 nog niet beschikbaar omdat er nog niet van die kleine elektromotortjes waren.

Complexiteit steekt vooral de kop op als er computers in het spel zijn. Meerdere automatiseringsprojecten – het walradarproject in de Rotterdamse haven, studiefinanciering, rekening rijden – zijn in eerste instantie mislukt doordat ze te groot waren opgezet en daardoor veel te complex werden. Een mislukt automatiseringsproject voor goederenstroombeheersing (te veel schappen in de winkels bleven leeg) heeft enkele jaren geleden mede geleid tot grote financiële problemen bij supermarktconcern Laurus.

In 2002 sneuvelde na zes jaar experimenteren de Zorgpas. Hiermee zou op elke plek in de gezondheidszorg online gecontroleerd kunnen worden hoe patiënten verzekerd zijn en op welke zorg ze recht hebben. Kosten van invoering: 100 à 200 miljoen euro. Er liep al een proef met 385.000 mensen in de regio Amersfoort. Oorzaak van de mislukking: te veel deelnemende partijen – waaronder verzekeraars, ziekenhuizen, patiëntenverenigingen - en een geplande invoering in één keer in het hele land. Dus ook: te groot, te complex. De klassieke fout bij veel automatiseringsprojecten.

Eind jaren vijftig stuitte men in de elektronische industrie op de complexiteit van het grote aantal draden om alle transistoren, weerstanden en condensatoren met elkaar te verbinden. Met de ontwikkeling van de chip werd dat probleem weer hanteerbaar (alle onderdelen werden in silicium uitgevoerd), maar met de toenemende integratiedichtheid van chips (de nieuwste microprocessors bevatten ruim 400 miljoen transistoren) is het probleem weer in volle hevigheid opgedoken. Een soortgelijke doorbraak als destijds met de overgang van transistor naar chip zou welkom zijn. Helaas is die niet in zicht.

In het verlengde van complexiteit ligt de beheersbaarheid van technische systemen. Zeer uitgebreide systemen moeten de veilige werking van vliegtuigen, procesinstallaties en kerncentrales garanderen, en toch gebeuren er ongelukken. Daaraan ligt vaak een keten van vele tientallen oorzaken ten grondslag. Had één van die oorzaken zich niet voorgedaan dan was het ongeluk niet gebeurd. Door het toevoegen van nog meer techniek om ook die laatste ongevalsoorzaken te voorkomen, bereikt men vaak het tegenovergestelde: het totale systeem wordt te complex, de betrouwbaarheid neemt af en de onveiligheid toe.

De beperkte vindingrijkheid van elke onderzoeker op zich vormt een rem op de technische ontwikkeling. Maar vindingrijkheid is te organiseren. Breng knappe koppen bij elkaar en creëer een sfeer waarin gerichte creativiteit kan gedijen, geef ze de juiste middelen (apparatuur en software) en de technische vindingen zullen als rijpe appels van de boom vallen. Bell Laboratories (eens fameus, maar tegenwoordig in mineur, na het gedwongen uiteenvallen begin jaren tachtig van het moederbedrijf, telecommunicatiereus AT&T) en Philips Research hebben zich met deze aanpak grote naam verworven.

Innovatie als systematisch mechanisme bestaat overigens pas sinds de Tweede Wereldoorlog. Vóór die tijd waren uitvindingen toevalstreffers. In die oorlog – ook een strijd tussen ingenieurs aan beide zijden - veranderde dat drastisch. Als men iets wilde ontwerpen dan lukte dat ook. Er zijn legio voorbeelden: radar, sonar, V1 en V2, en nog net voor het eind van de oorlog de straalmotor en de atoombom. Het Apolloproject vormde het definitieve bewijs van het succes van deze aanpak. Vele duizenden ingenieurs werkten samen om binnen tien jaar een man op de maan te brengen.

Een meer recent voorbeeld is Windows 2000. Ruim vierduizend softwarespecialisten hebben aan de totstandkoming meegewerkt. Ze hebben gezamenlijk 29 miljoen regels programmacode geschreven. Uitgeprint in A4-tjes reikt de stapel 58 meter hoog, tot aan de kin van het Vrijheidsbeeld in New York. Het was bij verschijnen met afstand het grootste commerciële programma aller tijden, zelfs omvangrijker dan de software voor een groot wapensysteem (special 2/2000, '*Extreme Engineering*', *Scientific American*).

KUNSTMATIGE INTELLIGENTIE

De wetenschappelijke kennis kan tekort schieten om doorbraken te forceren. De informatietechnologie is er tot nu toe niet in geslaagd associatieve denkprocessen in computersystemen onder te brengen. Bestaande kennissystemen zijn gebaseerd op regels, uiterst complexe regels weliswaar, maar het blijven regels die geen overeenkomst vertonen met de associatieve wijze waarop de menselijke geest kennis interpreteert.

Veel onderzoek naar kunstmatige intelligentie of AI (*Artificial Intelligence*) is dan ook vastgelopen, zeker als men eerder gemaakte claims als uitgangspunt neemt. AI is het stadium van het academisch onderzoek nauwelijks te boven gekomen, hoewel er enkele interessante commerciële toepassingen zijn. Schaakcomputers van slechts enkele tientjes zijn sterker dan de meeste schakers. De meest geavanceerde machines op dit gebied kunnen zelfs de wereldkampioen een nederlaag toebrengen. Maar dit heeft meer met brute rekenkracht dan met kunstmatige intelligentie te maken. En bovendien: schaken is een geformaliseerd spel.

Enig commercieel succes is er ook voor expertsystemen. Dit zijn computers waarin een grote hoeveelheid data betreffende één bepaald vakgebied is opgeslagen, bijvoorbeeld het onderhoud van locomotieven. Hoe met deze gegevens moet worden omgegaan is vastgelegd in regels die zijn ontleend aan de ervaring van deskundigen op het gebied van locomotiefonderhoud. Dit resulteert in een systeem dat qua kennis op min of meer gelijke voet staat met een menselijke expert.

HAL, de bekende computer uit de film *2001: a Space Odyssey* (Stanley Kubrick, 1968), was zo'n expertsysteem. Het deed suggesties betreffende diagnose en reparatie van het ruimtevaartuig waar het deel van uitmaakte. De stemherkenning van deze computer is later ook gerealiseerd. HAL krijgt op een gegeven moment echter ook een zenuwinzinking. De huidige AI-experts zijn het er totaal niet over eens hoe een computer voor zoiets te programmeren valt, als het überhaupt al mogelijk is.

Een ras-optimist is Jaap van den Herik, hoogleraar informatica aan de Universiteit Maastricht. Kunstmatige intelligentie is zijn specialisme. Van den Herik denkt dat de minister-president op den duur kan worden vervangen door een computer. Eerder al moet de rechter zijn plaats afstaan. Misschien niet allemaal in de 21^e eeuw, maar dan toch wel de volgende. Het kiezen van een partner kunnen we al over enkele decennia aan de computer overlaten. Van den Herik sluit overigens uit dat computers ooit kunnen geloven (uit het boek: *Een Geweldige Tijd*; 2001).

Techniekfilosoof Hans Achterhuis van de Universiteit Twente moet het allemaal nog zien. In zulke voorspellingen zit altijd ook een hoop *public relations* en het veilig stellen van budgetten. Het idee dat de minister-president zou kunnen worden vervangen door een computer doet geen recht aan wat politiek is, vindt hij. 'Politiek gaat niet om het nemen van de beste beslissing. Uit een computer van Groen Links komen heel andere politieke lijnen dan uit een computer van de VVD. Als je computers politiek laat bedrijven, krijg je een *self-fulfilling prophecy:* dan horen mensen die niet in die computer passen, ook niet meer thuis in de samenleving. ..... Een computer zou politici hoogstens kunnen ondersteunen als expertsysteem.' (*Een geweldige tijd*)

'AI vormt een fascinerend onderzoeksgebied', schrijft de *Encyclopedia of science and technology* (Routledge, 2001), 'maar het roept naar het schijnt meer vragen op dan het antwoorden geeft'.

WAT KOST HET?

Economische factoren vormen de meest alledaagse grenzen aan de technische ontwikkeling. 'Wat kost het' is de eerste vraag die een financieel directeur stelt als de ontwerpafdeling van zijn bedrijf met een innovatief idee komt. Het is nog maar de vraag of de pijlerdam in de Oosterschelde zou zijn gebouwd als vooraf duidelijk was geweest wat deze achteraf heeft gekost. Na voltooiing zijn er daarnaast ook nog vraagtekens geplaatst bij het milieuvoordeel van deze doorlaatbare dam.

De overheid stimuleert de technische ontwikkeling met subsidies, maar legt anderzijds ook beperkingen op. Het gebruik van enkele bestrijdingsmiddelen is verboden, evenals het op de markt brengen van geneesmiddelen met gevaarlijke bijwerkingen en de toevoeging van sommige additieven aan voedsel. De arbowet legt beperkingen op aan het gebruik van gevaarlijke productiemiddelen, en de verkeerswet stelt eisen aan emissies, brandstofverbruik en lawaai van auto's.

Tegelijk vormen die belemmeringen een stimulans voor de ontwikkeling van milieuvriendelijker gewasbeschermingsmiddelen (bijvoorbeeld biologische in plaats van chemische), veiliger geneesmiddelen en gezonder voedsel. Bewerkingsmachines voor hout en metaal zijn voorzien van beschermingskappen en noodstopvoorzieningen.

De overheid legt door wetgeving grenzen op aan de techniek. Het gebruik van asbest is al zo'n twintig jaar verboden. Ze kan ook grenzen helpen verleggen door subsidies te geven voor gewenste ontwikkelingen en normen te stellen waar onderzoekers zich op kunnen richten. Door haar aankoopbeleid kan de overheid bepaalde ontwikkelingen stimuleren.

De overheid geeft hiermee enige richting aan de technische ontwikkeling, maar de invloed moet niet worden overschat. De overheid werkt alleen voorwaardenscheppend en bouwt geen huizen, auto's of chips. Het bedrijfsleven heeft het initiatief in de technologierace, de overheid kan die initiatieven stimuleren, afremmen, of desnoods verbieden (alleen in uiterste noodzaak, bijvoorbeeld bij bewezen gezondheidsrisico's).

Het verbieden van technische ontwikkelingen is en blijft een lastige zaak. Het kan alleen bij internationale overeenstemming. Als hier iets wordt verboden en elders niet, en het gaat om een profijtelijke ontwikkeling, dan gebeurt dat gewoon elders.

Als één technologie de remmende invloed heeft gevoeld die de samenleving kan uitoefenen, is het kernenergie. Deze sector lijdt onder een afgedwongen moratorium en dientengevolge staat de ontwikkeling van de nucleaire technologie vrijwel stil. Fabrikanten van kerncentrales zitten op zwart zaad en het kernsplijtingsonderzoek is grotendeels afgebouwd. Als dat zo blijft zullen betere alternatieven voor de huidige kerncentrales, zoals de inherent veilige reactor (zo die al mogelijk is), niet van de grond komen.

COMMUNISTISCH MANIFEST

Dat de techniek juist in het Westen zo'n enorme ontwikkeling heeft doorgemaakt, en elders niet, heeft culturele oorzaken. Democratie, respect voor de wet en particulier eigendom, het christelijke arbeidsethos, het kapitalistische concurrentiebeginsel, onze steeds efficiëntere benutting van energie, en de nauwe contacten tussen uitvinders en zakenmensen, vormen drijvende krachten die elders hebben ontbroken. Daardoor zijn grenzen doorbroken die in andere delen van de wereld zijn blijven bestaan.

A.E. Pannenborg, oud-lid van de Raad van Bestuur van Philips en daarin verantwoordelijk voor onderzoek en ontwikkeling (R&D), schrijft in *Grenzen aan techniek*: 'Dat de techniek door de industriële revolutie zo in beweging kwam, kan niet los worden gezien van het ontstaan van het kapitalisme. Het is treffend te lezen hoe Marx en Engels, beiden zeer scherpzinnige waarnemers, dit effect beschrijven in het Communistisch Manifest van 1848. Het kapitalistisch stelsel, zo stellen zij, stimuleert meer dan enig ander zowel tot kapitaalsophoping als tot technologische innovatie. De nieuwe heersende klasse, de bourgeoisie, kan zich niet handhaven zonder voortdurend de productiemethoden te verbeteren, zo mogelijk radicaal. Dit in tegenstelling tot alle voorafgaande heersende klassen, die juist belang hadden de status quo te handhaven, omdat veranderingen risico's voor hun voortbestaan inhielden.'

De tweede helft van de vorige eeuw heeft Japan op haar beurt een succesvoller recept voor technologische ontwikkeling gehanteerd dan het Westen. De verklaring voor het Japanse succes, met het hoogtepunt in de jaren zeventig en tachtig, moet onder andere – naast een sterk arbeidsethos - worden gezocht in de bedrijfscultuur. Dat is in 1979 treffend verwoord door Konosuke Matsushita, de toenmalige topman van het gelijknamige elektronicaconcern: 'Voor u westerlingen is de essentie van management dat u de ideeën van de bazen laat komen en de uitvoering bij de arbeiders legt. Voor ons Japanners is de kern van management het mobiliseren en op één lijn brengen van de intellectuele vermogens van *alle* werknemers in het bedrijf. Omdat wij de omvang van de technische en economische uitdagingen beter hebben gezien dan u, weten wij dat de intelligentie van een handjevol technocraten, hoe briljant ook, niet langer voldoende is om de uitdagingen met succes aan te pakken. Alleen door een beroep te doen op de gezamenlijke intellectuele capaciteiten van alle werknemers kan een bedrijf de onstuimige ontwikkelingen en beperkingen van het hedendaagse industriële klimaat het hoofd bieden.'

Het afgelopen decennium is er overigens in dat Japanse succes aanzienlijk de klad gekomen door de nog steeds niet overwonnen diepe financiële economische en bureaucratische crisis in dat land. Bovendien hebben westerse bedrijven geleerd van de Japanse managementmethode.

Een treffend voorbeeld van de remmende invloed die bedrijfscultuur en traditie kunnen uitoefenen, is nog steeds de Zwitserse horloge-industrie. Deze eens wereldberoemde industrie heeft te laat ingezien welke enorme voordelen zijn te behalen door mechanica te vervangen door micro-elektronica. De Japanse concurrentie had dit eerder door en kreeg zo de kans de Zwitserse kwaliteitshorloges uit de markt te werken. Slechts op de restanten van wat eens een vooraanstaande industrie was - in de jaren zeventig en tachtig qua werkgelegenheid teruggelopen van eens 90.000 naar 30.000 arbeidsplaatsen – hebben de Zwitsers nog iets kunnen redden van hun eens zo machtige bedrijvigheid. Ze deden dat door van micro-elektronica voorziene horloges smaakvol vorm te geven, waarmee ze zich in een marktniche de concurrentie van het lijf houden.

LEVEN EN DOOD

Ethische vragen rond de technische ontwikkeling spelen vooral rond kwesties van leven en dood, zoals het beëindigen van zinloos lijkende medische handelingen, het in leven houden van te vroeg geboren kinderen, het kunstmatig bevruchten van bejaarde vrouwen met een kinderwens, evenals het genetisch manipuleren met dieren. Ethici proberen een barrière op te werpen tegen al te snelle ontwikkelingen.

In de jaren zeventig van de vorige eeuw hebben onderzoekers zelf opgeroepen tot een moratorium met betrekking tot recombinant DNA-onderzoek. Maar in de jaren tachtig waren deskundigen het er over eens dat mogelijke risico's – zoals het ontsnappen van genetisch gemanipuleerd materiaal uit laboratoria, dat in de natuur grote schade zou kunnen aanrichten - waren overschat. Veel onderzoek kan in gewone laboratoria of in laboratoria met speciale voorzieningen worden gedaan, zonder dat dit risico's voor de omgeving met zich mee brengt. De ethisch geïnspireerde bezorgdheid van onderzoekers heeft de ontwikkeling tijdelijk vertraagd, maar er verder geen richting aan gegeven.

Er zijn echter maar weinig voorbeelden van ethisch geïnspireerde beïnvloeding van de techniek. Het verzet tegen kernenergie is er deels door gevoed, evenals de weerstand tegen aspecten van het omgaan met levende wezens – de bio-industrie, het manipuleren met menselijke embryo's en het klonen van dieren of zelfs mensen – en de toelaatbaarheid van sommige medische handelingen.

Maar in de vervaardiging van en omgang met veel alledaagse techniek spelen ethische overwegingen nauwelijks een rol. De ethiek biedt daar ook vrijwel geen handvaten voor. Ethici hebben weinig te melden over elektriciteit, de auto en de fiets. Elke auto heeft een rem, niet alleen om de inzittenden van ongelukken te vrijwaren, maar ook om andere weggebruikers te beschermen. Dat is het wel zo'n beetje.

Dr. L.C. Fretz, destijds hoogleraar van de TU Delft, wijdt in *Grenzen aan techniek* een hoofdstuk aan de ethische aspecten van de technologische ontwikkeling. Volgens hem is de oorzaak van de minieme invloed van de ethiek op de technische ontwikkeling de boedelscheiding die vijfhonderd jaar geleden is aangebracht tussen wetenschap en ethiek. Instigator daarvan was Francis Bacon met zijn uitspraak: 'De natuur overwint men slechts indien men haar gehoorzaamt.' Hiermee wordt een methodologisch beginsel geformuleerd, aldus Fretz, dat suggereert dat men de natuur slechts kan beheersen indien men haar wetmatigheid bestudeert en daarmee niet in strijd handelt. Fretz pleit voor het ongedaan maken van die boedelscheiding. Hoe dat moet wordt overigens niet duidelijk.

TIJDELIJKE BARRIÈRES

Jules Verne (1828–1905), auteur van science-fiction-avant-la-lettre, schreef over reizen naar de maan, onder de Noordpool door, naar het middelpunt van de aarde, en in tachtig dagen de wereld rond. Bijna alles wat hem voor ogen stond is inmiddels al lang en breed werkelijkheid geworden, alleen het middelpunt van de aarde is nog buiten bereik. De barrières die realisering van zijn dromen in de weg stonden, zijn bijna allemaal tijdelijk gebleken.

Intermezzo

Extreme techniek

Bijna zeventigduizend merendeels Chinese arbeiders bouwen momenteel in Tibet aan een 1118 kilometer lange spoorlijn, die de hoofdstad Lhasa verbindt met China. De spoorlijn gaat voor de helft over permafrost en ligt voor tachtig procent op een hoogte boven de vierduizend meter. Op die hoogte krijgen veel mensen last van hoogteziekte. Een eerdere poging tot aanleg in de jaren zeventig liep stuk op gezondheidsproblemen bij de bouwers. Dat wordt nu ondervangen door strikte regulering van werktijden, medische klinieken, verwarmde onderkomens en zuurstofflessen. Het helpt ook dat China inmiddels is gemoderniseerd en over voldoende zware machines beschikt. Belangrijkste uitdaging is het bouwen op permafrost. Hoe houdt deze zich tijdens het werk, in warme zomers en bij een doorzettend broeikaseffect? (*Technisch Weekblad*, 4/2/05).

De meest geavanceerde machine momenteel in aanbouw is de Large Hadron Collider (LHC) van onderzoeksinstituut CERN bij Genève. Dit is een deeltjesversneller, bestaande uit een meer dan manshoge ringvormige buis met een lengte van 27 kilometer, een versnellingsmechanisme voor protonen (elementaire deeltjes), en vijf detectoren met elk de omvang van een fors gebouw. Hoe kleiner de deeltjes, hoe groter de machines, zo lijkt het wel.

De machine moet aantonen of het Standaardmodel, een theorie die de principiële opbouw van de materie verklaart, wel of niet klopt. De zes miljard euro kostende machine is het paradepaardje van CERN.

In de immense machine, die in 2007 klaar moet zijn, draaien bundels protonen in twee dunne vacuümbuizen in de tunnel rondjes (in de ene buis linksom, in de andere rechtsom). Ze worden versneld om ze vervolgens op elkaar te laten botsen. Op de trefplaats zullen exotische, subatomaire deeltjes in alle richtingen wegvliegen. Fysici hopen dat zich daaronder het roemruchte Higgs-deeltje bevindt. Dit deeltje speelt een sleutelrol in de theorie van de bouwstenen der materie, maar of het werkelijk bestaat is nog niet aangetoond. 'Wie het vindt, wint geheid de Nobelprijs', schrijft *NRC Handelsblad* (27/11/04) in een reportage over de bouw van de LHC.

Krachtige magneetspoelen, die twaalfduizend ampère stroom trekken, houden de protonen bij nagenoeg lichtsnelheid op koers. Alle magneten zijn gewikkeld uit supergeleidende draad van niobium en titaan. Ze opereren bij een temperatuur van nog geen twee graden boven het absolute nulpunt. 'Een supergeleidend magneetsysteem op die schaal is niet eerder vertoond', zegt de wetenschappelijk directeur van CERN, de Nederlander Jos Engelen, in *NRC*. 'En in beide protonenbundels ligt meer energie opgeslagen dan in een mammoetanker op topsnelheid. Dat stelt extreme eisen aan de software die de protonen op koers moet houden. Raakt een bundel de wand dan richt hij enorme schade aan die de LHC voor lange tijd plat zou leggen.'

Ingenieurs schuiven al duizenden jaren de grenzen van de techniek op. Al in de Oudheid heeft dat indrukwekkende constructies en gebouwen opgeleverd. Piramiden, zowel in Egypte als Zuid- en Midden-Amerika, spreken ook nu nog tot de verbeelding.

En technici gaan gewoon door. Hun uitvindingen worden groter, kleiner, sterker, sneller, hoger. Het Amerikaanse wetenschapsblad *Scientific American* bracht er in 2000 een prachtige special, *Extreme Engineering*, over uit.

China bouwt momenteel ook de grootste dam ter wereld: de drieklovendam, 2,3 kilometer lang en 180 meter hoog. De dam verdrijft overigens een miljoen mensen van huis en haard. Het softwareprogramma Windows 2000 telt meer dan 29 miljoen regels code.

Rond de aarde draait het International Space Station, de grootste constructie ooit in de ruimte gebouwd. Het huidige ISS meet 73 bij 52 bij 27,5 meter; er zijn plannen het verder uit te breiden. Dat is klein vergeleken met het oorspronkelijke ontwerp uit 1975, dat voorzag in een wielvormig ruimtestation met een diameter van 1750 meter. Kosten (in 1975) tweehonderd miljard dollar! Daarin was plaats voor permanente bewoning door tienduizend mensen.

Tegelijk bouwen we ook de andere kant uit, richting steeds kleinere dimensies. In het laboratorium verplaatsen onderzoekers individuele atomen, om daarmee de eigenschappen van materialen te verbeteren en in de toekomst 'dingen' te kunnen bouwen. We bouwen labs-on-a-chip, laboratoria op microformaat, voor het supersnel uitvoeren van medische en biologische testen.

We bouwen razendsnel rekenende supercomputers en steeds snellere raketvliegtuigen. Eind 2004 bereikte de onbemande X43A
van NASA een snelheid van 11.000 kilometer per uur, bijna tien
keer de geluidssnelheid (Mach 10). NASA rekent er op dat deze
'scramjet', een kruising tussen raket en straaljager, op den duur
een snelheid kan halen van Mach 20.

STEEDS HOGER

*Taipei Financial
Centre, momen-
teel het hoogste
gebouw ter
wereld*

Ook bouwen we steeds hoger. Met 508 meter
is het Taipei Financial Centre momenteel het
hoogste gebouw ter wereld. Er zijn technisch
gezien geen beperkende factoren om nog veel
hoger te bouwen. De meest beperkende factor
is de benodigde ruimte op de grond. Zo'n toren moet aan de basis voldoende breed zijn.
Hoogte gedeeld door breedte moet een factor
zes à acht zijn. Een gebouw van zeshonderd
meter hoog krijgt dan een basis van minimaal
75 bij 75 meter. Die ruimte is niet overal in
drukke stadscentra beschikbaar, en indien wel
dan is het peperduur. Inmiddels is in Dubai
voor oplevering in 2008 een wolkenkrabber gepland die achthonderd meter hoog moet worden.

Ingenieurs hebben in het verleden extreme ontwerpen gemaakt
die nog steeds niet zijn uitgevoerd en waarschijnlijk ook nooit tot
uitvoering zullen komen. Zoals een dam in de Beringstraat tussen Alaska en Siberië (maar er wordt nog wel gedacht aan een
brug of een tunnel), en een met atoomkracht aangedreven vliegtuig (plan van de Amerikaanse luchtmacht; volkomen onprak-
tisch vanwege de zware veiligheidsomhulling van de reactor). Of
neem de Superconducting Super Collider, net als de Large Hadron
Collector een deeltjesversneller, die in de jaren tachtig in Texas
moest worden gebouwd, maar dan met een omtrek van 87 kilometer. Een deel van de buis is inderdaad aangelegd, maar het project
is begin jaren negentig door het Amerikaanse Congres vanwege de
hoge kosten stopgezet. Of neem de megalomane plannen voor het
omleggen van de loop van grote rivieren in Siberië.

In 1928 stelde de Duitse ingenieur Herman Sörgel voor om de Middellandse Zee af te dammen, voor landwinning langs Zuid-Europese en Noord-Afrikaanse kusten. Een dam bij Gibraltar moest de toevoer van water uit de Atlantische Oceaan stopzetten, waardoor het peil in de Middellandse Zee op den duur enkele honderden meters lager zou komen te staan. Corsica en Sardinië vormen dan één eiland. Sörgel plande ook een dam tussen Tunesië en het veel groter geworden Sicilië, plus een brug tussen Sicilië en Italië. Het plan van Sörgel is niet uitgevoerd, maar nog steeds leeft het idee van een brug tussen Sicilië en het vaste land van Italië.

BEGRENZENDE FACTOREN

Ingenieurs zullen altijd doorgaan met grotere gebouwen neerzetten, kleinere chips ontwerpen, dieper in de aarde boren en krachtiger motoren construeren. Maar ze kunnen niet zomaar hun gang gaan. Ze zullen rekening moeten houden met begrenzende factoren. Henry Petroski, hoogleraar civiele techniek aan de Amerikaanse Duke University en begenadigd schrijver van leesbare studieboeken zoals *Engineers of Dreams* en *Invention by Design,* wijst daar ook op in zijn bijdrage aan de special *Extreme Engineering* van *Scientific American.*

De supersonisch vliegende Concorde was louter technisch gezien een uitstekend vliegtuig. Maar het werd beperkt in het uitvoeren van vluchten omdat de knal als het door de geluidsbarrière ging te veel overlast bezorgde in de omgeving van vliegvelden, en ook vanwege de emissies van verbrande kerosine op grote hoogte. Petrosky: 'Het is duidelijk dat de ontwerpen van ingenieurs aan meer eisen moeten voldoen dan alleen maar sterk genoeg en snel genoeg; ze moeten ook in overeenstemming zijn met de bestaande fysieke, politieke en sociale infrastructuur.'

Petrosky besluit met de woorden: 'Niets menselijks is ingenieurs vreemd; ze geloven soms meer in zichzelf en in hun creaties dan strikt verantwoord is. Als er ongelukken gebeuren volgt er natuurlijk een terugslag, maar het weerhoudt ze er niet van verder te dromen over steeds grotere en meer ambitieuze projecten. Zodra de oorzaak van zo'n ongeluk goed wordt begrepen, gaan ingenieurs door waar ze gebleven waren op hun tocht naar grotere en hogere doelen. Zo moet het – net als in het leven – ook zijn in de techniek, want de menselijke geest wil nu eenmaal hoger bouwen, sneller vliegen, verder in het universum doordringen en het atoom dieper doorvorsen dan zijn voorgangers. Door op de schouders van reuzen te staan kunnen we nog grotere reuzen worden; zo kunnen we ook door op de top van een wolkenkrabber te klimmen nog hogere wolkenkrabbers neerzetten. Als dit overmoed is, dan is het een bewonderenswaardige karaktertrek, die over het algemeen de vooruitgang heeft gediend en waar zowel ingenieurs als leken trots op zijn.'

Hoofdstuk 12

De toekomst van de techniek

De techniek ontwikkelt zich in meerdere richtingen tegelijk. Techniek wordt groter maar ook kleiner, krachtiger en ook subtieler, sneller, goedkoper, lichter, betrouwbaarder, nauwkeuriger, gebruiksvriendelijker en duurzamer. We bouwen steeds hoger en boren alsmaar dieper in de aarde. De ontwikkelingen zijn nog lang niet aan hun eind. Onderzoekers in het laboratorium manipuleren met individuele atomen en 'knippen' DNA. In de fabriek bereikt men nauwkeurigheden in de orde van één tot tien nanometer (één nanometer = een miljardste deel van de meter). Ingenieurs construeren pompjes en motortjes op microschaal. Onderzoekers van het Massachusetts Institute of Technology hebben zelfs al een rudimentaire versie van een straalmotor-op-een-chip gebouwd.

En de grenzen zijn nog niet bereikt. Fysici bestuderen al decennia het binnenste van atomen. Dat vergroot het inzicht in de opbouw van de materie. Het manipuleren met individuele atomen – bijvoorbeeld verschuiven over een materiaaloppervlak – is nu nog slechts een zeer rudimentair beheerst proces. Het kan in ieder geval nog veel sneller en nauwkeuriger.

's Werelds hoogste viaduct bij Millau in Frankrijk

Tegenover het hele kleine staat het hele grote. We bouwen megaconstructies die in drie dimensies groter zijn dan bestaande bouwwerken. Het pas in gebruik genomen Viaduc de Millau – naar een ontwerp van de wereldberoemde Britse architect Sir Norman Foster – in Zuid-Frankrijk is het hoogste ter wereld. Eén van de pylonen meet 340 meter, hoger dan de Eiffeltoren, de rijbaan bevindt zich maar liefst 250 meter boven het dal van de Tarn. De Drieklovendam in China, die in 2009 in gebruik wordt genomen, wordt twee kilometer breed bij een hoogte van 180 meter. Tussen de twee hoofdeilanden van Japan ligt een onderzeese treintunnel van 54 kilometer, de langste ter wereld.

Ongetwijfeld volgen er nog grotere megaconstructies. Het hoogste gebouw ter wereld is nu het 508 meter hoge Taipei Financial Center op Taiwan. Maar hogere gebouwen zijn al in de maak. Dubai heeft een wolkenkrabber van achthonderd meter hoog gepland, die in 2008 gereed moet zijn. In Australië denkt men aan de bouw van een 970 meter hoge 'zonnetoren', een schoorsteen waar aan de onderkant lucht in stroomt die met grote snelheid naar boven 'trekt'. Een in de luchtstroom geplaatste generator wekt elektriciteit op. De hoeveelheid op te wekken elektrische energie is afhankelijk van het temperatuur- en drukverschil tussen onder- en bovenkant van de toren.

Buiten onze planeet dringen we steeds verder door in het zonnestelsel. In januari 2005 is de ruimtesonde Huygens geland op de Saturnusmaan Titan. We halen olie en gas onder steeds diepere zeeën vandaan. Het experimentele raketvliegtuig X-43A van NASA heeft eind 2004 een snelheid van 11.000 kilometer per uur gehaald. Dat is Mach 10, tien maal de geluidssnelheid, en Mach 20 wordt haalbaar geacht.

STEEDS EFFICIËNTER

Het moet hoger, preciezer en sneller, maar de maatschappij vraagt, nee, schreeuwt ook om een meer efficiënte techniek. Met bijwerkingen moet het afgelopen zijn. Een gloeilamp die meer warmte dan licht produceert, een (verbrandings)motor die meer warmte dan voortstuwing levert, dat kan niet langer.

Techniek-historicus Harry Lintsen wijst erop dat er in de huidige fase van de technische ontwikkeling een einde komt aan op kwantiteit, op beheersing gerichte technieken, zoals de massale woningbouw van na de Tweede Wereldoorlog en de gecentraliseerde elektriciteitsopwekking (Technisch Weekblad, 17/12/97). De toekomst is aan kwalitatieve, flexibele en schone technieken - duurzame gebouwen, warmtekrachtkoppeling et cetera.

Vrijwel nergens staat de technische ontwikkeling stil. Er zit nog veel potentieel in een 'oude' techniek zoals staal. Enkele staalsoorten hebben nu een maximale treksterkte van 700 megapascal, binnen enkele jaren wordt dat 1000 MP, en op wat langere termijn zelfs 1200 MP.

Er zit veel muziek in de combinatie van bestaande technieken met informatietechniek. Illustratief hiervoor zijn de ontwikkelingen in de autotechniek en de medische sector.

De techniek kent een inherente dynamiek: tien jaar geleden lag de technische horizon van de chipontwikkeling op tien jaar, dat is nu nog zo. Vaak zeggen onderzoekers: met de huidige techniek kunnen we nog vijf of tien jaar vooruit. Maar als die tijd verstreken is blijkt dat de mogelijkheden en grenzen zijn opgeschoven en dat men nog weer verder kan.

Science fiction-literatuur bevat verrassende beschrijvingen van zaken die hun basis vinden in met name de informatie- en communicatietechnologie, de biotechnologie en de combinatie van deze technieken. Sinds Jules Verne weten we dat science fiction voorspellende waarde heeft. Zijn reis naar de maan en zijn tocht onder het poolijs door zijn al decennia geleden gerealiseerd. En in tachtig dagen de wereld rond, daar lachen we nu om.

De technische ontwikkeling is een haasje-over van technology push en market pull. De toekomst op middellange termijn belooft minder fundamentele vernieuwing en meer aanpassing aan maatschappelijke behoeftes. Voorlopig geldt daarom het primaat van market pull. Bij de huidige stand van de techniek blijkt verbetering van het bestaande profijtelijker dan ontwikkelen van volledig nieuwe techniek.

VERSCHRALING VAN DE TECHNIEK

De toekomst van de techniek lijkt tot in lengte van dagen helemaal open te liggen, alles wat we doen kan nog beter. Niettemin signaleert het gerenommeerde Engelse weekblad *The Economist* in haar kwartaalbijlage *Technology Quarterly* van 8 december 2001 een verschraling van het potentieel voor technologische innovatie. Het weekblad ziet een aantal oorzaken. Allereerst: de toenemende kosten van technologische ontwikkelingen, en globalisering met als gevolg dat grote concerns fuseren.'In plaats van meerdere ontwerpen om een bepaald probleem op te lossen, blijft er vaak nog maar één over. In de techniek is het altijd mogelijk geweest om op verschillende manieren te voldoen aan dezelfde ontwerpeisen. Diversiteit in technologische oplossingen is het zusje van innovatie. Dit heeft technologie altijd tot een bijzonder krachtig economisch wapen gemaakt.'

De tweede verschraling is de trend naar steeds strengere veiligheidseisen met de nadruk op gedetailleerde ontwerpeisen, in plaats van op minimumeisen. In dat laatste geval staat het ontwerpers vrij aan die eisen tegemoet te komen, met als gevolg meer diversiteit in oplossingen. De diversiteit verdwijnt ook omdat een toenemend aantal hightech-producten niet meer dan een commodity wordt, handelswaar zonder onderscheid naar fabrikant. Er is geen verschil tussen bijvoorbeeld een 256 megabit geheugenchip van Toshiba of van Samsung. Door handel in patenten en onderlinge licenties is men uitgekomen bij één, klaarblijkelijk de beste, oplossing.

Verschraling treedt ook op omdat bedrijven zich vooral toeleggen op technieken die snel volwassen worden (lees: geld opleveren). Behalve fietsen en auto's hebben we het bij volwassen technologieën nu ook over halfgeleiders, computers, telecommunicatie en ruimtevaart.

En als laatste: het aantal nog niet geëxploiteerde fysische verschijnselen lijkt af te nemen. Ook dat remt de ontwikkeling van de technologie. *The Economist*: 'Ingenieurs die betrokken zijn bij het ontwerp van Formule 1-raceauto's – de technologisch meest geavanceerde voertuigen ooit gebouwd – zeggen dat er geen grote sprongen qua prestatieverbetering meer mogelijk zijn. De laatste sprong voorwaarts was ground effect.' Dat is het creëren van onderdruk onder de auto, waardoor deze aan het wegdek vastzuigt en sneller door de bochten kan. Het principe is door Lotus geïntroduceerd in de jaren tachtig, maar sinds 2003 in de racerij verboden. Alleen van toenemend gebruik van computers wordt in de Formule 1 nog enige verbetering verwacht, aldus *The Economist*. Lezers van het blad hebben er in latere edities op gewezen dat er nog wel wat opties zijn om tot verbeteringen te komen. Als de communicatie tussen experts uit verschillende vakgebieden wordt vergroot, is er nog wat snelheid te winnen. Dit wordt overigens algemeen ingezien; nieuwe ontwikkelingen zullen vooral moeten voortkomen uit interdisciplinair onderzoek.

Sommige mensen zien een verschraling in de manier waarop een volwassen technologie relatief snel aan het domein van vakmensen wordt onttrokken door geautomatiseerde hulpmiddelen zoals expertsystemen. Ontwerpers beschikken dan over de kracht van een dergelijke technologie zonder die in wezen te begrijpen. Hoe meer dat gebeurt, des te minder zijn ingenieurs nog in staat bij te dragen aan verbetering van deze technologie.

EINDE VAN DE TECHNIEK?

De kwesties die *The Economist* aanroert, werpen – in extremo doorgevoerd – de vraag op in hoeverre we met de technische ontwikkeling al in de buurt van een eindfase zijn aangeland. Wel, dat is niet het geval. Het einde van de geschiedenis, van de wetenschap en de fysica is wel eens aangekondigd, maar het einde van de techniek niet. Pas als we bij het gros van de toepassingen in de buurt van fysieke limieten (de snelheid van het licht, het absolute nulpunt) komen, naderen we het einde van de techniek. Maar dit is slechts in extreme toepassingen het geval. Wel stuiten we voortdurend op allerlei andere grenzen, zoals de beschikbaarheid van geld en maatschappelijke aanvaardbaarheid. Die zaken beperken de ontwikkeling van individuele vormen van techniek. Maar vaak leidt dit weer tot alternatieve oplossingen en een bijstelling van de richting waarin de techniek zich ontwikkelt.

Aan specifieke vormen van techniek komt inderdaad voortdurend een einde. Dat is altijd zo geweest en zal ook in de toekomst zo zijn. De stenen vuistbijl is in Nederland niet meer in gebruik, paard en wagen alleen nog voor toeristische doeleinden. De zesdelige serie boeken *Geschiedenis van de techniek in Nederland (19ᵉ eeuw)* staat vol van technieken die niet meer in zwang zijn.

Ruim honderd jaar geleden telde Nederland zo'n honderdvijftig gasfabrieken. In de loop van de vorige eeuw is deze techniek door de komst van goedkope aardolie op zijn retour geraakt. Aardgas uit Slochteren bracht vervolgens de doodsteek. Zo'n tien jaar geleden is bij het Limburgse Buggenum nog een moderne versie van een gasfabriek in gebruik genomen, een kolenvergasser voor het 'schoon' verbranden van steenkool. Deze is echter inmiddels gesneuveld door de liberalisering van de energiemarkt. Verschillende landen, de Verenigde Staten voorop, hebben echter clean coal-programma's op stapel staan, waarin ruim plaats is voor kolenvergassing. Reden is de ruime beschikbaarheid van steenkool en het feit dat we voor onze energievoorziening nog meerdere decennia afhankelijk zullen zijn van fossiele brandstoffen.

Recente voorbeelden van technieken die verdwijnen zijn telegraaf, typemachine en casettebandspeler (althans voor consumentengebruik). De floppy disc is ernstig op zijn retour. De komende jaren zullen ook fax, videorecorder en walkman-met-cassetteband als alledaags gebruiksartikel verdwijnen.

Er zijn ook technieken die op grote schaal worden toegepast, maar waar, afgezien van modetrends, nauwelijks meer ontwikkeling in zit. Dat betreft horloge, zakrekenmachine (slechts dertig jaar na zijn introductie!), fiets, paperclip, speld en nietje. Ze zijn voltooid maar staan niet op het punt te verdwijnen. Het nut van deze technieken staat niet ter discussie.

Er bestaan ook verkeerde toepassingen van techniek die zich ondanks alles handhaven. Zoals de elektrische bovenleidingspanning van het spoor (in Nederland 1500 volt gelijkspanning). De Nederlandse Spoorwegen zijn inmiddels begonnen met ombouw naar 25.000 volt wisselspanning, maar het zal lang duren voordat dit is voltooid. Nieuwe trajecten worden van deze bovenleidingspanning voorzien.

Ook het qwerty-toetsenbord is niet weg te krijgen. Er zijn vele verbeterde toetsenborden ontwikkeld (onder andere de Nederlandse Velotype), maar die hebben het niet gehaald. Rond het qwerty-toetsenbord is een infrastructuur ontstaan (bedrijven, opleidingsinstituten), die alleen ten koste van enorme investeringen pas over een generatie zou kunnen worden vervangen. Investeringen geven richting aan de ontwikkeling van de techniek en beperken de mogelijkheden van alternatieven.

De technische ontwikkeling is nog bij lange na niet aan zijn einde, maar de ontwikkeling vindt wel steeds meer plaats langs gebaande paden. Vaak wordt gedacht dat de techniek voortdurend nieuwe wegen inslaat, maar het tegendeel is waar. Daarvoor zijn er te veel 'betere' alternatieven mislukt. Nieuwe technieken zullen altijd moeten concurreren met bestaande, reeds ingeburgerde technieken. En daarvan komen er steeds meer. 'Nieuw' moet bewijzen dat het op welke manier dan ook beter is dan 'oud'.

De toegevoegde waarde van nieuwe technieken is echter vaak zeer beperkt. Auto's met hybride aandrijving (zowel een elektro- als een verbrandingsmotor, de eerste voor in de stad, de tweede voor op de snelweg) of met brandstofcellen zullen zonder overheidsingrijpen – zoals door wetgeving en/of belastingvrijstelling - conventionele voertuigen niet massaal verdringen.

Elk krijgt zijn eigen plek in de markt, op basis van specifieke eigenschappen en voor- en nadelen. Voor het nieuwe luchtschip is er misschien (met de nadruk op misschien) een rol bij het uitvoeren van surveillances vanuit de lucht, bij toeristische cruises, en mogelijk als super-skybox bij grote publieksevenementen.

De trend naar grotere snelheden is nog steeds een belangrijk aspect van de technische ontwikkeling (microprocessors, productiemachines), maar bij auto's en passagiersvliegtuigen is dit, althans voor het huidige tijdsgewricht, niet langer het geval. Vanwege de massaliteit van het autoverkeer en de daarmee gepaard gaande emissies heeft de maatschappij grenzen gesteld aan de ontwikkeling van steeds snellere auto's. De nadruk ligt vrijwel volledig op verbetering van veiligheid, comfort, milieuprestaties en brandstofverbruik.

TECHNISCHE ONTWIKKELING VOLGT EEN S-KROMME

The Economist vroeg haar lezers ook te reageren op de stelling dat de rijkdom aan technologische alternatieven afneemt. Bijna zestig procent van de respondenten bleek het er niet mee eens te zijn, ruim een kwart wel, terwijl een zevende deel het niet wist (de redactie noemde overigens geen aantal reacties). Een ruime meerderheid van de respondenten is dus optimistisch: ze menen dat we in de toekomst niet hoeven te vrezen voor beperking van het potentieel aan technologische vernieuwing. Volgens sommigen van hen is innovatie een darwiniaans proces. 'Onvoorspelbare mutaties genereren een grote diversiteit aan oplossingen, waarbij de slechtste vernieuwingen sneuvelen in het proces van de vrije markt. En mocht er al iets aan de hand zijn, dan komt dat omdat bedrijven, met hun nadruk op return on investment, innovaties strenger beoordelen dan in het verleden', aldus een lezer.

Veel optimisten verwachten zelfs dat het aantal innovaties nog zal toenemen, omdat er tegenwoordig meer en beter opgeleide mensen zijn die over betere communicatiemiddelen beschikken. Nieuwe oplossingen komen sneller en in grotere getale beschikbaar, maar worden ook eerder verworpen. Andere optimisten wijzen erop dat innovatie kwalitatief verandert. Wetenschappers snappen inmiddels in grote lijnen hoe de natuur werkt, maar technici gaan in veel gevallen nog op rudimentaire wijze met de toepassing van natuurwetten om. De prestaties van computers worden niet beperkt door de fysica van halfgeleiders, zoals vaak wordt gesteld, maar door de creativiteit van ingenieurs die computers ontwerpen. 'Innovatie zal in de toekomst veel meer plaatsvinden op het niveau van de machine-architectuur', schrijft een lezer. 'Technologie zal in de 21e eeuw minder gaan over het ontdekken van nieuwe natuurkundige fenomenen, en meer over het combineren van bekende zaken met meer verbeelding en efficiency.'

De grootste groep optimisten houdt vast aan de visie van de technische ontwikkeling als een S-kromme. Na elke belangrijke innovatie treedt een fase in van selectie en verbetering, gevolgd door een shake-out onder leveranciers. Dit mondt uit in een enkele oplossing die door alle anderen wordt overgenomen. Daarom lijken alle fietsen waar ook ter wereld op elkaar.

The Economist vat de reacties van de optimistische lezers samen: 'Vrees niet, zeggen de optimisten. Zeer vele S-krommes zullen steeds weer nieuwe innovatieve ideeën opleveren. Zoals een lezer schrijft: de industriële concentratie die heeft plaatsgevonden in de fietsen- en auto-industrie was geen beletsel voor de toename van diversiteit in de informatietechnologie. En nu de IT aan het consolideren is, kan men rekenen op nieuwe ontwikkelingen in de nanotechnologie, quantum computing, proteomics, neurosilicaten en machine-intelligentie.'

WAT BLIJFT ER NOG OVER?

De mensheid ontwikkelt al duizenden jaren techniek. Met name de laatste twee eeuwen is dat in het Westen in een stroomversnelling geraakt. Maar hoe lang gaat dat in de toekomst nog door? Er kan - althans in het Westen - in ruime mate in fundamentele menselijke behoeften zoals huisvesting, voeding en mobiliteit worden voorzien. De stoommachine is ontwikkeld, evenals verbrandingsmotor, gasturbine, elektromotor, chip en laser. Deze artefacten zijn zeer verfijnd verder tot wasdom gekomen, in vele variaties en voorzien van steeds weer nieuwe features, met wijdverbreide toepassingen als gevolg. De vervanging van spierarbeid door machines is, althans in de westerse wereld, grotendeels voltooid. Aan de vervanging van hersenarbeid wordt hard gewerkt. Wat blijft er nog over?

Het antwoord is: genoeg. De mensheid heeft altijd techniek ontwikkeld om te voorzien in basisbehoeften, zoals voeding, huisvesting, verdediging (tegen aanvallers, natuurgeweld). Dat zal in de toekomst gewoon doorgaan, want vrijwel alles wat we doen kan nog beter. Bedrijven ontwikkelen techniek om te concurreren, ook daar komt nog lang geen einde aan. Ingenieurs werken aan technieken die milieu, energie en grondstoffen sparen. Met het oog op duurzaamheid zal het belang daarvan alleen maar toenemen. Daarnaast zal er voor de westerse mens – verkerend op de hogere treden van de behoeftepiramide van Maslow – steeds meer nadruk komen te liggen op de ontwikkeling van techniek voor sport, spel en ontspanning, en op innovatie van kleding en attributen voor het accentueren van de eigen persoonlijkheid.

Een aspect van de huidige fase van de technische ontwikkeling is de digitalisering van apparaten en machines. De artefacten worden kleiner, voor een deel draagbaar en draadloos. Communicatie tussen de apparaten en de gebruikers verloopt steeds meer via het web. Vanwege de digitalisering van apparaten en machines is er een steeds grotere rol weggelegd voor software. Als deze artefacten allemaal dezelfde soort signalen uitsturen, kunnen ze aan elkaar worden geknoopt en onderling informatie uitwisselen. Deze ontwikkeling laat nu al zijn sporen na in fabrieken, kantoren en ziekenhuizen. Deze trend wordt nog geremd doordat apparaten van verschillende leveranciers niet allemaal dezelfde taal, of dialecten van één taal, spreken.

De software-inhoud van apparaten, machines en installaties is de afgelopen decennia sterk gegroeid en zal in de toekomst verder toenemen. Omdat chips voortdurend goedkoper worden, zijn er steeds meer apparaten waarin software taken uitvoert. Deze embedded (ingebouwde, ingebedde) software bepaalt wat zo'n apparaat, machine of installatie kan. Het bepaalt de functionaliteit. Vroeger werden apparaten bestuurd door palletjes en hendels, of met lucht of vloeistof, nu meer door elektronica. Alle soorten besturingen komen nog voor, afhankelijk van de kracht die moet worden uitgeoefend, maar ze worden steeds meer aangestuurd door software. Door de besturing in software te gieten wordt een grote mate van flexibiliteit bereikt. Moet zo'n apparaat of machine een andere taak vervullen, dan wijzigt men de software en klaar is kees. Dat het in de praktijk iets moeilijker is, weet elke ingewijde.

Auto, TV, PC, DVD-speler, magnetron, wasmachine, mobiele telefoon; software maakt er deel van uit. Hetzelfde geldt voor vliegtuigen, kopieermachines, geldautomaten, meetapparatuur en medische apparaten. Vaak merkt men niet eens dat er programmatuur in zit, want het maakt deel uit van de machine. Neem de auto. Software speelt een rol in bijvoorbeeld het motormanagement, navigatiecomputer, cruise control, het airbagsysteem, sleutelherkenning en het anti-blokkeersysteem dat voorkomt dat de wielen tijdens het remmen blokkeren.

De waferstepper van ASML, uit Veldhoven, is ook een eminent voorbeeld van deze ontwikkeling. Deze productiemachine voor chips, vergelijkbaar met een grote en geavanceerde diaprojector, is softwarebestuurd. Het besturingsprogramma telde in 1990 nog honderdduizend regels code. De huidige machine telt er ruim tien miljoen.

Een ander voorbeeld: FEI Company uit Eindhoven. Het bedrijf produceert onder andere elektronenmicroscopen. Hier werken vijfhonderd mensen, waarvan tweehonderd in onderzoek en ontwikkeling en daarvan twintig in software. Dat aantal is groeiend.

BIO- EN NANOTECHNOLOGIE

Fundamentele doorbraken zijn in principe mogelijk op elk gebied van de techniek. De kans op ingrijpende veranderingen is echter het grootst op jonge techniekgebieden, zoals bio- en nanotechnologie. Biotechnologie, het manipuleren met levende materie, heeft zich inmiddels een vaste plaats veroverd in de techniek. Die positie zal in de toekomst nog verstevigd worden. Van de biotechnologie bestonden al rudimentaire voorlopers: plantenveredeling, het fokken van dieren en sommige processen in de voedings- en geneesmiddelenindustrie. Maar nu gebeurt dit op micro- en nanoschaal, in de genen van planten en dieren.

De band tussen de oude en de nieuwe techniek bestaat uit het ontwikkelen en bouwen van apparatuur waarmee de biotechnoloog zijn werk kan doen. De DNA-sequencer is daar een goed voorbeeld van. Deze plaatst de vier nucleotiden waaruit DNA-materiaal is opgebouwd in de gewenste volgorde.

Nu het biotechnologisch onderzoek zich afspeelt op het niveau van genen van planten en dieren, beschouwt men dit vakgebied als van even groot strategisch belang als micro-elektronica en materiaalkunde. Terwijl de grote innovatiecycli in het verleden in gang zijn gezet door fundamentele ontdekkingen in de natuurkunde en de chemie, zal in de toekomst de biotechnologie een grote rol spelen. Kansen liggen er vooral op het gebied van de genees-, voedings- en genotmiddelen, gewasbescherming en bij het kweken en fokken van planten en dieren met verbeterde eigenschappen.

Behalve van de biotechnologie valt er in de toekomst ook het nodige te verwachten van de nanotechnologie. Dit is overigens een evolutionaire technologie met deels revolutionaire aspecten. In de publiciteit krijgt dat laatste vaak de nadruk. Daardoor krijgt deze techniek soms het karakter van een hype zoals die zich enkele jaren geleden ook rond internet heeft afgespeeld.

Eén van die revolutionaire aspecten betreft de mogelijkheid tot ontwikkeling van nanorobots. Chirurgen zouden deze via de bloedbaan in het lichaam kunnen brengen, waar ze inwendige letsels en gebreken kunnen repareren. Nanotechnologie draagt daarnaast de mogelijkheid in zich om het onderscheid tussen dode en levende materie te doen verdwijnen. In het laboratorium zijn al zelfreproducerende moleculen van dode materie gemaakt (Technisch Weekblad, 3/1/03).

Er bestaan hoge verwachtingen rond koolstof nanobuisjes. Dit materiaal is vele malen sterker dan staal en geleidt elektrische stroom beter dan koper. Louter theoretisch gezien komt het in aanmerking voor een veelheid van toepassingen: opslag van waterstof, nog scherpere elektronenmicroscopen, zeer gevoelige sensoren. Nanobuisjes zouden de silicium elektronica kunnen vervangen. Helaas zijn koolstof nanobuisjes in gewicht duurder dan goud.

In vele opzichten is nanotechnologie echter evolutionair. Twintig jaar geleden werkten bedrijven op millimeters nauwkeurig. Tegenwoordig

werkt elk hightech-bedrijf op microns (een duizendste van een millimeter) nauwkeurig. Nu is men toe aan de volgende fase: opnieuw een
duizendvoudige verkleining, richting de nanometer (een miljoenste deel
van een millimeter).

Nanotechnologie is een zeer breed begrip. Machientjes, poeders,
manipuleren met levende en dode cellen – alles wordt op een hoop ge-
gooid. Het rapport *Nanotechnology* van de Stichting Toekomstbeeld
der Techniek (uit 1998!) maakt een handige indeling in vijf gebieden,
die het inzicht aanmerkelijk verheldert. Het maakt duidelijk wat zin
heeft en wat onzin is, en wat dichtbij is en veraf ligt.

Het eerste gebied betreft de instrumenten om op nanoschaal met
materie te manipuleren. De belangrijkste exponent daarvan is de *scan-
ning tunneling microscope*. Het is een 'moleculair pincet' dat individuele atomen kan verplaatsen. Deze apparaten zijn al jaren commercieel
beschikbaar.

Het tweede gebied betreft de nanomaterialen. Deze zijn sterk in ontwikkeling. Er zijn poeders op de markt met deeltjes op nanometerschaal.
Deze worden gebruikt ter verbetering van coatings, de cosmeticabran-
che werkt er mee, evenals de voedingsmiddelenindustrie bij de bereiding
van additieven.

De micro-elektronica, het derde gebied, zit tegen het nanometer-
bereik aan. Onderzoekers van IBM hebben een logische schakeling uit
losse atomen gerealiseerd. Dit heeft echter nog geen economische betekenis. Het duurt vijf minuten om elk atoom op zijn plaats te duwen. In
het laboratorium zijn al chips gebouwd met dimensies onder de honderd
nanometer. Deze maat geldt als de bovengrens van wat we nog nano-
metertechnologie noemen. Commerciële toepassingen zitten daar nog
boven. De nieuwste waferstepper van ASML realiseert chips met kleinste
dimensies van 156 nanometer.

Het vierde gebied, de moleculaire nanotechnologie, zal pas op middellange termijn tot bruikbare resultaten leiden. Het doel is om hele
kleine moleculen samen te bouwen tot hele grote. Men denkt bijvoorbeeld op deze manier liquid crystal displays te kunnen maken.

Nog verder in de toekomst – het vijfde gebied – liggen nanomachi-
nes. In laboratoria zijn al onderdelen van dergelijke machines gerealiseerd, zoals afsluiters en pompjes. Maar van de door de Amerikaan Eric
Drexler in zijn boek Engines of creation (1986) voorgestelde complexe
robots die in het lichaam reparatiewerk doen is nog niets te bespeuren.
'Ik zie dat ook niet zo gauw gebeuren', zegt innovatieadviseur Erik van
de Linde (Technisch Weekblad, 3/1/03).

DOLLARS

Bedrijven en overheden in de Verenigde Staten, Japan en Europa pompen momenteel miljarden dollars, yens en euro's in het nano-onderzoek. Geld is dan ook niet het grootste probleem bij verdere ontwikkeling van dit vakgebied. Een andere potentiële bottleneck, gebrek aan adequaat opgeleide mensen, lijkt ook mee te vallen. Er zijn voldoende ter zake kundige onderzoekers. 'Ook in Nederland', zegt Van de Linde, 'maar je moet het vangnet wel heel breed uitwerpen.' Uitbreiding van dit onderzoek zal betekenen dat er nog meer mensen uit het buitenland moeten komen, terwijl nu al in sommige onderzoeksprojecten de helft van de nieuwe technische en natuurwetenschappelijke onderzoekers van over de grens komt.

Er moet nog veel worden onderzocht. Hele kleine deeltjes reageren anders op hun omgeving dan grote exemplaren. Oppervlakte-eigenschappen worden dominanter. Bewegende nanodeeltjes slijten meer dan deeltjes van groter formaat. Bij het werken met materie dat de afmeting heeft van moleculen of atomen zijn de wetten van de quantummechanica van toepassing. Dit materiaal krijgt andere eigenschappen wat betreft kleur en magnetische lading.

Naarmate nanotechnologie meer doordringt in het dagelijks leven, zal de maatschappelijke weerstand toenemen, zoals ook is gebeurd met kernenergie en biotechnologie. Er is nog vrijwel niets bekend over de gezondheidseffecten van nanopoeders. Hele kleine deeltjes dringen gemakkelijker in de huid dan grote. Ethici verwijten onderzoekers dat ze voor God spelen door dode materie eigenschappen te geven die we nu alleen kennen van levende materie. Milieugroeperingen vrezen voor niet te beheersen effecten als gemodificeerde virussen en bacteriën per ongeluk in de vrije natuur komen. Dergelijke bedenkingen vallen overigens in het niet bij opzettelijk gebruik van zulke schepseltjes door terroristen en bij biologische oorlogvoering. In zijn boek Prey (Prooi) voert Jurassic Park-auteur Michael Crichton uit het laboratorium ontsnapte, levensgevaarlijke 'nanobots' op die zichzelf vermenigvuldigen en organiseren.

Op korte termijn zullen we echter eerst worden geconfronteerd met meer laag-bij-de-grondse toepassingen van nanotechnologie; toepassingen die ook duidelijke voordelen met zich meebrengen. Door fijnmaziger filters te maken, kan water sneller en beter worden gezuiverd. Door zuiverdere materialen te gebruiken bij de productie van magneetschijven, zal de data-opslagcapaciteit toenemen. Door nanotechnologie in te zetten bij de fabricage van ultralicht metaal, kan het gewicht van vliegtuigen omlaag, waardoor minder brandstof nodig is voor het vervoer van mensen en goederen.

GEEN EINDE

Het einde van de techniek is nog lang niet in zicht. Het kan in de toekomst nog vrijwel overal zowel groter als kleiner, krachtiger en subtieler, sneller, goedkoper, lichter, mooier, betrouwbaarder, nauwkeuriger, gebruiksvriendelijker en duurzamer.

De Amerikaanse historicus Francis Fukuyama betoogt in zijn boek *Het einde van de geschiedenis* (1990) dat de strijd tussen de grote maatschappelijke ideologieën na de val van het communisme ten einde is gekomen. Het kapitalisme en de liberale democratie hebben gezegevierd. En in *Het einde van de wetenschap* (1997) houdt de Amerikaanse wetenschapsjournalist John Horgan ons voor dat de grote ontdekkingen in de natuurwetenschappen achter ons liggen. Wat rest is invulling van details. Maar vijftien jaar na Het einde van de geschiedenis is duidelijk dat de strijd tussen de grote maatschappelijke systemen helemaal niet ten einde is.

Honderd jaar geleden werd het einde van de fysica ook al aangekondigd. Scholieren werd afgeraden natuurkunde te gaan studeren. Bijna alles was immers opgelost. Er waren nog slechts twee onbegrepen verschijnselen. Uit onderzoek naar die verschijnselen zijn later echter wel de relativiteitstheorie en de quantummechanica voortgekomen. Ook nu nog zijn er natuurkundige fenomenen – op een abstracter niveau dan honderd jaar geleden – die nog maar zeer gedeeltelijk worden begrepen. In de natuurkunde gaat het, net als in de techniek, vaak om *eine neue Kombination*, een term van de Oostenrijkse innovatie-econoom Joseph Schumpeter (1883–1950). De basale natuurwetten zijn dan wel in kaart gebracht, het nieuwe zit vaak in het verrassende samenspel van die wetten. Op basis daarvan ontstaan weer nieuwe inzichten.

Techniekfilosoof Hans Achterhuis wil van geen einde weten (Technisch Weekblad, 17/12/97). Niet van de geschiedenis, en ook niet van de techniek. Fukuyama heeft ongelijk gehad met het einde van de geschiedenis en hij besteedt bijvoorbeeld ook geen aandacht aan het milieuvraagstuk, terwijl dat toch van invloed is op maatschappelijke ontwikkelingen. Horgan heeft meteen al veel kritiek gekregen op zijn stellingname. In zijn jongste boek De nieuwe mens (2002), vooral gewijd aan de gevolgen van de biotechnologie, geeft Fukuyama zelf ook toe dat de geschiedenis niet ten einde is zolang techniek en wetenschap dat niet zijn.

Intermezzo

Symfonie van de techniek

De grote Amerikaanse techniekfilosoof Lewis Mumford (1895–1990) toont zich aan het eind van zijn studie *Technics and Civilization* (1934) opvallend positief over de verworvenheden van de technologische vooruitgang, ondanks de gevaren en de schaduwzijden die hij ook uitgebreid behandelt. 'Terwijl veel van de prestaties waarop de industriële beschaving pocht, onzinnig zijn, en veel van de goederen die de machine voortbrengt bedrieglijk en vluchtig zijn, vormen de esthetica, de logica en de feitelijke ontwikkeling van de techniek een blijvende bijdrage. Zij behoren tot de hoogste verworvenheden van de mens.'

Techniekfilosoof Hans Achterhuis in zijn boek *De maat van de techniek* (1992): 'Het slotbeeld van *Technics and Civilization* is inspirerend. In aansluiting op zijn beschouwingen over de symfonie als een totaal nieuwe kunstvorm die pas in het tijdperk van de machine kon ontstaan, schetst Mumford hier het beeld van de grote symfonie van de techniek. Hij neemt als uitgangspunt dat het instrument slechts ten dele het karakter van de symfonie of de reactie van het publiek bepaalt. Componist, dirigent, musici en het publiek zijn er ook bij betrokken. Meer dan het technische instrumentarium is de cultuur, de mens zelf, uiteindelijk bepalend voor de kwaliteit van zijn leven in een technologische maatschappij.'

Mumford (geciteerd in *De maat van de techniek*): 'Als we terugkijken in de geschiedenis van de moderne techniek, zien we dat de instrumenten vanaf de tiende eeuw werden gestemd. Nog voordat de lichten op het podium opgingen, had een aantal leden van het orkest plaatsgenomen. In de zeventiende eeuw waren de violen en blaasinstrumenten samengekomen om in hun schrille hoge tonen de prelude te spelen voor de grote opera van mechanische uitvindingen en natuurwetenschap. In de achttiende eeuw komt het koperwerk erbij en het openingskoor met zijn metaalklanken die het houtwerk overheersten, weerklonk in alle concertzalen van de westerse wereld. Ten slotte liet in de negentiende eeuw de menselijke stem, die tot op dat moment onderdrukt en stil gehouden was, zich schuchter horen op hetzelfde moment dat de allesoverheersende slaginstrumenten werden ingevoerd.'

'Hebben wij nu het complete werk beluisterd? Zeker niet. Alles wat tot op heden plaatsgevonden heeft, was niet veel meer dan een repetitie, en nu we het belang van de zangpartijen en het koor tenslotte hebben erkend, zullen we een andere partituur moeten schrijven, die het koper- en slagwerk op de achtergrond dringt om de violen en de menselijke stem beter te kunnen laten uitkomen.'

In een toelichting zegt Achterhuis dat Mumford de verschillende instrumenten en de menselijke stem niet direct koppelt aan bepaalde technieken. Mumford wijst er waarschijnlijk op dat we, net zo goed als we de samenstelling van een orkest kunnen veranderen, ook ons eigen technische instrumentarium kunnen kiezen. Zet een andere dirigent voor een orkest, kies een andere sopraan of ander slagwerk, en er klinkt een nieuw geluid.

Ook lijkt Mumford met de metafoor van het orkest en de komst van nieuwe muziekinstrumenten te willen zeggen dat de techniek steeds meer verfijnde middelen beschikbaar krijgt, en dat die ook steeds meer en beter moeten samenwerken om tot het juiste resultaat te komen. Dat is ook precies wat er momenteel in de techniek gebeurt.

———————